该书为广东省哲学社会科学"十四五"规划项目"
我国律师的角色和功能研究"（GD22XFX03）阶段性

国家治理现代化视角下
我国律师角色和功能研究

李 奕 著

湖南师范大学出版社

·长沙·

图书在版编目（CIP）数据

国家治理现代化视角下我国律师的角色和功能研究／李奕著. --长沙：湖南师范大学出版社，2024.6 --ISBN 978 - 7 - 5648 - 5474 - 4

Ⅰ. D926.5

中国国家版本馆 CIP 数据核字第 2024C6H768 号

国家治理现代化视角下我国律师的角色和功能研究

Guojia Zhili Xiandaihua Shijiao Xia Woguo Lüshi de Juese he Gongneng Yanjiu

李 奕 著

◇出 版 人：吴真文
◇责任编辑：胡　雪
◇责任校对：谢兰梅
◇出版发行：湖南师范大学出版社
　　　　　　地址／长沙市岳麓区　邮编／410081
　　　　　　电话／0731 - 88873071　88873070
　　　　　　网址／https：//press. hunnu. edu. cn
◇经销：新华书店
◇印刷：长沙市宏发印刷有限公司
◇开本：710 mm×1000 mm　1/16
◇印张：14
◇字数：240 千字
◇版次：2024 年 6 月第 1 版
◇印次：2024 年 6 月第 1 次印刷
◇书号：ISBN 978 - 7 - 5648 - 5474 - 4
◇定价：58.00 元

凡购本书，如有缺页、倒页、脱页，由本社发行部调换。

《 **序**

　　《国家治理现代化视角下我国律师的角色和功能研究》一书是李奕博士在其博士论文《社会治理法治化进程中律师的角色和功能研究》的基础上反复修改而成的一部学术著作。作为她的博士论文的指导教师，我要对此书的出版表示热烈祝贺！

　　目前学术界关于律师问题的研究成果越来越多，但现有研究成果以实务性考察或经验性研究居多，从法理学认知视角和分析框架对律师职业角色和功能进行理论阐释的成果尚不多见。《国家治理现代化视角下我国律师的角色和功能研究》在对律师的各种理论学说进行全面梳理和探讨的基础上，对我国律师的价值和性质进行深入的学术考察，有力推进了律师职业理论研究。

　　该书有以下几个鲜明特点：

　　其一，从选题上来看，该书选择从国家治理现代化这一重要理论坐标出发研究律师角色和功能，开辟了律师理论研究的新视野新格局。该书通过分析国家治理立法、政府依法治理、社会依法自治和多元纠纷化解中我国律师功能发挥的现实状态，有助于深化律师职业在法治社会建设上的重要性的理论认识，有利于更好发挥律师群体在国家治理现代化进程中的作用。

　　其二，就研究方法而言，该书综合运用比较分析、实证研究、逻辑研究、哲理研究等方法，既注意全面占有既有学术文献资料，及时反映律师职业的最新研究成果，又注意搜集各方面实证资料，提取实践经验、实践智慧、实践成果，做到了材料可靠、观点鲜明、结论有说服力。

　　其三，在研究路径上，该书在梳理自然法学、分析实证主义法学、社会学法学等流派对律师职业性质的观点的基础上，对国家本位、当事人本位和市场本位的律师职业定位进行反省和扬弃，尝试建构一种符合我国国情、遵循法治规律的新的律师职业定位。技术性和公共性两者之间谁更优先，是律师职业理论研究中的焦点难点问题。该书全面梳理和归纳了自然法学、分析实证主义法学及社会学法学对律师职业性质的不同主张，从中挖掘出学界关于律师职业性质的理论共识，推动完善我国律师理论。

其四，在学术创新上，该书基于对律师职业的结构功能主义分析，系统概括出律师职业在国家治理现代化上的六大角色定位、八大功能指向，初步提出了一种新的律师定位模式。并在借鉴国外律师职业发展成果和总结我国律师职业发展新鲜经验的基础上，提出了一系列更好发挥我国律师在国家治理现代化上重要作用的建设性对策，具有较高的理论和实践价值。

在新时代新征程上，律师职业在中国式现代化特别是中国式法治现代化进程中发挥重要作用。期待李奕博士以本书的出版为新起点，持续深入开展律师职业理论研究，为法治理论创新和实践创新作出新贡献。

是为序。

黄文艺

2024 年 1 月

目 录

绪　论

▶ 一、问题的提出

随着我国经济的飞速发展，社会结构深刻变迁、利益格局深刻调整、价值观多元化、社会风险不断加大，这些变化对我们党治国理政能力和水平提出新的更高要求，并不断推进国家治理理论创新。改革开放以后，尤其是进入新时代，我们党和国家把制度建设和治理创新摆到突出的位置。2002 年党的十六大报告提出"党领导人民治理国家"的命题，2007 年党的十七大报告首次明确提出"党领导人民有效治理国家"的命题，2012 年党的十八大报告重申"党领导人民有效治理国家"的命题，同时提出了一系列有关治理的概念和命题。2013 年党的十八届三中全会首次提出"国家治理体系和治理能力现代化"这个重大命题，并把其确定为全面深化改革的总目标，党的十九届四中全会又进一步强调"坚持和完善中国特色社会主义制度、推进国家治理体系和治理能力现代化"，国家治理现代化成为我国最重要的国家发展议题之一，是全党和国家的重大战略任务。

国家治理是指执政党和国家机关（包括立法、行政和司法机关）协同经济组织、政治组织、社会团体和公民一起，为了实现社会发展目标，通过一定的体制设置和制度安排，共同管理社会公共事务的过程。在现代国家，法治是国家治理的基本方式，是国家治理现代化的重要标志，国家治理法治化是国家治理现代化的必由之路。[①] 我们党高度重视法治在国家治理

---

① 张文显. 法治与国家治理现代化 [J]. 中国法学，2014 (4)：5.

中的作用，习近平总书记不仅指出"法律是治国之重器，法治是国家治理体系和治理能力的重要依托"，① 而且创造性地提出"坚持在法治轨道上推进国家治理体系和治理能力现代化"。② 在法治轨道上推进国家治理现代化，总体上，就是要把法治理念、法治思维、法治方式、法律制度贯穿于国家治理的各个领域、各个方面、各个环节，以法律体系为依据、以法治体系为保障、以法治化为目标，是实现国家治理现代化的必由之路。

国家治理是一个多元主体的集思共创、协同推进的系统工程，推动国家治理法治化的力量基本上以官方居多，律师作为民间的法律力量，由于其具备独特角色、职业优势、便利条件，能发挥更好的社会效果，能够起到官方法律人不能起到的独特作用和功能。国家治理法治化不仅要依靠官方，更要依赖律师的法律咨询、法律服务。从西方社会来看，律师这一古老的职业在社会中存在的意义从来就没有只局限于司法领域，而是在整个现代国家治理和社会治理中具有重要地位，他们不仅是当事人的诉讼代理人，而且是法律兴衰的决定者，甚至是社会文明的塑造者。从世界范围来看，美国、法国、德国、意大利等西方国家，很多政治家都曾担任过律师。在我国，律师制度是清末西学东渐、仿效西方典章制度的一个产物，作为一种现代标识，其形式意义大于实质意义。新中国成立后，开始建立新的律师制度，1978 年律师制度重建后，我国从侧重于量的积累的民主法制建设阶段逐渐演进到建立社会主义民主政治和实行法治这样一个具有深刻质变意义的阶段，从一个逐渐演进的态势进入到一个整体转型的阶段，当代中国律师业在总体上通过了完整的社会化和行业化进程，律师队伍发展迅猛，截止到 2022 年底全国律师执业者人数已经突破 65.16 万。律师的法律服务活动在法治中国建设的各个领域、各个方面和各个环节无所不在，在国家的立法、政治和社会生活中发挥越来越重要的作用。因此，笔者认为国家治理现代化，不仅需要依靠立法、执法、司法等国家机关，更要依靠

---

① 习近平. 关于《中共中央关于全面推进依法治国若干重大问题的决定》的说明 [M] // 本书编写组. 《中共中央关于全面推进依法治国若干重大问题的决定》辅导读本. 北京：人民出版社，2014：42.

② 习近平. 坚定不移走中国特色社会主义法治道路 为全面建设社会主义现代化国家提供有力法治保障 [J]. 求是，2021（5）：4 – 15.

律师的法律咨询、法律服务。

国家治理现代化是一项系统的社会工程，律师是这项工程中的重要一员，如果律师作用能有效发挥，国家治理现代化的步伐将会加快，国家治理现代化的目标也将早日实现。近年来，党和政府非常重视发挥律师在国家治理中的作用，接连颁布了一系列激励律师参与国家治理的规范性文件，① 但在现实中我国律师仍没有受到足够重视，其功能的发挥不充分。其中，国家治理立法中存在律师参与立法的方式有限、规范化欠缺、作用发挥不够、热情不高、范围狭窄等缺陷；政府治理中律师参与的不足表现在独立性不强、专业能力不足、参与力度和作用有限、工作考核机制缺乏等；社会依法自治中存在的问题包括律师服务范围有限、服务事项以事后补救为主、服务流于形式且社会效果未能凸显、在"软法之治"中的缺位等；多元纠纷化解中存在的缺陷是律师参与率不高、辩护实质作用有限、"身份冲突"影响中立性地位、解纷动力不足导致人才缺乏等。美国学者霍夫曼曾提出，律师是美国最受信赖、最受敬重、最有效率、最有用的社会群体。② 令人遗憾的是我国少数公权力机关工作人员和民众对律师仍抱有不尊重、误解乃至敌视的态度，律师执业合法权益受到侵犯的事情频频发生。③

现实中律师面临的问题本质上是律师的社会角色定位问题。对律师职业角色和功能做出恰如其分的界定，不仅会影响律师职业在整个法律制度中应有地位的正确确立，还会制约律师职业的健康发展。在国家治理现代化进程中如何对律师的角色和功能进行界定，既是律师需要面对的现实问

---

① 十三届全国人大常委会通过了《法律援助法》（2021 年），国务院办公厅颁发《关于深化律师制度改革的意见》（2016 年），中共中央办公厅、国务院办公厅颁发《关于推行法律顾问制度和公职律师公司律师制度的意见》（2016 年），司法部以及联合其他部门颁发一系列规范性文件，如《关于律师开展法律援助工作的意见》（2017 年）、《关于开展刑事案件律师辩护全覆盖试点工作的办法》（2017 年）、《关于开展律师参与城市管理执法工作的意见》（2017 年）、《关于开展律师调解试点工作的意见》（2017 年）、《关于进一步加强和规范村（居）法律顾问工作的意见》（2018 年）、《公职律师管理办法》（2018 年）、《公司律师管理办法》（2018 年）、《关于促进律师参与公益法律服务的意见》（2019 年）、《法律援助值班律师工作办法》（2020 年）等文件。

② 黄文艺. 中国法律发展的法哲学反思 [M]. 北京：法律出版社，2010：139.

③ 如 2020 年 7 月 14 日广西某市政法委副书记谩骂、向律师泼开水事件；2021 年 8 月 14 日辽宁女律师董萃在执业过程中遭委托人持刀杀害的事件；2021 年 9 月 13 日武汉律师薛伟幸因代理案件被对方当事人杀害的案件。

题，也是律师职业研究的基本问题，更是理论法学领域的一项重要课题。法学研究离不开对法律职业的关注，正如霍姆斯所言："当我们研究法律的时候，我们不是在研究一个神秘莫测的事物，而是在研究一行众所周知的职业。"① 律师是法律职业中一个非常重要的分支，律师制度是法律制度的核心部门之一，对律师职业的角色和功能进行观察、分析和评价是透视一个国家法律生活和法治状态的重要窗口。因此，研究国家治理现代化进程中的律师角色和功能问题，正是着眼于我国现代法治社会的建设，其归宿点也将最终落在法治秩序的实现上。此外，我国对于律师的角色定位和功能问题，法学界更多从律师法学和诉讼法学方面进行思考，有鉴于此，本书拟从理论法学视角对律师的社会角色定位和功能问题展开讨论，以期为律师职业的基础理论建构稍尽微薄之力。

鉴于任何研究都必须连接理论与经验，法学作为一门使人服从规则治理的实践科学，承担着探索治理规律、追求良法善治、促进制度文明的使命。法学学术研究要求深入研究法治建设中的重大现实问题，要把理论用于指导实践，为实践提供智力服务和理论支撑。笔者正是带着这样的初衷，对国家治理现代化进程中律师的角色和功能存在的问题展开研究，希望在新的历史条件下，能够为我国国家治理现代化进程中律师地位的提高和功能的充分发挥提供一些切实可行的制度优化路径，更进一步调动律师的积极性，挖掘律师的潜能，使律师在国家治理中的作用更充分发挥，从而提高律师职业的权威性和美誉度，获得政府认同，老百姓认可，使大家更信赖律师，政府愿意放手让律师参与国家治理，老百姓在更多问题上愿意主动求助律师。

▷ 二、现有研究述评

"治理"日益成为我国治国理政实践的一个重要概念，它是一个带有鲜明中国特色的概念，具有中国独特的政治和时代语境，国外并无针对国家治理现代化进程中律师的地位和功能的直接研究。但是，律师制度在西方

---

① 李学尧. 法律职业主义 [M]. 北京：中国政法大学出版社，2007：总序.

有悠久的历史，对律师职业的研究硕果累累，因此有关律师职业的相关研究成果对我国律师角色界定的理论和实践无疑都具有重要的借鉴意义。我国关于法律职业特别是律师职业的研究很少有人关注，处于研究的边缘地带。但近些年我国学者对律师职业的关注和研究逐步升温，涌现出一批有关律师职业理论和实证方面的研究成果，其可取之处可供我们深入思考与研究，其不足之处可引起我们反思与改进。

（一）国外研究现状

在英美国家，律师是三大传统经典职业之一，其在实现对行为的约束和国家的管理中都扮演举足轻重的地位，相应的，在英美国家近一个世纪的律师研究里，关于律师的角色和功能的研究也自然而然成为一个焦点，它不仅令法学而且令社会学、经济学、政治学领域的学者们着迷不已，成果文献汗牛充栋。从研究领域的维度上看，西方国家律师职业定位的研究成果主要基于两种进路：外在进路和内在进路。

1. 对律师职业角色和功能研究的外在进路

对律师职业的评价都会触及社会学一般理论中的一些基本问题，因而，对律师职业的研究，也构成职业社会学的主要内容。在职业社会学的研究中，主要存在四种传统，即以拉尔森和坎贝尔为代表的垄断学派的市场控制理论；以海因茨和劳曼为代表的结构功能学派的客户类型理论；以阿伯特为代表的芝加哥学派的管辖权冲突理论；以萨拉和费斯帝纳尔为代表的安赫斯特学派的法律话语理论。① 从理论脉络上来说，如何看待律师与外界的关系问题上的分歧，是上述理论相互区分的主要关键点。这四种理论可以将影响律师职业定位的因素和律师功能发挥的范围归纳为市场—律师（市场垄断学派）、社会（变迁）—职业（结构功能学派）、国家—职业（芝加哥学派）、文化—职业（安赫斯特学派）。在二十世纪五六十年代美国社会科学中占统治地位的结构功能学派的研究思路可以一直上溯到涂尔干在《社会分工》和《职业伦理与公民道德》中关于职业的产生和职业团体

---

① 刘思达. 失落的城邦：当代中国法律职业变迁［M］. 北京：北京大学出版社，2008：107.

的论述，帕森斯以马克斯·韦伯的法律自治和涂尔干职业间质性的学说为基础，发展出一种法律整合功能的学说，在法律体系面临子系统功能分化的问题时，作为法律子系统之次子系统的法律职业发挥着保持法律整体性、稳定性、维持整合社会成员间的社会关系和感情的功能。到70年代，市场垄断学派基于马克思的价值理论，抛弃了帕森斯的功能主义视角。这一理论的杰出代表拉尔森从市场的角度提出职业生产是服务，把职业技能视为具有交换价值的商品，换而言之，职业是一个行业试图垄断市场上稀缺资源和通过组织及政治影响建立一种供应垄断地位的结果。她认为职业化的关键是在于"生产生产者"和"生产者的生产"两个过程。市场垄断学派的理论视角对美国法律职业研究影响深远，许多同期学者将该理论应用到法律职业社会结构的研究方面，坎贝尔就是代表，他将该垄断论应用于对英美等国家律师职业的研究中，认为英美律师业的职业化过程实质上是一个以垄断市场为目的的"职业计划"。坎贝尔十分注意区分"律师的产出"和"法律服务的产出"这一对概念，即律师数量的控制与律师所生产产品的控制，认为美国律师协会为代表的法律职业利益集团运用这两种控制手段实现减少内部竞争。与结构功能学派和市场垄断学派强调职业与社会、职业与市场互动关系相比，社会学芝加哥学派的生态系统理论更重视职业与国家的互动关系，把国家视为律师职业定位和律师事业发展的关键性因素。该学派的代表人物阿伯特在《职业系统：论专业技能的劳动分工》一书中，将职业和工作之间的联系定义为管辖权，并认为职业的管辖权要求是在国家、公众和工作场所三个领域中得到认可的。2000年以后，从属于芝加哥学派传统的麦宜生和刘思达采用生态理论对中国的国家干预对律师服务市场的影响做了深入而系统的研究。社会学中的法律职业研究的最后一个理论是来自于安赫斯特学派的法律话语理论，它来源于福柯的关于权力和社会控制的思想，认为法律话语在法律人和民众的互动行为中具有至关重要的意义。如费斯蒂纳尔在《离婚律师与客户：法律过程中的权力和意蕴》一书中用法律意识的理论说明：律师在工作中经常以一种冷嘲热讽的现实主义者的姿态将法律描绘成一个混乱的"反系统"，从而摧毁当事人对法律的神秘化意象，以达到控制当事人和维系职业权威的目的。

2. 对律师职业角色和功能研究的内在进路

在英美国家的律师职业研究中，尽管职业社会学的研究文献浩如烟海，但与此相反，法学界特别是主流法学家对法律职业以及律师的研究较少涉及。在西方法律文献中，马克斯·韦伯是第一位真正把法律职业与经济、社会视为具有互动关系的变量研究的学者。马克斯·韦伯不仅详尽地分析了法律职业训练的发展、法律职业训练的特殊方式以及法律思维的独特方式对法律及社会的重要性，而且看到了律师对法的理性化和国家理性化的促进作用。

在西方法学家的律师职业定位的研讨和争论中，更多体现的是职业利益与公共利益的对峙，围绕着律师职业的公共性和技术性进行争论，出现了诸多流派，但主要是两种思路：一种是从律师职业的专业性和技术性角度出发，将分析法学以及概念法学作为理论基础，从"法律科学化"、"法的连贯性"和"法的自治性"的角度出发，以自由主义的政治理念加以论辩，认为律师的天职是维护民众的权利，要求律师为委托人进行热忱辩护，倡导律师独立于国家，限制公权力。另一种是从公共性的思路出发，以亚里士多德的政治责任和自然法学派为理论基础，从共和主义加以论辩，提倡律师对社会公共利益负责。如耶鲁大学法学院前院长克罗曼认为美国律师不再像过去一两百年中的前辈们那样追求律师政治家理想，发挥在政治中的作用，在《迷失的律师：法律职业理想的衰落》一书中悲叹美国传统法精神中律师政治家精神的失却——具有正确的判断力、审慎的品德，具有解决实际问题的能力和智慧，能够确定什么样的目标是最为恰当的目标，具有"公益精神"、热衷于社会公益事业，而美国律师正失去这些传统和理想。他强烈呼唤"律师政治家理想"的回归。又如路易斯·布兰代斯在哈佛大学法学院作了《法律中的机遇》为题的著名演讲，在演讲中，他强调律师经过训练和长期的法律实践使其抽象推理能力与对实务的敏锐洞察力能够完美结合，使得律师能够实时解决发生的问题，适应公众生活的需要。他提出对律师职业的一种期望：律师不能是"当事人的枪手"，金钱报酬的数额不应是职业者所追求的事业，他应该扮演一个"明智"而独立的角色，应该积极地参与和投身于法律改革活动。布兰代斯不仅提出这一套理论，同时在他的执业实践中始终加以贯彻。另一位美国法社会学家庞德特别关注法律职业的研究，抽象出了法律职业的三个标准——专业性、公共性和自治性，并强调法律职业对公众的责任。他在很多著作里不断提及：所谓的法律史事件，实质上是特定的一些人甚或某个特定的人的行为。这些特定的人就是律师，甚至律师是普通法体系和传统的主要缔造者、创造者，律师是社会里最佳的领导阶层、统治阶层。虽然我国与英美国家的文化传统、政治结构、发展阶段不同，但律师们会面临同样的问题，即律师如何在维护当事人利益的前提下保障法律的正确实施、促进社会公平正义，国外的研究成果对我国律师职业研究具有一定的启发意义。

（二）国内研究现状

自 2013 年党的十八届三中全会首次提出"国家治理体系和治理能力现代化"的重大命题以来，关于国家治理的基本理论在国内得到详细论述，但以国家治理现代化中的律师角色和功能为研究对象的文献很少，只能搜集相关研究成果，因此对现有国内研究的总结与评价围绕两个方面的内容展开：一是律师角色的研究成果；二是律师功能的研究成果。笔者首先从这两个方面展现已有国内研究成果，然后指出既有研究成果和研究方法的不足，最后分析本书拟采用的法社会学中的结构功能主义作为理论基础为何能够弥补这种不足。

1. 律师角色的研究现状

与西方国家不同，我国社会学领域的学者对律师职业定位问题鲜有论及，成果资料主要集中在法律界内部。而在法律界内，主要分为两个阵营，一个是以徐静村、江平、王进喜、谢佑平、张耕、田文昌、陈卫东、陈瑞华、许身健等学者为代表的"律师学研究"；另一个是季卫东、张文显、张志铭、朱景文、贺卫方、孙笑侠、黄文艺、李学尧等学者为代表的"法理学家"研究团体。尽管 20 世纪 80 年代中后期就出现了一批关于律师的著作和教材，但是这些成果基本是停留在对律师制度和律师事务的研究上。进入 90 年代后，才出现对律师基本理论范畴的研究，法学界的主流开始深刻地认识到律师职业与法治国家建设之间所存在的紧密联系，开展对律师角色定位和功能的研究。随着律师职业的蓬勃发展和律师制度的变革，学者们对律师职业投入越来越多的关注目光，2000 年以后更多法律界的学者们聚焦律师职业的法律定位研究。律师职业的定位影响和制约了律师职业在整个法律制度和社会中的功能发挥，它是律师职业研究的基本问题。如果我们连律师的角色都不清楚，那自然也无法了解律师的功能，从而也无从了解律师的职能。为了更清晰地描述律师角色问题研究，笔者认为从研究视角的维度上看，论述律师职业的定位的成果分为两大类型：第一种是内部视角，即把律师角色问题放到法治这一个宏大背景中考察，这是我国主流法学界采用的研究视角；第二种是外部视角，运用社会学、经济学、政治学、伦理学等多方面理论论述律师的多重角色。如宋远升教授从"人"的角度出发，运用综合法学研究方法，刻画了律师的政治人、经济人、法律人和社会人形象。虽然第一类都为内部性视角研究，但在研究方法和研究内容上有所区别，又可以分为三种：第一种是法规范性意义上的研究，从韦伯的"人是意义的制造者和沟通者"的观点来看，法律文本是立法者用以传达意义的载体，它直接反映了人们尤其是主流政治力量对某一事物的看法认识。这一类研究通过考察法律文本中律师角色的法律定位，分析其背后的理论基础和弊端，勾勒未来中国律师角色的法律定位。第二种是韦伯的"道德论意义"上的研究，即基于法律实证主义思想和自由主义法律观，从法律本身的属性、价值、目的、功能和律师对法律秩序的运行、宪政体制、司法制度实现的不可或缺性出发，提出律师法律定位的应然状态。第三种是比较研究型的研究，即从对律师职业定位的不同理解、分析入手，结合比较法，归纳出律师职业定位的话语系统和意识形态。

2. 律师功能的研究现状

关于国家治理现代化中律师功能的研究主要集中在国家治理立法中律师的功能、政府依法治理中律师的功能、社会依法自治中律师的功能和多元化纠纷解决机制中律师的功能四个方面。

（1）法学界研究国家治理立法中律师功能的研究成果理论深度欠缺，更多地关注律师参与立法的具体途径、存在的现实困境和制度完善对策，主要表现为两种研究方法：第一种是碎片化的描述，这主要体现在报纸对律师参与立法的报道和律师们撰写的参与立法的文章中。这些文献主要结合律师的实践体验，描述了律师在参与立法中的功能和优势的同时，致力于指出律师在参与立法中功能发挥遇到的障碍，提出法的进程、已取得的成就和在实际中存在的问题，同时也对立法中律师参与制度的推广与完善作出了对策性建议。第二种是体系化研究，这主要体现在学者的论文、著作等文献中。学者们肯定律师在立法中的功能和优势的同时，致力于指出律师在立法中功能发挥遇到的障碍，提出改进的措施。

（2）由于律师以公职律师和政府法律顾问的身份在政府依法治理中发挥作用，所以政府依法治理中律师功能的文献来源于对公职律师制度的研究和对政府法律顾问制度展开研究中涉及律师参与政府依法治理的内容。目前，有关政府依法治理中律师作用的研究从研究方法上来看大体可以分为两类，一类是实证分析，另一类是理论分析。实证分析由实务部门人员和学者根据可获得的实证材料对政府法律顾问制度和公职律师制度运行情况进行描述与回应。如侯孟君博士以浙江省 L 县为分析样本，通过走访调研收集数据和资料，研究政府法律顾问在基层现实中的实施问题，为该制度的有效实施提供相关路径选择。理论分析主要聚焦政府法律顾问和公职律师的角色定位、职能定位、管理机制、遴选机制等基本理论，试图阐释背后蕴含的机理。政府法律顾问角色定位的清楚明晰，是政府法律顾问制度有效运行的关键，因此学者们对这一问题展开深入研究。如宋智敏教授认为我国政府法律顾问之所以不能发挥实质性作用，源于对政府法律顾问的定位明显存在误区，改革语境下的政府法律顾问应从"法律咨询者"向"法治守护者"转变。又如江国华教授则认为在行政转型的语境下，政府法律顾问扮演着多重角色。顾问律师既非责任主体的"替代者"，也非首长命令的"装饰者"，更不是行政机关的"使役者"。顾问律师应当是法治政府建设的参与者、规约者、服务者。这一类研究的理论分量提高了，为学术界对政府法律顾问制度和公职律师制度的研究做出了极大的理论贡献，但是这些研究的不足之处在于不是针对如何有效发挥政府依法治理中律师的作用。

（3）社会依法自治中律师的功能研究。在我国专门针对律师参与社会依法自治的研究处于空白状态，由于社会由个人、企业单位、事业单位、基层和行业组成，一些学者选择律师参与社会的某一领域展开研究，对社区或村居法律顾问、公司律师制度和企事业单位法律顾问进行研究，这一类成果文献具有不平衡性，表现为学者们对律师参与基层依法自治和企业依法自治予以更浓厚的研究兴趣，研究成果更多。实践是理论的来源，由于实践中律师参与企事业单位、社会团体的依法自治处于起步阶段，所以研究这方面内容的学者凤毛麟角，且研究层次比较低。

（4）多元化纠纷化解机制中律师的功能。纠纷的解决对于社会和谐稳定的重要性不言而喻，我国已经建立了一个具有中国特色的多元化纠纷化解机制，学者们回应现实需要，对多元化纠纷化解机制中律师的功能问题开展了大量研究，为律师参与多元化纠纷化解机制的完善出谋划策，提供行之有效的思想引领和对策支持。有关多元化纠纷化解机制中的律师的功能的研究成果大体分为两类：一是诉讼纠纷化解中律师功能的研究，即以刑事诉讼、民事诉讼和行政诉讼中律师功能的理论和实践为研究对象的研究，其中研究成果集中于律师参与刑事诉讼的功能。如在刑事诉讼中，辩护律师功能是否充分发挥对被告人权利的保障至关重要，而如何处理辩护律师与被告人的关系又是关键点。陈瑞华教授指出，为了实现我国刑诉中从原有的律师参与诉讼走向"律师有效"辩护，被告人与辩护律师的关系模式要从独立辩护模式、自主性辩护模式、忠诚义务模式向协同性辩护理论转变。又如有学者为了解刑事辩护对裁判结果影响的情况，以 C 市 Y 中院近 3 年 198 名被告人的律师辩护为样本，采用对裁判者法官和辩护主体律师的访谈与问卷调查研究方法，开展了律师辩护对刑事裁判结果影响力的实证研究，在此基础上，对律师参与刑事辩护实质作用有限的问题进行梳理总结，并对原因展开分析。当然，也有学者对律师在民事诉讼和行政诉讼中的作用进行研究。二是非诉讼纠纷化解中律师功能的研究。这类研究通过考察在调解、仲裁、刑事和解、行政复议、信访等非诉讼纠纷化解中律师功能发挥存在的现实困境和障碍，并在理论维度或者我国司法实践经验的视角内寻求制度完善的路径和方案。但大多数为单独研究律师在某一种纠纷解决机制中的作用发挥和存在的问题。

显然，既有的中国律师职业研究是理解改革开放以来律师行业发展进程的最重要钥匙，然而其缺点也是显而易见的，需要进一步研究探讨：第一，当前律师职业研究的学者，无论从法学基本理论还是从诉讼法角度，他们在论述律师职业角色和功能时或侧重于静态观察，或多表现为单方向化，往往基于法律实证主义的理论逻辑，局限于律师职业对法律秩序、维护人权、司法独立和现代宪政国家甚至近代文明的积极意义，很少讨论国家、市场和社会对律师职业定位和功能发挥的积极影响或制约作用，忽略了对律师的角色和功能作动态、系统和互动研究，不能全面把握律师职业定位和功能发挥的复杂情况。第二，就国内对国家治理现代化中律师的角色和功能研究现状而言，基本是对具体领域某一方面的律师的角色和功能进行研究，此种研究方式的弊端在于研究的碎片化，未能展示出应有的广度与深度，但国家治理的领域非常广泛，因此对国家治理现代化中的角色和律师功能发挥应做一个宏观把握，就整体的制度逻辑进行清晰的梳理和展示。第三，现有研究表现为对律师的角色和功能作零星式介绍，限于局部观察，缺乏有效的理论予以支撑。无法准确揭示律师的活动过程，全面分析法治的实施状态。

律师不仅要面对委托人，而且要面对国家，更要面对职业共同体，涉及多种关系、多个群体。正因为如此，在律师职业角色和功能研究中，单纯的法律眼光是不够的，有必要到社会学中寻找理论根源，本书拟采用结构功能主义的理论，不仅将静态的构成性要素动态化，还为从宏观向微观的视点转换奠定基础。本书将引入的结构功能主义理论能够弥补上文提到的现有研究之不足，首先，这种理论视角有助于彰显研究的整体性。结构功能主义要求研究者分析作为社会整体的一个有机组成部分，必须把它放在与社会整体及其各个组成部分的联系中展开，要求研究者不仅从功能的角度出发而且运用系统的观点去考察各种社会现象。分析律师职业的角色和所具有的功能时，这一理论提醒我们律师职业角色与功能发挥程度不仅与其自身的完善性有关，而且还取决于其与其他部分的协调关系，受到国家、社会和市场的结构性影响，如制度层面的司法制度，经济层面的经济发展状况，文化层面的法律意识，所以必须把律师角色和功能研究放在整个社会体系和人类历史进程中加以考察。其次，结构功能主义理论视角的嵌入有助于对律师的角色和功能做一个全面的认识，弥补以往研究的片面性问题。结构功能主义理论的主要掌门人帕森斯认为法律职业对法律系统和社会系统具有模式维护、整合、求达目的和适应性调节①四个方面的功能，它们构成了一个完整的功能体系。随着社会生活的日益复杂化，法律与社会的接触面不断延展，律师的功能也因此得到扩张。律师不仅仅具有维护权利、制约权力的基本功能，还具有宣传法制、维护法律秩序、促进法律制度完善等辅助功能。从整体上评价律师的各方面功能，避免研究的片面性。最后，结构功能主义理论中关于法律职业功能的理解，为观察律师职业在现代社会中的意义提供了理论基础，也是理解律师职业国家治理法治化中角色和功能的理论模型，从而把理论和经验相连接，为国家治理法治化进程中我国律师角色和功能的科学界定做出理论阐释与经验验证，彰显了研究的系统性和理论性。

▷▷　三、研究的范围和方法

（一）基本概念的界定

任何讨论都必须建立在一个共识性的前提下，否则将沦为"鸡同鸭讲"的自说自话。为此，本书对所使用的基本概念作出以下界定，作为本书展开论证的基础。

1. 国家治理现代化

"治理"一词常常被认为是西方话语。事实上，当今中国的"国家治理"一词并非西方政治学的舶来品，是一个学理概念且是嵌入在特定实践和制度背景之下的，是扬弃了中国传统的"治国理政"理念和西方治理观的基础上提出的新概念。作为中国特色的概念，国家治理是国家政权的所

---

① 赵震江. 法律社会学 ［M］. 北京：北京大学出版社，1998：208.

有者、管理者、利益相关者等多元行动者在一个国家的范围内对社会公共事务的合作管理，其目的是增进公共利益维护公共秩序。① 如何在一个历史悠久、地域辽阔、人口众多、经济和社会发展尚不充分仍不平衡的国家实现科学有效的国家治理，是历史、时代、人民留给我们的艰难考题。为此，中国人民在中国共产党领导下创造了有效治理国家的伟大成就，认识到法律是国之重器，发挥法治在国家治理体系和治理能力现代化中的积极作用，推进国家治理现代化，必然要求推进国家治理法治化。本书认为提高国家治理法治化水平，我国应充分发挥法治在国家治理中的基础性、保障性作用，构建起国家治理的价值体系、善治体系、规则体系、纠纷解决体系。因而推进国家治理法治化，首先应当构建起由社会公正、社会和谐、社会活力、社会文明四个治理目标相互支撑、相互贯通的国家治理价值体系；其次要形成社会自治、合作治理、社会调节、政府规制等各种国家治理机制相辅相成、相得益彰的善治体系；再次需要构筑包括社会规则（软法）和国家法律规则相互衔接、互相补充的国家治理规则体系；最后推进国家治理现代化，必须加快构建分层递进、分类处理的由诉讼和非诉讼两类组成的多元化纠纷解决体系，有效防范化解各类社会纠纷，促进社会和谐和睦。

国家治理是一个过程，是持续的互动，国家治理的实践运行是国家政权所有者、管理者与社会主体对社会公共事务进行治理的动态过程。法治是国家治理现代化的重要依托，国家治理现代化需要以法治对国家治理的运行体系进行塑造，通过完善的法治体系来实现并确保国家治理运行的平稳、健康、高效。中国特色社会主义法治体系是法律制定和法治实施、监督、保障的有机统一，是立法、执法、司法、守法的有机统一。国家治理现代化从动态上来讲是制定规则、实施规则和矛盾化解的活动，它是由国家治理立法、政府治理、社会依法自治和纠纷化解等构成的一个完整过程，所以本书拟从这四个方面对国家治理现代化进行中律师的角色和功能进行剖析。

---

① 何增科. 理解国家治理及其现代化 [J]. 马克思主义与现实，2014（1）：11.

2. 律师

"律师"顾名思义，律是法令、法则，或者规范，或者统称为法律；师是具有专门知识、专门技能的人。[①] 现代意义的律师是指熟知法律、善能解说法律，并且能为诉讼当事人和社会提供法律帮助且获得了律师职业资格证书的人员。由于历史原因，各国律师的种类和范围差别很大，例如英国的律师包括大律师和小律师，美国的律师范围非常广泛，是指有律师执照可执行法律业务的人。在我国，律师有广义和狭义之分，广义的律师是指具有律师资格，从事法律服务工作的人，包含社会律师、公司律师、公职律师，狭义的律师是《中华人民共和国律师法》所规定的社会律师这一类型，社会律师不隶属于任何国家公共权力机关，保持了普通公民的身份。本书中的律师是在广义的意义上的使用。

此外律师一词的使用也具有广泛性。首先，律师是一种职业，这种职业是社会分工的产物；其次，律师是一种身份，是社会对从事律师工作的人的泛称；再次，律师是一种称谓，是人们对具有律师身份的某个人的特称；[②] 最后，律师还是一种制度，是国家以法律的形式规定律师的性质、任务、组织等内容的制度体系。本书以律师这一法律职业为着眼点进行研究。

（二）研究框架和内容

本书利用社会学上的结构功能主义理论展开研究，结构功能主义理论的基本观点是法律制度及其发展根源于社会结构，不同的社会结构产生了不同的法律制度。日本学者棚濑孝雄也曾指出："社会的整体结构以及律师在其中的位置从根本上规定着人们对律师需要进行定义的社会过程。"[③] 本书的研究思路是在社会经济发展变化的总体背景下，以技术性和公共性的协调为线索，立基于律师与国家、市场和社会的互动关系，展开对国家治理现代化过程中律师的角色和功能的应然与实然层面的深描，描绘国家治理中律师们参与的真实图景，分析律师功能发挥中存在的不足，进而提出

---

① 张耕. 中国律师制度研究 [M]. 北京：法律出版社，1998：1.
② 谭世贵. 律师法学 [M]. 2版. 北京：法律出版社，2005：1.
③ 棚濑孝雄. 纠纷的解决与审判制度 [M]. 王亚新，译. 北京：中国政法大学出版社，2004：329.

相应的完善对策；研究逻辑上遵循着为什么说律师重要、律师的优势是什么、律师的角色和功能应当是什么、律师的角色和功能发挥存在什么问题、如何完善；研究内容上主要包括律师职业对国家治理现代化的意义和价值、律师的职业优势、律师角色和功能的应然状态、律师功能发挥的缺陷及律师角色的理性定位与重塑五个部分。

第一章论证律师在国家治理现代化中居于重要地位。具体从历史逻辑、理论逻辑、实践逻辑三个方面展开。首先，历史犹如一面魔镜，我们看到其中所映射出的不仅有我们自己的生活，还有所有前人的生活，从中我们不仅能够映照出过去，而且也能寻找到其中的变化。无论是西方律师还是古代中国讼师的历史不仅是一种过去的经验，而且是现代律师生长的根基。通过回顾西方律师和古代中国讼师地位发展演变历程得出结论：西方律师和古代中国讼师既是社会结构的构成要素，也是社会运行、社会变迁的主要推动力量。其次，任何一种制度从无到有，从初创到成熟，都必须建立在系统的理论基础上。"结构功能主义理论"为观察律师职业在现代社会中的意义提供了理论基础，理论支持者认为律师职业不仅只是发挥提供专业性法律知识的咨询和服务功能的角色，而且是能够促进法律理性化、社会理性化、社会团结、减少冲突和消除隔阂的缓冲器、安全阀，发挥着维系政治和法律秩序的重要社会整合功能。最后，人类生存离不开环境，律师业的环境就是法治环境，只有当法治环境好了，律师才有生存的条件。随着改革开放的不断深入、法治中国建设的全面推进，市场规则进一步完善，权利维护意识也逐渐深入人心，我国律师在社会中的地位变得越来越重要。

第二章主要剖析国家治理现代化进程中我国律师的职业优势。要深刻了解律师在国家治理现代化中的优势，就必须弄清楚律师的职业性质。围绕律师职业性质进行的探讨，分为内在视角和外在视角两大类，前者对律师职业的特征作出列举和概括，后者从律师职业与外部主体（包括国家、市场和社会）的关系入手分析职业的内在特征。本章先对自然法、实证法和法社会学法学理论流派对律师职业性质的观点进行梳理，然后基于我国立法和政策文本中律师性质定位的变迁，从外部主体与律师关系的角度对我国律师的职业性质进行一种深层次的观察，最后归纳和整理出国家治理现代化中我国律师所具有的专业性优势、服务性优势、公共性优势、独立性优势、广泛性优势、规则治理优势、利益均衡优势、实践智慧优势等得天独厚的优势。

第三章归纳国家治理现代化进程中我国律师角色和功能的应然状态，对律师在国家治理现代化中扮演的众多不同社会角色和所具有的功能进行梳理。随着法律日渐进入社会生活的各个领域，律师的重要作用日益凸显。在国家治理现代化进程中，律师扮演着当事人合法权益的维护者、社会公平正义的保障者、社会和谐稳定的促进者、企业管理风险的防范者、法治的宣传者和公益慈善事业的活动家等角色。律师在国家治理立法中发挥有益于科学立法、民主立法和依法立法的重要作用；律师以公职律师或选聘为政府法律顾问的身份参与政府治理，提升政府治理的民主化、理性化和程序化；律师通过担任法律顾问身份协助公民、村（居）民委员会、公司、事业单位处理法律事务，推进基层、行业和各单位依法自治；律师不仅在诉讼纠纷解决过程中发挥维护当事人合法权益、制约司法公权力依法行使、推动诉讼活动顺利展开、增强当事人法治观念的作用，而且在信访、调解和仲裁等诉讼外纠纷解决中发挥不可替代的作用，如使法律走进百姓心田、推进非诉讼纠纷的法律化改造。

第四章从国家治理立法、政府依法治理、社会依法自治和纠纷化解四个方面描绘我国律师的角色和功能的实然状态，与国家治理现代化进程中律师角色和功能的应然状态相对比确定其功能的发挥程度和状况。我国律师虽然在国家治理的各方面发挥着重要作用，但实践证明我国律师的地位还不够高，其功能未得到充分的发挥。其中，国家治理立法中律师角色和功能发挥存在参与立法的方式有限且便利性不足、参与立法的规范化欠缺、参与立法中的作用发挥不够、参与立法的热情不高、参与范围狭窄等缺陷。政府治理中律师角色和功能发挥的不足表现在独立性不强、专业能力不足、参与力度和作用有限、工作考核机制缺乏等。社会依法自治中律师角色和功能发挥存在的问题包括服务范围有限、服务事项以事后补救为主、服务流于形式且实质影响力有限、社会效果未能凸显、在"软法之治"中的缺位等。多元纠纷化解中律师角色和功能发挥存在的缺陷是诉讼中参与率不高、律师辩护实质作用有限，非诉讼中"角色错位"难以适应服务工作、"身份冲突"影响中立性地位、解纷动力不足导致人才缺乏等。

第五章是国家治理现代化进程中我国律师角色的理性定位与功能重塑。欲使律师实现其应有功能价值，就必须明确律师的角色定位。律师既非精英主义话语系统下的"天使"，也非民粹主义话语系统下的"魔鬼"，律师是热心公共利益的法律职业者。针对国家治理立法中律师角色和功能发挥的缺陷，需要从以下方面健全律师参与国家治理立法的机制：一是赋予律师协会更多法律议案提议权；二是吸收更多律师进入人大和政协；三是构建律师参与立法前评估机制；四是建立律师参与立法后评估机制；五是增强律师参与意识、提高工作能力；六是提高律师参与立法规范化；七是创新律师应用科技手段常态化参与立法的方式。基于政府依法治理中律师角色和功能发挥存在的障碍，提出完善公职律师制度、顾问律师制度、政府法律事务外包的社会化机制、保障律师监督政府治理行为的思路。为消除社会依法自治中律师角色和功能发挥的不足，第一要完善公司律师制度；第二要让更多律师介入社会组织、事业单位；第三要加强村（居）法律顾问配套制度建设；第四要让律师更多参与起草"软法"工作；第五要完善律师参与公共法律服务机制；等等。需要从逐步全面实行律师强制代理、完善律师执业权利救济机制、规范律师执业行为等方面着手提高律师参与诉讼纠纷解决效能，更需要从树立服务新理念、加强工作经费保障、提高律师的矛盾纠纷化解能力、确保律师的独立性等方面大力完善律师参与非诉讼纠纷解决机制。

（三）研究方法

在研究的方法上，本书主要采用了历史的方法、比较的方法、实证的方法、系统的方法、逻辑的方法、哲理的方法等，概括总结如下：

1. 历史的方法

现实与历史不是绝缘的，现实是处于一定历史过程中的现实。历史上的律师职业与现实中的律师职业之间必然存在着一定联系。西方律师职业历史悠久，因此研究国家治理法治化进程中律师的地位不能与西方国家历史上的律师地位分割开来。追根溯源，试图通过考察西方国家律师地位与社会环境、社会历史的关系找到律师角色变化的真谛。

2. 比较的方法

从欧美国家经验来看，同样是律师，但在不同的国家，由于社会文化传统、习惯、经济和政治制度不同，律师创造了各自所属法的基本特征。比较分析美英法三个国家的律师致力建立具备自己民族特征的法律秩序影响因素，辨别优势与劣势，发现共同点，以此为基础确定我国现代律师的角色地位。

3. 实证的方法

实践是检验真理的唯一标准。毫无疑问，无论在西方国家还是我国，律师的重要性是有目共睹的。本书利用官方网站公布的数据（如司法部官网、最高人民检察院官网、中国律师网、中国法院裁判网等）和经验材料（实地调研、个别律师的访谈、问卷调查、律师在媒体上发表的文章等）进行实证研究，梳理律师在国家治理立法、政府依法治理、社会依法自治和多元纠纷解决机制中发挥作用的现实数据和经验材料，获得了大量的实证材料，避免论证的"空对空"，使我们认识到制度设计的合理性和缺陷，进而及时调整。

4. 系统的方法

整个社会是由普遍联系着的各种事物和现象所构成的一个有机的统一整体。律师职业作为社会整体中的一部分，其角色定位不仅会随着时间的变化而变化，而且随着外部环境的变化而变化。因而对律师职业的角色和功能问题的研究需要通过宏观的、动态的观察和描述，需要把它放在法律的价值中、放在法治进程中、放在律师与社会其他主体的关系中、放在社会结构发展大背景之下。

5. 逻辑的方法

思维逻辑是人类身上所存在的诸多共性之一，通过它能够发现共同趋势。法治是由立法、执法、司法、守法构成的动态过程，国家治理法治化从逻辑上来看是制定规则、实施规则和矛盾化解的活动，它是由国家治理立法、政府治理、社会依法自治和纠纷解决构成的一个完整过程。任何命题唯有在经验上证明是有用的，同时在逻辑上是正当的才能成为令人信服的理论。律师在国家治理现代化进程中的重要性既要从经验的视角验证，更要运用逻辑、理性和理论证明律师地位的应然性。

6. 哲理的方法

我国律师制度的确立时间虽然不长，但经历了多次改革，与此相适应的律师职业属性的定位也经历了三次变迁，三次变化背后的理由是什么？从古至今，对律师职业性质界定有不同的观点，为什么会有迥然不同的看法？这些问题只有通过深入剖析背后的哲学基础、价值追求和理念，才能明白各种分歧产生的原因。

第一章　律师在国家治理现代化中重要地位的逻辑前提

在现代国家，法治是国家治理的基本方式，法治化是国家治理现代化的应有之义。我们党高度重视法治在国家治理中的作用，在党的十七大、十八大、十八届三中全会相继提出，要全面落实依法治国基本方略、全面推进依法治国和加快法治中国建设，使国家治理在法治轨道上运行。党的十八大以来，以习近平同志为核心的党中央更加强调法治在国家治理中的决定性作用，明确提出"坚持在法治轨道上推进国家治理体系和治理能力现代化"。推进国家法治化是国家治理现代化的题中应有之义，国家治理现代化是一个多元主体的集思共创、协同推进的系统工程，推动国家治理现代化和法治化的主体力量是法律人，律师在其中占有重要地位。

当代中国语境和知识谱系中的律师概念不仅是现代的，也是历史的。为此，本书在论证律师在国家治理现代化中重要地位时，首先梳理律师地位的发展演变历程，然后追溯对律师职业影响深远的理论渊源，最后阐释当代我国律师所处地位的时代背景，也就显得十分必要了。

第一节　历史追溯：律师地位的社会演进

现实与历史不是绝缘的，现实是历史发展的必然结果。黑格尔曾指出："我们在现世界所具有的自觉的理性，并不是一下子得来的，也不是从现在的基础上生长起来的，而是本质上原来就具有的一种遗产，确切地说，乃是一种工作成果——人类所有过去各时代工作的成果。"① 正如"罗马不是一天建成的"，律师职业也不是一蹴而就，而是处于一定历史过程中发展着的社会现象，是在一定历史环境条件下各种变量综合而成的结果。现实中的律师职业与历史上的律师职业之间必然存在一定的联系，因此研究国家治理现代化进程中律师的地位不能与历史上的律师地位分割开来，要首先从律师产生和发展的脉络来考察，对历史上律师的地位作一个简单回顾。

一、西方律师地位的社会演进

（一）代言人：早期律师的地位

在西方，律师职业与医生职业一样是古老的职业，有着悠久历史，这个历史的源头我们可以一直追溯到古希腊的雅典。公元前594年的梭伦改革，其重要内容之一就是创立了赫里埃（希腊文Heliaea），即陪审法院，在诉讼上分为审查和裁判两个阶段，审判以言辞辩论的方式进行，在法庭上当事人双方的地位平等、权利义务对等，法官注重发挥争诉双方当事人的作用，先宣读原告的起诉书和被告的反驳书，然后双方当事人进行辩论，民众会议或者法官进行审判。法庭允许当事人委托他人撰写辩护意见并在法庭上宣读，然而陪审法院由不具备法律专业知识的普通人组成，为了说服法官从而最终做出对自己有利的判决，很多当事人会请那些能言善辩又懂得法律知识的辩护士为自己辩护。在古希腊的司法中，案件的一般正义要重于严格的法律条文。在一个没有主审法官，也没有上诉，在法律和事实两个方面都由人数众多普通人组成的陪审团来做出决断的纯民主审判中，必然结果之一就是导致了法庭辩护技术的发达。在雅典的法庭，需要的不是精通法律的法官，而是能言善辩的雄辩家；需要的不是法律公平地实施，而是眼泪、情感来打动听众。因为得胜的往往是最有办法歪曲事实、煽惑感情的人，所以雅典的法庭变成了普通公民根据自己的情绪和偏见投票的

① 黑格尔.哲学史讲演录（第一卷）［M］.贺麟，王太庆，等译.上海：上海人民出版社，2013：10.

场所，于是雅典的辩护士制度形成了。然而不能由此说明古希腊已经形成了律师职业，毕竟能言善辩的辩护士不需要通过法律专业学习，也不需要经过国家的许可，他们不具备作为一种职业的律师所具备的特征。

无论是英美法系还是大陆法系的法律人，都认为古罗马的律师模式是西方法律职业的源头。律师职业作为一种社会存在，不可能孤立地存在，社会的各方面因素都会对它产生影响。律师制度萌芽于古罗马时期并非一种偶然现象，而是与当时的经济、思想认识和政治民主制度以及罗马人的特性等相关联的。古罗马国家起源于亚平宁半岛，公元前4世纪到公元前3世纪，形成了罗马共和国。在罗马共和国形成过程中，罗马社会原有的以氏族血缘关系为纽带的氏族经济体系已被摧毁，取而代之的是商业奴隶制经济。随着农牧业、手工业及商业迅速发展起来，人们之间的产品交换日益频繁，矛盾纠纷也随之增长。思想的进步和科学技术发展，已经不再允许将争议的解决用神判的方式来解决，统治阶级为了实现长治久安主张用法律解决争议。如果说希腊人最先提供了一种观念的法，那么，罗马人则最先实践了一种制度。为了应对社会生活中的各种纠纷，罗马自王政时代后期（公元前6世纪）起，就已经有了成文法。① 此后立法活动不断增加，到公元前3世纪左右，一般公民已不可能掌握那么多的法律知识。罗马人扬弃了正义的抽象思辨，而是在日常生活的法律领域去寻求正义的存在，这表现为罗马人的务实特征。有了这种特性，他们探讨了有关个人领域的全部法律问题，创造了一种形式化的"私法制度"，也为这种制度的保持与发展培养了一个法学家集团。古罗马帝国时期制定了一系列法律，并将法律划分为"公法"和"私法"，私法制度非常发达和完善，诉讼形式仍然沿袭古希腊的陪审法院。为了能够让审判者作出对自己有利的判决，当事人会聘请掌握基本法律知识的、能言善辩的人——法学家阶层为自己进行辩护。

公元前1世纪罗马共和国末期，社会矛盾异常尖锐，统治阶级为了维护其统治秩序，制定了许多法令，与此相适应，社会上出现了学习、研究法律的法学家。古罗马法学家不仅对法典进行解答、教授法律知识、撰拟契

---

① 何勤华. 西方法学史（第2版）[M]. 北京：中国政法大学出版社，1996：30.

据、担任顾问，而且协助当事人进行诉讼。古罗马法律制度的形式化和诉讼程序的完备，出现了新的社会分工的必要性，也正是辩护律师大显身手的时期。公元3世纪，罗马皇帝以诏令的形式确认法学家从事"以供平民咨询法律事项"的职业，同时诏令允许委托代理人参加诉讼。于是从法学家中分化出一部分专门从事解答法律咨询、代写诉讼及法律文书、代理参加诉讼的"代言人""代理人"。到了罗马帝国后期，法律规定专门以代言人、代理人工作为职业的法学家叫"律师"。"代言人"是替当事人一方或者以他的名义，把法律审理过程中必须说的话"代言"出来，这样一来，委托代言人的一方有好处，因为代言人可能"改变"委托人已经犯过的疏忽，说对委托人有利的东西。这些被古罗马称的"代言人"就是我们现在的律师。① 到了古罗马帝国后期，那些想做"代言人"的人必须在法律学校经过5年的法律知识学习，通过国家考试，东罗马还规定出席特别法庭的律师必须获得许可，公民取得律师资格后，要接受执政官的监督，这就是历史上的第一批职业律师。

应当承认，古代罗马法的发展已经达到了一个非常发达的程度，不仅创立了一系列有价值的制度，而且形成了由众多法律概念、术语所构成的独特法律话语体系，对法律话语体系的垄断，使得法律家成为法律的代言人，成为人们不得不求助和依赖的专家。② 由于实行辩论式诉讼模式，"代言人"要想打动民众或者法官，就需要在法庭审判中慷慨陈词，凭着"三寸不烂之舌"千方百计地为其当事人的利益进行辩护，所以这些早期的律师——"代言人"，会很在意当事人的利益，难免会出现一些颠倒是非、混淆是非的做法，因而获得很多负面评价。著名哲学家、思想家柏拉图和亚里士多德都曾对这种代理辩护予以谴责，认为这些"代言人"得了当事人的钱财，就昧着良心，用诡辩伎俩，尽量把好事说成坏事，把假的说成真的。奎恩提连曾谴责那些"雄辩之士"，说他们不去学习，不去理解人的天

---

① 在古代罗马，传统上有三种律师的活动：respondere，agere，cavere。respondere 是对法律要点的阐述，尤其是回答当事人提出的问题；agere 是在法庭代表当事人所进行的活动；cavere 是起草契约、遗嘱和其他交易文件。

② 黄文艺. 中国法律发展的法哲学反思 [M]. 北京：法律出版社，2010：133.

性，不去探究人类内心的需要，不去寻求公正或者永恒之正义。在关于辩说的著作中，奎恩提连说道："伟大的律师不仅应该研究裁判官的告示和法学家的意见，还应该反思幸福的性质、道德的根基，乃至一切的善和真。"①

（二）法律秩序的创造者：近现代欧美律师的地位

在古罗马时期欧洲已经点燃了律师职业之圣火，随着西罗马帝国的灭亡，欧陆国家的法律历史倒退到一种"自然状态"，律师职业的火焰逐渐熄灭。中世纪的欧洲，封建等级制度森严，经济上自给自足，宗教色彩浓厚，统治人民的有国王和教会两种势力，审判机关也分为世俗法院和宗教法院两种，审判方式上废除辩论式诉讼，实行纠问式诉讼制度，被告人没有辩护权，几乎所有的权利都被剥夺，被告人是诉讼客体和追诉的对象，使辩护和代理制度几乎失去作用。在封建时期的欧洲虽然保留了辩护制度，但承担辩护人、代理人职能的律师是僧侣，即使他们参与诉讼，其目的不是为当事人行使权利，而是向当事人灌输宗教思想，教育其认罪，这样使律师成了封建国家机器的附庸。直到 12 世纪开始的文艺复兴运动后，法国逐渐限制并禁止僧侣参与世俗法院的诉讼活动，世俗律师才崭露头角，而英国到爱德华一世时期，君主法庭在英国的司法制度中已占中心地位，辩护律师的地位获得了法律保证，拥有垄断辩护权的业务。总体而言，中世纪欧洲的世俗律师的权限、服务范围等都受到了限制，这一时期的律师在社会中的地位也是无足轻重的。

近现代欧洲律师制度是 17、18 世纪资产阶级民主革命的产物。资本主义商品经济快速发展要求铲除封建时期的宗教特权和司法专横，资产阶级的启蒙思想家如戴雪、洛克、孟德斯鸠、李尔本等提出"自由""平等""天赋人权"，倡导"法无明文规定不为罪""司法独立""无罪推定"的司法原则，主张以辩论式代替纠问式，被告人有权获得辩护权等，所有这些为近代律师制度确立和发展创造了有利条件，在此种情况下法国和英国律师行业以空前的速度向前发展，律师在社会生活中的地位也越来越高，由

---

① 罗伯特·N. 威尔金. 法律职业的精神［M］. 王俊峰，译. 北京：北京大学出版社，2013：18.

过去的仅参加司法程序，发展到参与社会生活的各个方面，甚至成为法律秩序的创造者，对法律制度的产生发挥决定性作用。在比较法领域，为了揭示一个法律秩序所特有的性质，学者们试图确定一些分类标准。德国比较法学家茨威格特和克茨曾提出根据由法律秩序的历史、思想方法、法律制度、法源的种类和意识形态五个要素构成的法律样式进行法系的分类，并将各个法律秩序分派给这些法系。① 但日本比较法学家大木雅夫认为这些要素都是客观性要素，遗漏了作为法律秩序担当者的法律家这一主观性要素。因为法是法律家所创立，创制何种样式的法直接取决于由什么人来创制。正如德国比较法学莱恩斯坦所称，"法的形成和适用是一种艺术，这种法的艺术表现为什么样式，取决于谁是'艺术家'"，② 高明抑或蹩脚的"艺术家"将决定我们的法律的质量。从欧美国家的历史经验来看，由于职业法律家内部有法官、检察官、律师、法学家等职业种类划分，因而存在对特定法律样式的构成最具影响力的某种职业法律家，一国法治的具体形态与这个国家占据主流的职业法律家的特征有关，他们创造了各自所属法的基本特征。如英国律师致力于维护遵循先例型普通法，法国律师创造了言简意赅的典雅文体为特点的法律体系，美国律师对美国的独立及其政治法律制度的建立起了至关重要的作用。

1. 遵循先例型法维护者：英国律师的地位

在立法活动消极、以令状为救济依据的近现代英国的法律发展中，律师是法律秩序的缔造者。英国律师在中世纪已经存在，但他们是教会法律师。随着 12 世纪英国法律制度发生了历史性变革——专职法庭的建立，司法令状的大量使用，法律规则日趋完备，审判程序和方法更加复杂和专业化——世俗律师应运而生了。到 13 世纪布莱克顿时代，社会对律师的需求大增，代诉人已很普遍，英国职业律师阶层已经成为一种新型职业，律师的职业范围很广阔，包括起草和查阅诸如契约、财产转让证书、婚约和遗嘱之类的法律文书，"通过判定、仲裁和命令"解决纠纷。从 12 世纪末期

① K. 茨威格特，H. 克茨. 比较法总论 [M]. 潘汉典，米健，高鸿钧，等译. 北京：法律出版社，2003：108.

② 大木雅夫. 比较法 [M]. 范愉，译. 北京：法律出版社，1999：264.

开始，到 13 世纪最后 25 年里，专门从事法律服务活动的职业律师阶层的出现是有理据可以证实的。在 14 世纪前后，正值法律家的身份得以确立、普通法的独特体系已见端倪之时，律师们组成了自己的独立行会（律师公会），抵御其他社会势力对律师行业的不适当侵犯或干预，实现行业的一体化和自治。这时律师们不仅以个人方式行动，而且以集体的方式通过强大的行会施展他们的巨大政治影响，他们以独特的法律教育、实践活动、组织和法律思想为英国普通法的形成及发展提供了智识性因素，影响着英国法的性质、内容及发展方向。马克斯·韦伯曾认为不同的法律教育模式造就了不同类型的法律思想，对于"专业的"法律教学进程，有两种截然相反的模式：经验意义上的"手工业式的"和纯技术意义上的"科学的"。第一种处理办法的典型类型是英国式的。从一开始，律师公会垄断着法律教育，实行师徒制法律职业教育：由高级出庭律师和法官授课，讨论反复出现的典型的法律问题的案例教学法，并通过观摩庭审以及举办模拟法庭等侧重实践和经验的方式进行教学，这种教授法律的方式总是仅仅得出从个别到个别，自然导致较为形式主义地对待法律，妨碍着系统和总体地对待法律材料。此外英国的法官和律师们的法律实践也阻止英国普通法的合理系统化，因为法官从律师精英中任命，[①] 法官掌握着通过解释适用赋予其现实效力的权力，审判过程中对案件的判处根据先例和类似的实际操作，发展出来一系列独特的判例法法律技术和方法，例如如何进行判例汇编、如何比较先例与待决案件、如何从先例中找出有效的规则或原则等。

2. 简洁典雅型法雕塑者：法国律师的地位

虽然经过古罗马法学家创造的罗马法对欧洲大陆的整个政治结构有巨大的影响，但在法国以"简洁易懂但缺乏严谨"为特点的法律体系的现实中，法学家缺失，没有发挥其才能，而是辩护律师扮演至关重要的角色。比较法学家认为整个法国的普通民法的形成过程中，尤其以《拿破仑民法典》为代表的先进而体系化的法典创造中，其实质就是一个以律师为主流的实务法律家对法国法律秩序产生重大影响力的过程，看到辩护律师在建

---

① 威尔弗雷德·波雷斯特. 欧美早期的律师界 ［M］. 傅再明，张文彪，译. 北京：中国人民大学出版社，1992：53.

立民族化的法律中发挥举足轻重的作用。倘若要想知道辩护律师何以有这样独特的作用，那么必须要在法国当时的特有的体制中去寻找答案。在大革命之前，法国的法官职位是通过继承或者买卖获得的，由于司法官员本身法律学识欠缺和机械地运用法律，法国的法官更多的是一种专业性事务官，很难如英美国家的法官在其职业生涯中使自己声名显赫。至于法国的大学教授，自古以来也并非声名卓著，中世纪后期虽然大学有了蓬勃的发展，但教授们疏于治学讲课，① 没有树立自己的权威。与此相反，法国的辩护律师在法国社会中的地位和权势相当显要。法国的世俗律师最早出现于13 世纪中期，与有巴力门之称的王室法庭同时出现，从 14 世纪开始，由于君主对分裂诸侯控制的加强，大贵族和宗教组织越来越愿意在王室法院解决纠纷，从而律师人数增长，至 1573 年，法国天主教的代言人霍特曼写道，在今天的法国各地，一个被称为律师或辩护人的阶级，在每一个有王室法庭的城市占据了主导，几乎有三分之一的市民和居民为其丰厚的收入所动心，并身体力行去学习这门唇枪舌剑的艺术。② 法国律师因才华横溢、精通辩术、博学多才，被完美地并入世袭特权阶层，即穆斯利尔教授所称的"上流社会"。他们有着个人非世袭的高贵身份，并享有免于服兵役、有权驱赶任何在邻近妨碍他们工作的艺人等特权。律师职业是 18 世纪法国社会的尤为优越的法律领域。从文艺复兴时代到法国旧制度的那个最后世纪里，法国律师们不仅参与诉讼服务当事人，而且充当社会秩序的创造者，一批律师有意识地搜集、整理、确认、理性化习惯法，参与到法国法律发展的过程中，为了民族性的法国法的形成作出了极大的努力。必须承认《法国民法典》的用语和文体的确是革命的杰作，是以言简意赅的典雅文体创造的。这固然是为了使拿破仑这位悟性颇高的非法律职业者能够理解，但更应归功于起草者，他们才是法国法律秩序的创造者。《法国民法典》的编纂委员会由特隆歇、比戈·普雷亚梅纽、波塔利斯和马尔维尔四人组成，他们四人都曾长期从事律师职业，且特隆歇在大革命爆发时正在担任巴黎律师协会会长。虽然编纂委员会每人都独具个性，但他们都是在当时作为法

---

① 大木雅夫. 比较法 [M]. 范愉，译. 北京：法律出版社，1999：267.
② 夏立安，聂原. 法国律师与政治自由主义的产生 [J]. 浙江社会科学，2003（5）：85.

国律师之特征的自由批判精神，以及广泛渗透于整个法律家阶层的杨森主义的严格禁欲主义的精神之熏陶下培养起来的。

3. 成文型宪法缔造者：美国律师的地位

权利意识和对法律的尊重是盎格鲁－撒克逊民族的总体特征，美国人民继承了对这些原则的追求，在设计新社会的意义上，美国律师发挥了重要作用。他们不仅领导革命运动，而且更为重要的是主导制定了世界第一部成文宪法。如果认为法律和律师一开始就在殖民地事务中占据显著地位，这是错误的。事实恰好相反，在早期所有殖民地除了圣经中的内容外，其他法律都不被认为是必需的，对职业律师不仅不欢迎，而且抱有强烈的反感、存在着偏见，认为律师是一群讼棍、骗子、蛊惑人心的演说家。这是因为当时的社会及法律问题简单，没有经过法律训练的门外汉也能满足殖民地人民对正义的需求，尤其是他们把律师与他们曾经逃离的暴政联系在一起。律师经常因愚人和暴君在法律的外衣下犯下的错误及罪行而遭谴责。随着殖民地生活和人际关系变得越来越复杂，愈加需要发达和完善的法律制度；随着社会及商业利益主体多元化趋势，愈加需要更精确的法律分析；随着人们利益的扩展和相互间权利义务随之增加，愈加需要了解法律。法律运动催生了律师业，大约在 1690 年，律师在殖民地有了立足之地。殖民地初期的美国律师只是将律师职业作为一种谋生的职业，经济收入是他们的最主要职业动机，一般不愿涉足政治深潭，这种状况直到 18 世纪中期英国与法国为争夺南印度的卡纳蒂克战争才开始有所改善，一些律师群体已明显作为有自我意识的新精英阶层出现，他们认识到从事法律职业完全可以进入高社会阶层，通过法律，人们有希望"打进权力机构"。在独立战争前的这一代人中，律师地位显赫，政治作用非常明显，他们在殖民地的立法机关和大陆会议中是最有影响的成员，在发动革命的第一次大陆会议的 45 名代表中，有 24 人是律师。① 如果说美国宪法完全是律师的作品未免言过其实，但说美国宪法缔造者主要由律师组成一点都不为过，因为在铸就美国政治法律制度的日子里，从起草宪法、审议宪法到公布宪法，始终闪

---

① 程燎原. "法律人"之治："法治政府"的主体性诠释 [J]. 西南民族学院学报（哲学社会科学版），2001（12）：108.

现律师的身影。在 5 人组成的《独立宣言》起草委员会中有 4 人是律师；56 位签署《独立宣言》的人中，有 25 人是律师；在联邦制宪会议的 55 名成员中，31 人是律师；在第一届国会上，29 名参议员中的 10 人以及 56 名众议员中的 17 人是律师。①

（三）社会文明的塑造者：当代西方律师的地位

随着社会的发展，法治成为国家管理和社会生活调节最主要的方式。无论是国家还是个人都得依赖于法律这个社会生活调节器来处理纷繁复杂的生活事务，维持社会生活的正常进行。多如牛毛的法律逐渐渗透到社会生活的各个方面和各个环节，律师的职能定位不再局限于受邀协助的"代言人"，由于律师在国家和社会生活中的地位更加凸显，与社会生活的契合度有了质的飞跃，他们成为法治文明的塑造者。在法仅被视为处置纠纷或调和利害的权宜手段的场合，法律家的工作无非娴熟于有关社会调整的某些技巧而已。只有当法被视为公认准则的具体规定时，法律职业才能实现最充分的发展。因而，合法秩序愈发达，赋予法律职业的使命和责任也就愈重大。现代文明的一个本质就是法律文明，这个法律文明根本上就是职业法律家建构处理。笔者认为，律师是法治文明进步的主力军，现代文明根本上是通过律师建构的，作为职业法律家的律师通过长期参与法律制定，通过日常的法律执业向当事人提供法律咨询意见，通过代理当事人参加诉讼在法庭上向法官发表意见，通过参加各种方式的普法宣传和研究等实践工作，推进法律的精神向全社会普及，把法律带进千家万户。律师作为一种职业，正在不断影响和改变我们固有的生活方式，正在不断形成和成为我们崭新的生活态度，正在不断打造和造就人们未来的生活理念。从当代世界范围来观察，虽然不同国家的律师构造的确还是存在一些明显的差别，但不可否认的是律师在推动各国的法治文明构建中发挥重大作用。历史学家威廉·鲍斯曼在一篇题为《律师与早期现代文化》的文章中指出，律师在塑造整个欧洲现代文化的过程中发挥了重要的作用。②

---

① 伯纳德·施瓦茨. 美国法律史 ［M］. 王军，等译. 北京：中国政法大学出版社，1990：8.
② 贺卫方，魏甫华. 改造权力：法律职业阶层在中国的兴起 ［J］. 法制与社会发展，2002 (6)：30.

　　季卫东教授曾指出，在近代西欧各国，法律职业在改变社会组织原理方面发挥了极大的作用。它以学识为利器，在意识形态方面破除了神学世界观的迷信，在身份关系方面打倒了血统贵族的特权。① 英美国家律师和法官一元化的类似基特尔的组织形态保证了律师的卓然独立的崇高地位，法律科班出身的法国律师占据着政治和社会的优势。正是这样一群受人尊敬的法律家，不仅通过参与司法辩护，而且通过参与立法、司法、执法和适用，向老百姓、行政官员传播法律精神、理念和知识，从而促进法治文明进步。在参与民族国家权力格局和统治方式建设的过程中，律师使自己成为西方"现代"统治秩序和相应的意识形态的主要载体，他们把委托人的筹划恰如其分地整合到一种总体性的社会生活秩序安排之中。美国是一个典型的"律师之治"的国家，20世纪中期及以后，律师统治的模式继续巩固，从立法领域到行政领域到其他领域，到处遍布着律师的身影，律师在美国的法律机制运行、政治决策和社会生活中扮演着举足轻重的角色。正是律师推进着美国国家的文明。大多数国会议员都是律师，他们制定着国家的法律。大多数总统、政府官员以及他们的顾问、智囊团都是由律师担任。他们执行着国家的法律。所有的法官都由律师担任，他们解释和实施着国家法律。在美国国会两院议员（众议员为435人，参议员为100人）中，1953年众议院议员中律师为249人，参议院议员中律师为59人。1978年众议院议员中律师为213人，参议院议员中律师为64人。美国总统从乔治·华盛顿到拜登共46任44人（克利夫兰和克林顿两任），其中律师出身者27人。律师具有促进社会文明进步的积极影响力，这在同为英美法系国家的英国也得到透彻的体现。萨默维尔认为，普通法律师比其他职业对欧洲生活的影响都更为巨大。欧洲现代政治和社会组织的形成，法律职业阶层的兴起起到了十分关键的作用。② 随着英国法和近代司法体系的发展，法律成为政治和社会治理的重要手段。而律师是英国普通法的掌握者，作为诉讼的设计师，作为国家管理者，作为当事人合法权益维护者，无论是从

---

　　① 季卫东. 法治秩序的构建（增补版）[M]. 北京：商务印书馆，2014：210-211.
　　② 贺卫方，魏甫华. 改造权力：法律职业阶层在中国的兴起 [J]. 法制与社会发展，2002(6)：30.

专业知识还是治理经验来看，英国普通法律师将不可避免地参与到对英国社会变革和社会文明的建构中。英国律师主要通过兼任郡治安法官和市记录法官涉入地方政府事务的管理，通过兼任下议院议员参与中央政治事务，由于律师是精于法律者，会有意识地把普通法意识和法治观念带入政府和社会，从而促进法治社会和普通法法治文明的形成。美国法学教授梅丽曼认为革命后大陆法系在不断变化，其极端性的特征渐次衰减，主要取向为"非法典化"、"宪法化"和"联邦化"，这些变化昭示着大陆法系正面临着一场深刻的蜕变，浴火后的大陆法系，自然不会成为普通法系血统的凤凰，但在现实制度及法律现实运作层面，两大法系的重大差异也在渐渐消退。虽然大陆法系各国的具体情况不尽相同，但在很多国家中律师渐渐步入政坛以及其他领域。在法国，大革命中的律师基于职业特质方面的优势，使得其不仅仅是一种谋利的行业，而且成为以法律为依托的政治领域的弄潮人、社会利益的保护者及市民社会的建构者。20 世纪以来的律师行业始终保持着先辈们留下的历史传统，通过从事法律研究，从事辩护或代理，以及在政府或立法机构中发挥自己的影响力，成为市民社会中最积极最富活力的力量。对他们而言，为法律而战的战场是法庭；而为政治而战的战场则是作为公共会堂的议会政坛。律师们为自由和权利所作的日常的斗争，对社会产生了普遍的影响。从西方的社会经验可以看出，正是律师创造出各种庞大、复杂而又精密的法律体系，发展出一套套专业化的关于法律制定、适用、推理、研究的方法和技术，可抵御来自其他社会势力的图谋不轨的干涉。因此，从最直接的意义上说，西方律师是西方法律文明、法治机制的创造者、护卫者、发展者。①

　　通过对西方律师地位的社会演进的简单回顾，律师职业地位从古罗马的"代言人"发展到社会文明的塑造者，律师职业从萌芽到现代西方完备的律师制度。发展历史表明，律师与这个国家的法治发展脉搏有密切联系，存在某种程度上的互为因果关系，即法治兴、律师兴，律师兴、法治兴。人类生存离不开环境，律师业的环境就是法治环境，只有当法治环境好了，

---

① 黄文艺. 中国法律发展的法哲学反思［M］. 北京：法律出版社，2010：164.

律师才有生存的条件，如果其生存环境被破坏了，其发展就受到限制。法治发展的状况直接影响律师职业的功能发挥和兴衰成败，承载着自由、民主、法治的政治框架是律师业兴旺的前提。在互动的角度上，西方律师在促进和维护司法秩序、国家治理方面，也具有不容忽视的作用，律师深刻影响着法治的广度和深度。中世纪后期的西方律师不仅通过具体的案件维护当事人的合法权益，而且作为一种积极向上的公共阶层，施展他们的巨大政治和社会影响力，在民众的心目中筑起一块公正权威的丰碑，对西欧近代法律的发展和法治的培育起了重大作用。

▶ 二、中国古代社会讼师地位的历史考察

众所周知，在古代中国没有形成现代西方律师和律师制度，但从事与律师相类似活动的人有两类，一是官代书，二是讼师。前者是官府认可的相关人员，他们专为百姓代写状书。官代书与律师在本质上不同，因为代写书状是作为官府行为，他们通过为民代写书状，可以规范状书的书写格式以符合衙门的要求，与此同时对提交的状书进行筛选，删去那些在他们看来不符合要求的诉状。与官代书相比，讼师生长于民间，他们以帮人撰写状书并为其出谋划策为生，与律师更相类似。

（一）中国古代社会讼师发展的历史谱系

中国古代社会形成了与律师相近的群体讼师。讼师，是指受人聘请代写诉状，在法庭外帮助刑、民事案件的当事人进行诉讼的人。中国封建社会的讼师不是专门的法律职业者，与近代律师不能等同。但在功能上，讼师从事的业务非常广泛，除代理当事人出庭外，还帮助诉讼当事人撰写诉状、提供法律咨询、谋划诉讼方案等，涉及近代律师的部分职能。关于讼师最早出现在什么年代，史料并无明确的记载。根据现有的史料判断，讼师出现在春秋时期，活跃在唐朝，蓬勃发展于两宋，高潮和转型期在清末民国。

春秋是一个大变革时代，经济制度在变革，政治法律制度在变革，人民的思想观念也在变革，讼师的出现是春秋战国时期社会大变革的必然结果之一。我国从夏商到西周中期，整个社会利益状态没有冲突，由平等共

有转向绝对占有。没有利益冲突，没有裁判，也就不会有对利益维护者的需求。进入春秋时期以后，社会生产力水平空前提高，确定了土地私有制。一旦制度上确立了某种利益的正当性，个体对这种利益的维护就成为必然，因个体之间利益发生冲突而导致的争讼是不可避免的。伴随着新型生产关系与经济基础的巨大冲击，旧有政治制度控制衰崩。一大批处于社会下层的人物先后凭借军功、才能、智慧进入统治阶级，迫使原来盛行的世卿世禄制向君主集权制下的官僚制度转变，原来的"王室独尊""礼乐征伐自天子出"，逐渐被"大国争霸""礼乐征伐自诸侯出"所取代，进而出现"陪臣执国命"，这正是传统制度"礼崩乐坏"的集中体现。"礼崩乐坏"使讼师的形成在政治上成为可能。春秋战国时期，政府对教育的专制随之削弱，教育工作者、教育设施、教材等，都慢慢游离于政府管制之外，出现了"天子失官、学在四夷"的现象，从而形成了我国古代思想史上最活跃的百家争鸣局面。辩学便是在这时形成的一种名家思想和学说，使讼师的实际运行获得了技术支持。虽然辩学被讥为"离谱""淫辞"之说，但是它有助于人们视野的开拓，给人们提供一个新颖的视角去审视习以为常的思想和常识，批判旧有的维护奴隶主旧贵族和封建地主阶级贵族的法律。中国古代史上第一位讼师邓析就是辩学的主要代表人物，以他为代表的讼师群体把自己的才学与当时商品经济中商人阶层的要求结合起来，助民诉讼，维护个体权益，深受民间欢迎。

讼师作为中国传统法律制度相伴随的事物，其思想和活动总是和政治生活紧紧联系在一起。汉代至唐代对讼师的记载，无史料可考。但汉代的"春秋决狱"，东汉"引礼入法"，唐代"以礼立法"的制度成果给讼师的勃兴创造了广阔的空间。唐代的史料中没有讼师一词，但依据《唐律疏义·斗讼》第九条记载："诸为人作词牒，加增其状，不如所告者，笞五十……"其中"诸"字表明唐代为人作词牒的现象不是个案。唐律中《疏义》曰："为人雇请作词牒，加增告状者，笞五十……"可见为人作词牒已经是一种有偿服务，从以上条文不难得出："为人作词牒"之人都符合讼师的角色，在唐代的诉讼活动中讼师是确实存在的，唐代代写诉状已经成为一种有偿合法服务职业。

经过汉唐两代的诸方酝酿，讼师最终在宋朝蓬勃兴起成燎原之势，并在南宋后期成为一个正式的职业。讼师作为职业之所以在宋代正式产生，是因为宋代的经济、思想观念、法律制度皆处于中国封建历史上的变革、转型时期。经济上，自宋建立后，由于政府采取不抑兼并、土地自由买卖的政策，保障私人对土地的拥有、买卖与让渡的权利，劳动者的生产积极性高涨，社会生产力大幅度提高，农业、手工业、商业都有了前所未有的发展。经济基础决定上层建筑，故而两宋时期儒家思想中"君子喻于义，小人喻于利"的思想观念在发达的经济社会下遭到很大程度的挑战，很多有新思想的人开始意识到金钱和利益的影响，提倡看重现实利益。这种新观念在宋朝读书群体中蔓延，最后形成了事功学派。事功学派的代言人物有北宋的李觏、王安石与南宋的陈亮、叶适等，他们在与理学及其他人的争辩中，倡言"利欲"，主张"义为利设"。① 事功学说不仅为当时的普通人在追求利益方面解开了以往的道德枷锁，而且向处于统治阶级的皇帝和士大夫延伸，改变他们的法律思想，这为讼师的蓬勃发展奠定了思想基础。此时，宋朝人不再认为诉讼是一种耻辱的事情，形成了民间"健讼""兴讼""好讼"之风。正是因为商品经济发达，民间财产争讼现象普遍存在，复杂的财产纠纷单凭伦理道德教化无以化解，需要更加完备的法律制度，所以宋代的民事立法大规模发展。而大量的民事立法是以编敕、编例的形式颁布，这为讼师介入诉讼活动提供了条件。商品经济的发达、思想观念的转变和法律制度的完善三方面因素的结合，讼师群体第一次在宋代社会生活中大规模地出现。

明朝清期，由于封建经济的高度发展，人们私有权观念的深化，人身权利的相对扩大，人们要求运用法律维护自身权益的愿望开始强烈，在这种情况下，"好讼"或"健讼"成了社会常态。不仅在记载明清时代风俗的古籍资料中，经常可见"好讼之风""健讼之风"诸如此类的描述，而且结合史实仔细推算，将更令人坚信我国明末以后进入诉讼社会这一事实。乾隆五十二年（1787）任湖南省宁远县知县的汪辉祖曾说，他在三八放告时，

---

① 陈景良.讼学、讼师与士大夫：宋代司法传统的转型及其意义［J］.河南省政法管理干部学院学报，2002（1）：68.

每天收受了 200 余份词状。同是乾隆年间的湖南省湘乡县，三八告期中每次递交的呈词不下三四百份。当时为了照顾农忙，原则上一年只有从 8 月 1 日到次年 3 月末可以提出诉讼，在这 8 个月中也只限几天可以提出诉讼，叫作告期。如果是三八告期，就是逢 3 或 8，一个月 6 天是告期。这样的话，汪辉祖一年间收受 9600 余份词状。然而据汪辉祖称，每期受理的告状中作为新案的只有 10 份。据此，假定每次告期中有 10 人作为新的原告出现，那么至少有 10 人成为新的被告，一年中合计 960 人参与新的诉讼。而当时宁远县仅有 23388 户，这说明，当时的民众涉及诉讼似乎是非常自然的事情。此外，一些遗留至今的宗教族谱与文人日记之中的相关记载中也展示了诉讼经历日益进入明清时期民众的日常生活之中。如熊远报利用清代康熙后期的徽州府婺源县浙源乡嘉福里十二都庆源村的秀才詹元相撰的《畏斋日记》，通过研究发现从康熙三十八年到康熙四十五年（1699—1706）间，当地共有 49 件纠纷事件，其中詹元相作为直接当事人一方的有 7 件，作为当事人一方之成员的事件有 16 件，在前后约 8 年的时间内，詹元相平均每年被卷入 4 件纷争事件之中。上述所列的史料虽然只是冰山一角，但足以描绘出一番"词讼繁多"的图景。讼师职业就是在这样的社会环境中发展壮大起来。到清末，讼师在民间的助讼活动涉及范围越来越广，参与的不仅有田产、钱债、婚姻、商贾等民事纠纷，而且有刑事案件，"词讼必由讼师"是当时的生动写照。清代的讼师不但在社会的法律生活中发挥重要的作用，而且在民众的非法律事务中也扮演着必要的角色，讼师积极参与水涝救济、恢复古渡、赈灾救恤等公益性事务，渗透的程度越来越深，使用的手段越来越完善，在司法审判和社会生活中达到前所未有的活跃程度。

（二）中国古代社会讼师与西方律师的异同

中国封建社会的讼师和律师，其关系究竟如何？这是自从 19 世纪以来学界一直讨论的问题。尽管各学者围绕这一焦点更多引申出的是法制现代化过程中本土传统和法律移植的关系之争，从而或多或少地对讼师和律师的区别与联系作了论证。但学界基本达成共识，那就是中国古代社会讼师虽然在功能上与近代律师相近，但二者存在本质区别，属于两个不同的概念范畴。首先，律师具有法定性，讼师不具合法性，是自发的。律师从产生之日起，国家就予以承认并立法进行规范，从而律师可以公开为民众提供法律服务。公元 3 世纪，罗马皇帝以诏令的形式允许委托代理人参加诉讼。到罗马帝国后期，"代言人""代理人"制度逐渐规范和完善，法律规定，专门以代言人、代理人工作为职业的法学家叫"律师"。中国古代社会的讼师不仅没有合法的职业身份，且往往是官府打压的对象，讼师的活动受到很大限制，只能秘密帮助老百姓撰写书状并为其出谋划策，个人命运也是很悲惨的。在公元前 632 年卫侯与元咺的诉讼中，卫侯官司输了，士荣被杀。邓析是一个雄辩家，他找法律漏洞，以周礼为准帮人打官司的行为遭到了统治者的反对，郑国统治者子产害怕，认为邓析的行为是"五公好之则乱法，百姓好之则乱事"，有害无益，于是，杀了邓析以期服民心、定是非、行法律。其次，律师的工作内容具有广泛性，讼师的活动范围非常有限。西方律师既可以替当事人写诉状，也可以进行诉讼策划，还可以出庭宣读状词并展开辩论；而传统中国社会的讼师是在法庭外帮助刑、民案件的当事人进行诉讼的人，只局限于秘密替当事人写诉状，其诉讼策划不被允许，至于出庭辩论就根本不可能。再次，律师群体具有确定性，讼师群体极具复杂性。律师制度化最早出现在古罗马，公元 5 世纪，古罗马法律规定取得律师资格的条件严格，只有男性公民，品行端正且依法享有权利能力和完全行为能力，受过 5 年以上法学专业教育，通过国家考试合格的才有资格从事律师职业。而传统中国社会的讼师群体鱼龙混杂，多为自发的民间人士，隋唐以前帮人写辞牒打官司者，大多是有一定文化但在政治上郁郁不得志的人，到了唐代，主要被皇室的一些闲居官员所垄断，再到元明清时代，除了闲职官员外，文武生员、举人、衙役书吏、幕宾、民间代书人等也加入到讼师队伍中来。最后，律师责任具有独立性，讼师工作后果具有连带性。律师在诉讼上的胜败，其结果均由当事人承担，而讼师没那么幸运，他们在写诉状、策划诉讼等活动中随时都有可能承担连带处罚的责任。唐代对于讼师加增其状的给予惩罚，到了明代，不论加增其状，还是减消其状，法律规定一概治罪。如《唐明律合篇》（卷二十四）记载，凡教唆词讼及为人作词状增减情罪诬告人者与人同罪。

虽然讼师和律师还有诸多不同之处，如社会环境、职业背景、价值取向等，但从历史视角而言，在传统中国的所有的与法律有关的职业人士与西方的相关人士对比中，相对而言讼师与西方律师具有最大的相似度，两者的基本职责是相同的。他们都是社会法律工作者，都是基于一定的法律技艺而站在当事人一方，为各自所在社会的亟需诉讼支持者提供一定的法律服务。他们都是国家和社会之间的平衡器，只是程度不同而已。他们的存在和发展都是商品经济不断发达，民主因素逐渐提高的结果。可以说，讼师与西方律师具有一定的近缘关系，正如《清稗类钞》的作者徐珂所说，讼师之性质，与律师略同。① 如果我们不从范畴学视野去看待讼师，而是从实用学的角度去述评，那么讼师事实上在传统社会中发挥着律师的功能。讼师在古代社会中扮演着准律师的角色并发挥着准律师的职能，是中国律师的另一雏形。讼师这一历史上的特殊现象，与我们今天普遍存在的律师制度绝非毫无关联。

（三）官方视野中的讼师地位：备受打压的社会秩序破坏者

中国古代讼师在国家与民众眼中地位悬殊。从文献记载来看，自宋朝以来至明清的国家法律乃至整个官方意识形态通常把讼师视作社会秩序的破坏者，对讼师一直采取贬抑和压制态势，给予歧视和打压。官方不仅夸大讼师唆讼和敛财形象，而且对讼师的所有活动通过立法予以禁止和司法严惩。

在官方眼中，词讼繁多皆因讼师的百端煽惑，讼师被视为教唆人们进行毫无必要的诉讼，颠倒是非、混淆黑白，利用诉讼文书和花言巧语诱惑人们陷入诉讼的地痞流氓。早在宋朝就有这样的说法，大凡市井小民、乡村百姓，本无好讼之心，皆是奸猾之徒教唆所至。这种说法在明代史料中也屡见不鲜。明代万历年间，巡按福建监察御史杨四知在其任上发布的一则劝民息讼告示中写道，闽俗好讼，漳泉为甚，每遇新院下马，无论曲直，群然溷扰，皆因省城聚居讼师，游手好闲，专一兴灭词讼，教唆善良，以此为生。到了清代，这种观点更在官场中流传。乾隆时期，福建巡抚甚至在同一份文礼中反复讲道，闽省民情刁悍，讼狱繁多，皆由讼棍教唆，以

---

① 徐珂. 清稗类钞：第三册 [M]. 北京：中华书局，1984：1190.

致捏情混控，总缘无赖讼师，倚恃刀笔，逞其刁唆之能，遂其诈骗之计，闽省民多好讼，皆出一班讼棍遇事教唆。历代官方历数讼师之恶时，屡屡向百姓宣传讼师为人助讼，绝非无偿效劳，而是为牟利而来，极力塑造和宣扬讼师的贪婪形象，称讼师"播弄乡愚、恐吓诈财"，是遇事生风、讹诈事主钱财者，唯利是图的吓财一族。南宋官员许应龙对讼师做出如此刻画："撰造词理，诬害善良，发摘阴私，欺骗财物，白词追扰，妄状牵连，凡此等词，十居四五。此州风俗，本自淳庞，祇缘哗徒煽惑，……遂成健讼。"① 清代董沛认为民间每因些小微嫌动辄讦告，皆由奸恶棍徒从中播弄。该棍徒私囊已饱，为害殊深。乾隆四年（1739）湖南省级官员颁发了一则饬谕代书出首讼师的告示，在痛斥讼师无中生有、串捏案情同时，特别强调"此等讼师，只图骗酒食，赚银钱，以养家肥己"。②

在许多官员看来，讼师不仅通过教唆词讼，增加了递到衙门的词讼数量，而且在为当事人出谋划策时，收取了与其活动不相称的大量报酬，骗取当事人的财产，破坏了整个社会秩序。故而，官府务必严加规制这些为"三百代言"的讼师，他们通过立法、司法和行政司法实践中创立的各种方法来防范、打击讼师教唆行为。两宋时期，对讼师教唆、把持、诬告与事不干己而助讼行为的严惩成为两宋士大夫法官们一致共识。宋代对于讼师教唆施行的刑罚一般有脊杖刑、刺环、枷项示众、押出县界等；情节严重者则可能施行黥配、编管之刑罚；但对于士人出身的讼师教唆处罚相对较轻，而对于同宗之内一般的教唆行为，有时法官仅处以警告而已。对把持之人一般处以杖刑、枷项示众之刑罚，而对于非士人出身的，则往往处以脊杖刑、刺配、编管等综合刑罚。宋代法官对诬诉讼师往往处以竹篦、杖刑、枷项示众或者编管的刑罚。对"不干己之罪"的具体刑罚在两宋时期主要是杖刑、枷项示众、配隶、一年半至两年的徒刑等四种，对事不干己而妄诉的讼师，一般会在法定刑罚范围内处以较为严厉的惩罚。历代官方

① 刘昕. 宋代讼师讼学和州县司法审判研究［M］. 长沙：湖南人民出版社，2016：152－153.

② 尤陈俊. 聚讼纷纭：清代的"健讼之风"话语及其表达性现实［M］. 北京：北京大学出版社，2022：322.

禁制讼师的方法和手段随着讼师在司法审判过程中的深入参与，呈现出惩罚逐渐加重的趋势。到了清朝的严治讼师立法，呈现以下几个特点：一是重刑主义，将积惯讼师视为危害社会的重大犯罪来定罪量刑。唐律作词牒加增其状，罪重者减诬告一等，明律与犯人同罪，清律规定讼棍教唆词讼及增减情罪按足边充军拟罪，乃死刑之下最高刑罚。二是惩罚的客体由告者向教唆者转移，在立法上参照名例"共犯罪以起意为先"的精神，将讼师作为惩罚的第一客体。唐律的"教令人告事虚"的规定，告者为首，教令为从，而清朝改变唐律相关规定，由讼师而发生的诬告案，讼师与诬告者科以同罪。三是讼师的一切活动在禁止之列。清代为防范讼师在司法诉讼中包揽词讼、播弄乡愚，在查拿违禁讼师的同时，创设了官代书制度。嘉庆二十二年新增定例：凡有控告事件者，其呈词俱责令自作，不能自作者，准其口诉，令书吏及官代书，据其口诉之词，从实书写。按照此例，讼师不能代写词状，意味着排除讼师的一切活动。四是从生员干讼定例到禁毁讼师秘本定例，既从源头上阻断讼师队伍的潜在力量，又将讼师传习之技予以明禁，均是"拔本塞源""釜底抽薪"之意。五是为了保证立法的执行，订立官员责任惩罚定例。早在乾隆三年正月，针对各地方官"审虚之时并不穷究讼师，按律科罪"，这使围绕严治讼师的立法构成了一个完整的法律链，形成从立法到执行的完整法律体系。①

（四）民间视野中讼师的地位：一种重要的存在

自宋代以来，国家始终向人们宣扬讼师是如何教唆诉讼、导致委托人倾家荡产，并且一贯对其施以禁止、弹压，却最终并未能使之归于消亡，相反，如果从较长的时间段来看，越接近清末，讼师的活动就越趋于活跃。官府对讼师百般打压，然而讼师群体却广泛存在，是民众的社会生活中不可或缺的人物，并且是中国古代诉讼制度中不可或缺的人物。

客观地讲，历代官方的见解并非全是偏见与流俗，由于讼师群体的良莠不齐，其中不乏唯利是图者，无事生非的教唆者和唯利是图的吓财一族，

---

① 林乾. 讼师对法秩序的冲击与清朝严治讼师立法 [J]. 清史研究，2005（3）：9-11.

但不能说这是全部的事实。由于讼师们有着专门的法律知识和诉讼技巧，人们在非得打官司的时候，向他们寻求帮助。历史上有不少讼师充满正义感，依靠"一支笔，一条舌，能抵三千毛瑟枪"，维护民众利益。虽然讼师不能出庭支持诉讼，但他们通过庭外咨询谋划诉讼、代人撰写书状、与胥吏、差役交涉，参与到案件的审判活动中，为亟需诉讼支持者提供一定的法律服务，担负民众的某种法律启蒙以及监督法律公正实施的职能。在古代文化和法治教育不发达的背景下，民众在遇到纠纷时，往往会求助讼师。讼师首先听来人陈述完事情经过，然后从律例出发，分析和评价所述纠纷，回答求助者的提问，最后为之谋划诉讼，如设计诉讼策略、代写告状、唆其伪造证据、变诬情节等。中国古代的诉讼制度是一种开放的制度，只要是案件发生当事人都可以提起诉讼，但是打官司先要向官府递交书状，而法律对于诉讼文书设定了各种规定，若告状不合要求，则会拒绝受理。由于当事人大部分属于文盲，他们需要找人帮助代写告状。加之古代政法不分，封建社会处理案件的机关和人数极为有限，基层民众面对的一审审判机关每个县只有一个，而诉讼的案件又堆积如山，告状呈送到官府后受理的比例非常少。如何在堆积如山的案件中使审判官注意并重视所写诉状？这时候讼师就成为必不可少的角色。告状受理后讼师也是必要的，他们代替诉讼当事人与胥吏和差役就案件的处理进行交涉，如代理原告与胥吏就房费多少进行交涉，代理被告了解原告告状的内容，抄写告状。到了审判环节，虽然封建社会不允许讼师出庭辩论，但讼师的活动也是诉讼当事人所必需的。因为审判中"书面主义优先"，审判官审理案件阅读文书占七分，听讼只占三分，原被告提出的书状和证据尤为重要。此外，开庭前，讼师还要教给诉讼当事人在当堂询问时如何陈述，把供词完全背下来，以应对审判官的"听讼"。一审判决作出后，原被告如果不服，可以向上一级官府提出上控，甚至可以直达中央，赴北京"京控"。毫无疑问，对于普通民众来说，到县城或州城去打官司，是困难重重的，对判决不满的当事人到更加遥远的省城，甚至京城上诉更是难上加难，因此，讼师常常作为当事人的替身参加诉讼。以上我们对讼师参与诉讼制度的整个过程进行了分析，可以看出讼师与民间的诉讼结成了密切的联系，正如袁守定在《图民录》中所指出的，"后世词讼必由讼师"，而且"南方健讼，虽山僻州县，必由讼师"。①

在以往的研究中，学者们更多关注的是讼师的助讼行为。事实上，讼师在社会中的作用并不局限于诉讼领域。他们不仅插手民间讼事，而且参与公共事务，经常是公共事务的积极参与者，他们挑动乃至替人出头呈控、扛帮作证、代写状词，矛头有时直指地方的司法行政，或者将官吏的贪污腐败行为直接诉之公堂，质疑官员的施政状况。这一点，在清代"漕讼"中有明显的表现。

我国古代社会的讼师之所以不被官方认可，始终处于一个较为尴尬的地位，有多方面的原因，既有文化观念、政治体制等社会条件的限制，也有讼师自身行为的原因。由于政府官员受强烈的无讼、息讼、惩讼观的影响，处于纠问式诉讼模式和简约型行政体制之下，加之讼师群体的良莠不齐，其中不乏唯利是图者，他们一味追求经济利益最大化，并不以捍卫法律、投身于社会公共利益为职责，干扰了正常的司法秩序，败坏了讼师的名誉，故讼师始终处于名不正、言不顺的尴尬地位。人类历史的经验表明，我国律师的命运在整体上取决于我国社会的法治化进程。我国目前还不是一个法治发达的社会，但是我们正在坚定地向着社会法治化目标迈进。律师要想取得显赫地位，应当具有社会公益精神，需要致力于推进法治，获得更多的社会支持。

第二节　理论证成：结构功能主义的律师职业

法律职业在西方有着悠久的历史，同时对法律职业研究的历史也源远流长，在 20 世纪 60～70 年代由四种不同的理论基础构成了西方法律职业研

---

① 夫马进. 明清时代的讼师与诉讼制度［M］//滋贺秀三，寺田浩明，岸本美绪，等. 明清时期的民事审判与民间契约. 王亚新，范愉，陈少峰，译. 北京：法律出版社，1998：418.

究的主流，他们分别是结构功能学派、结构学派、垄断学派和文化学派。结构功能主义以涂尔干和韦伯的职业研究为基础，经过塔尔科特·帕森斯、莫顿等人的发展，在 20 世纪 50～60 年代曾统治着西方法社会学。结构功能主义的论述为理解法律职业在现代社会中的意义提供了有益的思路，为法律职业社会学研究提供了第一个成型的理论视角。其基本观点认为法律制度及其发展根源于社会结构，不同社会的法律制度之间的差别在于它们赖于存在的社会结构的不同；[①] 认为社会具有一种平衡、稳定的基本倾向，法律制度在其中起着稳定作用。职业在现代社会中成为社会结构的最重要组成部分。法律职业作为一种特殊的职业，已经不只是发挥提供专业性法律知识的咨询和服务功能的角色，而且被视为能够促进社会团结、减少冲突和消除隔阂的缓冲器、安全阀，发挥着维系政治和法律秩序的重要社会整合功能。

一、涂尔干：职业团体的社会间质功能

在涂尔干的整个思想体系中，职业问题始终是一个焦点。他在 1893 年出版的《社会分工》一书中提出社会分工的概念，把社会分工看作是现代社会中的社会组织化过程，职业是社会分工的产物，职业团体能够促进社会团结。后来在《职业伦理与公民道德》中对《社会分工》有关职业团体促进社会团结的理论预设进行拓展和深化，提出法团的职业组织化过程与近代之公民政治的构成是不可分割的整体，对职业团体在政治国家与公民生活中的意义做出经典论述，奠定了系统功能论在职业研究方面的统治地位。

大工业社会的来临，造成了一系列的社会危机与矛盾，欲望膨胀、行为偏差和社会混乱等失范问题非常严重，涂尔干对此种情形做出了清晰的判断：整个社会处于失范状态，其原因恰恰在于社会政治的运行革除了一切传统因素的作用，一方面，每个人不再受到传统的家庭、共同体和职业群体的保护，因社会疏离而产生极端自我主义的原子性个体，沉浸在抽象

---

① 朱景文．现代西方法社会学［M］．北京：法律出版社，1994：23.

意识的妄想中不能自拔；另一方面，政治体也因缺乏社会中间团体的保护带，而沦入不断革命的怪圈之中。因此，如何在传统与现代之间找到一种切实的中间环节，使孤独的个体重新获得群体的依恋感和道德上的自足，同时让现代民主政治既能够有效地组织经济生活，也能够充分代表公共政治诉求，便成为重建社会的基本途径。涂尔干进一步提出，政治疾病与社会疾病同出一源，也就是说，缺少能够将个人与国家连接起来的次级组织。我们已经看到，倘若国家不压制个人，这些次级群体就会起到至关重要的作用；如果国家想要充分地摆脱个人，这些群体也是必需的。可是，什么样的群体能够起到中介作用呢？涂尔干强调职业团体能够满足这种要求，作为国家和个人的中介，协调二者的关系。

涂尔干进一步指出，随着劳动分工的发展，职业生活越来越重要，职业在社会分层体系中扮演着重要的角色，我们有理由相信，职业生活必定会成为我们政治结构的基础，职业团体变成真正意义上的带有中介特征的选举单位。政治国家之所以得以形成，首先是奠基于职业团体这样的次级群体上的，而非所有个体让渡权利所构成的主权状态。因为职业团体不仅对引起特定的家庭或职业利益来说是必要的，也构成了更高级的组织的首要条件，它们的存在是国家的前提：只有有了它们，才能有国家。① 职业团体将逐渐成为现代社会中最主要的社会团结方式，承担起了国家与个人之间的沟通和反思机制的使命。职业团体的优势在于一方面职业团体成员之间的联系非常紧密，他们共同工作、共同生活，拥有共同的观念、情感和利益，在这样的团体中，个人真正能够获得其自身及其统一性的意识；另一方面职业团体在保留个体的独立性同时向强大的国家和社会诉求利益，② 职业代表能够有足够的能力去解决不计其数的问题，因为职业团体的每一个成员，都有其符合自身情况的能力，能够推选出最有能力指导该法团一般事务的人。而且，这些被选为政治会议的代表，都有其自身特有的熟悉业务，他们会按照最适合解决问题的方式进行。

律师职业在市民阶层和国家之间扮演媒介的功能，这种观点不仅在中

① 涂尔干. 职业伦理与公民道德 [M]. 渠敬东，译. 北京：商务印书馆，2015：19.
② 陈凌剑. 涂尔干视角下的法人团体与社会重建 [J]. 社会科学论坛，2020（5）：104.

世纪末期得到佐证，而且正是这种左右逢源的地位，使其获得国家特许和社会承认。13 世纪新兴的资产阶级为了争取政治和司法程序中的利益，需要律师充当他们与司法机关以及政府之间的谈判的中间人；贸易活动的频繁也需要熟悉法律专业知识的人士帮忙代写文书、拟定合同，充当中介人和仲裁人以减少交易成本；由于宗教与世俗权威的分离日趋明显，法律代替原有的社会统治和管理机制成为社会需要的规范形态，相应地，律师也便成了管理社会所必需的专业人员。伯尔曼对此作了深刻描述："通常，律师（公证人）不仅在为行会内的单个公司服务、起草契约和协议以及（作为辩护人）在司法和其他对抗性程序中充当代理人方面，而且在直接协助管理行会和市政府方面，都起着重要作用。……从城市作为自治实体而发展的最早阶段，律师就在城市的行政事务中扮演一个重要角色。"①

他山之石，可以攻玉。涂尔干关于职业团体的社会间质性地位的论述，在面对中国社会现实时同样具有较高的借鉴价值。治理与管理和统治的区别是各种公共的或私人的个人和机构共同管理其事务，国家治理的核心特征是以党委和政府主导，市场主体、社会组织、公众个人等参与的多元主体共治。在国家治理中，一方面是国家、政府，另一方面就是社会公众，而中间缺乏一种独立的支撑点。律师作为社会中间层，是介于政府和人民之间的第三力量，是社会中间的支撑点，是社会冲突的一个缓冲器。在国家治理的现代化中，律师的这种间质地位主要体现在：律师是党和政府所代表的公权力治理主体与企业、公众的私权主体之间的联系者，是立法机构、行政机关、司法机关和普通公众之间的纽带和中间人，一方面律师是社会的代表，能够通过与社会民众的联系，将民意、民情转达给政府，从而使政府治理更合理及有序；另一方面律师将政府的意志通过诠释法律的形式向社会传达，使民众了解政府的真正意图，从而调整自己言行，与政府的规范性治理保持一致。个人、市场主体等在参与国家治理过程中，难免各方有不同意见或利益冲突，律师在其中的沟通、磨合至关重要，律师能够平衡相关方的意见，打消各方疑虑，控制和协调复杂局面，加速他们

---

① 伯尔曼. 法律与革命 [M]. 贺卫方，夏勇，高鸿钧，等译. 北京：中国大百科全书出版社，1993：474 – 475.

的合作，起到"润滑剂"和"桥梁"的作用。

▶▶ 二、韦伯：国家理性化的推动力量

时至今日，韦伯的卓越学术贡献已经获得知识界的公认，有人认为他是无人可比肩的"社会科学史上的最伟大人物"。虽然韦伯作为著名的社会学家的研究范围广泛，几乎各个方面都有著述，但法律构成了韦伯思想中的一个重要问题领域，他对任何社会问题的研究都离不开对法律的关注。韦伯学术生涯中始终围绕着德国乃至整个资本主义世界的命运，一直追问资本主义为什么会在欧洲产生，而不在其他地方。在韦伯看来，资本主义是宗教、文化、政治、法律、经济等多种因素的交互影响共同的产物，理性的法律是至关重要的一个因素。在韦伯的法律社会学理论中，把人的因素纳入法律分析的架构中，他非常重视主观性因素即法律专家对法律的影响，始终关注社会行为，通过解释社会行为的原因、过程和效果，回答西方法律理性化的原因，认为近代的西方法律理性化是两种相辅相成的力量的产物，即法律程序和法律职业，其中法律职业起着决定性的作用。韦伯认为，法律职业以立法者、法官、行政官员、律师、公证员等身份实施法律和发展法律，对法的形式施加影响，而且通过不同的方式和途径促使法律的理性化。

在探寻欧洲法律历史发展过程中，韦伯进一步指出西方法律发展是一个从形式不理性之法到实质不理性之法，从实质理性之法到形式理性之法的过程。尽管法律的理性化过程中受到很多人的行为影响，但离不开法律专家的作用，韦伯认为如果没有训练有素的法律专家的决定性合作，就不可能有某种程度在形式上有所发展的法。韦伯通过大量的史料分析了由法律发言人、审判员、陪审员、神职人员等所构成的"法律绅士"在所属的法律系统形成中发挥的作用，创造了法的基本特征。如古罗马的法学家、犹太的拉比、伊斯兰的教法说明官、英国的律师和法官以及南欧大陆中世纪的经验法学家等。在"法律绅士"们的影响下，西方法的发展经历了从通过"法的先知们"进行魅力型的法的默示，到由法的名士豪绅们经验的立法和司法（保留派、法学家的立法和法官），进而到由世俗的最高统治权

和神权统治的权力进行强加的法律，最后由受过法律教育的人（专业法律家）进行系统的制订法的章程和进行专业的、在文献和形式逻辑培训的基础上进行的"法律维护"。① 在古代社会和中世纪早期，"法的先知们"进行魅力型的法的默示就广泛存在，法官不参与案件的决策，仅仅主持工作和维持秩序，而是由那些懂法具有魔法品格的人，如高卢人的巫师、北日耳曼族的法律发言人和法兰克人的审判员，通过"天启"或"神判"的方式进行判决。到了中世纪具有司法经验和素有训练的专家日益广泛地参与法律发展过程，法的名士豪绅们进行经验式法律创造和法律适用，他们越来越"职业化"地从事"顾问"或者法官的工作，因而使这类法律具有了"律师法"的特点。英国的普通法就是以这种方式发展的。与此同时由教会和各世俗国家的权威机构有意识地创设法律的法律发展类型在欧洲大陆出现，在这种法律体系中，法律决策过程要受到伦理、宗教和其他外部因素的影响，具有实质理性的特征。近代欧洲大陆的法律制度，以系统立法和专业化司法为特征的法律发展方式，是法律家们所从事的"法律科学"的产物，韦伯称为最典型的形式理性法。

　　在韦伯眼里，他只认可形式合理性，认为只有从实质法上和诉讼法上尊重一些明确无误的、普遍的事实特征的意义，才是形式上比较合理的法，也是现代西方社会法律最基本的和最典型的形式。这种形式上合理的法有两种，一种是法律上重要的特征具有感觉上直观的性质，另一种是通过逻辑的意向阐释挖掘法律上重要特征的含义，并据此采取严格抽象规则的形态，构建和运用固定的法的概念。虽然韦伯心目中最典型的形式理性法是近代欧洲各国民法典和德国的潘德克顿法学所提出的"学理法"，但他同时也把英国普通法归入形式理性法的行列。由于法的形成间接地受经济的制约，部分取决于政治团体的结构方式，绝大部分取决于技术的因素，因此法的理性化呈现出不同的途径和命运。韦伯在对法律规范的出现和创设进行总结时明确地指出，我们将看到，一种法可以以不同的方式理性化，绝不是必须发展它的在"法学家的"品质的方向上才能被理性化。② 韦伯通过

---

① 马克斯·韦伯. 经济与社会（下卷）［M］. 林荣远，译. 北京：商务印书馆，1997：201.

② 马克斯·韦伯. 经济与社会（下卷）［M］. 林荣远，译. 北京：商务印书馆，1997：117.

历史性的比较社会学研究，总结出两种法律理性化方式：一种是借助"法律文人"或"法学家"的学术研究活动来推动的学理式理性化，另一种是通过法律职业者的实践活动来推动的经验式理性化。前一种方式在古罗马就已经存在，古罗马的法学家不仅解答法律问题、传授法庭技巧外，而且从经验、特定案件和事实中概括和总结，创造出一套抽象的法律概念和法律原则，形成了一套关于法律的系统知识。中世纪法学家、近现代欧洲大陆法学家继续传承古罗马法学家的传统，通过著述对法律进行阐释和研究，促使法律向一般化、概括化和体系化方向发展。后一种典型类型是英国普通法，当英国的诉讼不断理性化之后，律师行业逐步垄断了法律教育和法律实践，司法判决采用根据先前的方式来处理新情况，法律教育培训采用经验式、师徒式教学，通过这些方式产生了一种形式主义的、受判例和类推法约束的法律理念，从而阻挡英国法迈向逻辑形式理性发展道路，促进了以遵循先例、注重形式化程序为特征的英国形式理性法的形成。

韦伯不仅看到了律师对法律理性化的促进作用，而且认为他们是西方国家理性化发展的一种积极推动和保障力量。近代以来，社会结构日益复杂，资本主义经济发展不仅需要生产的技术手段，而且需要可预计、确定的、技术化并相对稳定的行政制度，从前的政治家的思考模式已不能适应，必须代之以一种科学性、合理性的决策模式，于是法律出身的官员在政治中扮演重要的角色。韦伯认为："大学里训练出来的法律专家（主要是律师），为西方，尤其是欧洲大陆所特有，他们对这个大陆的整个政治结构有着决定性的意义。……再清楚不过地表现于这样一个事实：无论在何处，以促进理性化国家的发展为方向的政治革新，一概是由受过训练的法律专家所发动。"① 自政党兴起之后，律师在西方政治中成为中坚力量绝非偶然，由于律师职业具备经济的独立、时间的"闲暇"和广泛的公众接触等优势，律师通过各种渠道广泛参与政治生活，或以政府法律顾问身份为政府机关提供法律服务，或者竞选为政府政治领袖，或被政府任命为行政官员直接从事行政管理事务。他们所具有的思维方式和行为程式不但能够提高法律

---

① 马克斯·韦伯.学术与政治［M］.冯克利，译.北京：商务印书馆，2018：67.

运行的自觉和能力，而且有利于实现权力的自我约束，防止绝对专制国家的兴起。现代西方律师发挥其功能的另一重要领域是国家的政治生活，世界各国进行过的或正在进行的法治实践已为此做了最详实的注脚。在这一点上美国最为典型，类似情况还出现在德国、法国、意大利、加拿大等国家。

中华人民共和国成立以来，中国国家治理范式经历了从管制到管理再到治理的历史性变迁，某种程度上是传统型统治或魅力型统治向合法型统治的转变。韦伯根据社会秩序的合法性基础把人类有史以来的政治社会秩序划分为三种纯粹类型，即个人魅力型的统治、传统型的统治和合法型的统治。在他看来，现代国家的标本是合法型统治。合法型统治是一种理性的统治，是以一套内部逻辑一致的法律规则以及得到法律授权的行政管理人员发布的命令为基础，借助具有形式理性的官僚行政管理班子进行的治理，是具备规则至上观念的法律人发挥作用的结果。律师是国家治理理性化的推动力量，不仅表现在通过律师的参与制定形式合理性的国家治理法律或规则，而且能促进国家治理决策的理性化，保持一种前后决策的统一。因为律师在决策时，诉诸非常理性化的方式，注重于说理和严格遵循程序，并不是一种非常激烈的、非常具有冒犯性的方式。此外当国家治理各主体之间发生矛盾时，律师能够为人们提供一种在冲突发生时借助理性力量处理冲突的可能，促进社会达成理性秩序的作用。

▶▶ 三、帕森斯：法律职业的整合功能

塔尔科特·帕森斯是结构功能主义的主要代表人物，他的理论以孔德、斯宾塞及涂尔干的学说为基础。结构功能主义植根于19世纪初期的有机理论，他们承认生物学中的个体有机论和社会学中的社会有机论的对应关系，认为社会像生物个体一样有结构，把社会有机体分别分解成家庭、阶级、种族、城市等，每个组成部分都发挥着使社会有机体全面稳定的功能。

帕森斯从系统的角度考察社会生活，把社会看成是由相互关联的子系统构成的大系统，认为社会具有一种平衡、稳定的基本倾向。为了分析起见，他把宇宙分成四个子系统，这四个子系统是社会系统、文化系统、人

格系统和行动系统，同时为了维持每个子系统的正常运转和均衡状态，需要满足四个必要条件：适应、目标获取、整合和维护。适应是指从环境中获取足够的设备和工具，然后在整个系统中进行分配。目标获取是指在系统目标中确立优先顺序，并调动系统的资源以实现这些目标。整合意味着协调和维持系统单位之间的相互关系。维护包括两个相关问题：社会化和社会控制。社会控制的机制包括一些方法，即地位－角色能在社会系统中以这些方式组织起来以减少紧张和越轨。社会系统被分成若干部分，每一部分都对应一种必要条件，进而任何子系统都被分成这四个功能部分，这一些子系统的每一部分也被分成四个功能部分，以此类推。每个子系统以及内部组成部分运用各自的媒介手段进行系统内部和系统间的活动，符合媒介分别是货币、权力、影响和义务，系统内部的不同必要条件决定了系统内部和系统之间交换时使用广义符合媒介的类型，社会系统整合部分依赖的是影响，即说服他人的能力。帕森斯的结构功能主义理论是由系统、子系统、系统必要条件、广义媒介和与这些媒介相关的交换组成的庞大而形而上学的宇宙观。法律属于社会系统中的子系统，在其中起着整合功能。

作为结构功能主义的代表帕森斯为职业社会学研究提供了成型的理论视角，他的理论对西方特别是美国的法律职业实践产生了深远影响。笔者认为帕森斯的整合功能理论也是理解律师职业在国家治理现代化中功能的理论模型。国家治理是一个由多元主体构成的多中心、多层次、多向度的复杂网络系统，为了确保系统内部协调、维持和谐关系，需要风俗习惯、宗教规范、自治规则、伦理道德、法律系统等社会控制机制来完成。法律作为社会系统中的子系统，它同社会系统的其他子系统一样，首先要解决的问题是针对其内部各个部分的分化趋势，促进法律系统的整合。法律系统的整合功能表现以下四个方面：维护法律原则体系的内部一致性，运用法律规定调整具体法律关系，调整国家立法原意与具体司法实践的矛盾，维护法律传统、法律体系以及法律专业所确立的价值观点。在国家治理中法律的整合功能的实现，又需要发挥作为法律子系统的次子系统的整合功能，这就落实到具体的制度和人，于是帕森斯将法律制度的整合功能的实现重任确立在法院和法律职业身上。帕森斯认为，法律职业不但是法律系统对整个社会系统整合功能的主要承载者，而且在法律系统内部，它本身就是一个执行整合功能的次子系统。"整合"意味着协调和维持系统单位之间的相互关系。法律职业通过两种方式实现整合功能：一是顾客面对特殊的实践情景需要靠解释来联系到法律规范时，法律职业的介入以完成法律的整合功能；二是法律职业借助对先前法律体系的维持，而使现行的法律体系得以整合。① 国家治理是公共部门和私人部门不仅运用正式制度还运用非正式制度，通过相互协调有效整合参与主体之间的利益冲突而采取联合行动的持续过程。作为法律职业共同体成员之一的律师，通过"知识获得影响"在国家治理现代化中发挥其整合功能，形式表现为：通过事前为当事人提供法律意见，避免不法行为和反社会行为以及争诉的产生；纠纷发生后，律师介入可以促使快速、有效地解决矛盾或者引导罪犯重返社会；在参与纠纷解决中，通过倾听当事人诉说，使当事人缓解精神压力，从而减少更多冲突发生。

第三节　时代背景：有利的外部环境

从系统论来看，社会是一个有机联系的整体，社会主体的成长方式和发展道路由"空间环境"决定，"空间环境"指社会主体所处的包括制度、政策、机制、文化、社会环境等在内的整体生存空间。尽管律师具备得天独厚的优势在国家治理现代化中发挥重要作用，但其潜能能否最终产生实际的效果却不仅仅在于律师本身，还在于特定的"空间环境"。律师职业存在于社会之中，很容易受到外部环境的影响。张志铭教授曾精辟地指出，律师负有特殊的职业使命，而要不辱使命就必须拥有足够的资源。在一个开放的、实行民主政治和法治的现代社会中，这种资源来自广泛的社会认同（因为律师制度与民权息息相关）和充分的法治状态（法律因而有了至

---

① 李学尧. 法律职业主义 [M]. 北京：中国政法大学出版社，2007：66.

上的权威)。① 随着改革开放的不断深入、法治中国建设的全面推进、市场规则的进一步完善、权利维护意识也逐渐深入人心，律师业更加广阔的发展前景呈现在我们眼前。

》 一、法治发展水平不断提高

人类生存离不开环境，律师业的环境就是法治环境，只有当法治环境好了，律师才有生存的条件，如果其生存环境被破坏了，其发展就受到限制。作为法制现代化重要符号的律师制度是一个国家法律制度的组成部分，与这个国家的法治发展有着密切联系，息息相关，法治的状况直接影响到律师这一职业的功能发挥和这一职业的兴衰成败。1954 年宪法颁布后，我国律师制度得以产生。1978 年 12 月，党的十一届三中全会胜利召开，我国加快了社会主义民主法制建设步伐，律师制度开始恢复、重建。我国法治建设经历了法制创建新阶段、依法治国新时期、全面依法治国新时期。我国律师业与法治事业共命运同发展，实现了律师队伍从无到有，律师作用从虚到实的发展过程。我国律师队伍不断发展壮大，队伍结构不断健全完善，律师事业取得崭新发展，律师从业规模不断扩大，截至目前，全国共有执业律师超 65 万多人。律师的服务领域由以传统诉讼事务为主发展到诉讼、非诉讼事务并重，同时为党政机关、人民团体和企事业单位担任法律顾问；律师的服务范围由以国内业务为主发展到国内、涉外业务并举，成为促进中国经济社会发展、法治国家建设的一支重要力量；律师的法律服务活动在国家政治、经济、文化、体育等各个方面各个领域无所不在，有人称律师价值时代已来。我国已有的正反两方面的经验教训使党和人民认识到：法治兴、律师兴，法治衰、律师衰。法治越发达，法治发展水平越高，律师在国家治理现代化进程中的作用越大。没有承载自由民主法治的政制框架，没有良好的法治环境，就不可能有真正发达的律师业，也就不可能有律师职业的用武之地。

自党的十一届三中全会召开并发出加强社会主义法制的号召以来，我

---

① 张志铭，于浩. 转型中国的法治化治理 [M]. 北京：法律出版社，2018：243.

国法治发展水平不断提高。经过 30 多年的时间，到 2011 年，我国已经形成了以宪法为统领，以宪法相关法、民法商法等多个法律部门的法律为主干，由法律、行政法规、地方性法规等多个层次的法律规范构成的中国特色社会主义法律体系已经形成，国家经济建设、政治建设、文化建设、社会建设以及生态文明建设各个方面实现有法可依。截止到 2023 年 10 月十四届全国人大常委会第六次会议闭幕，中国现行有效的法律共 299 件。法律的生命在于实施，法律的权威也在于实施。自党在十八大作出"全面推进依法治国"的重大决策以来，把立法、执法、司法、法律监督等环节纳入法治轨道，深化法律实施体制改革，不断完善并全面实施宪法体制、行政执法体制、国家监察体制、司法体制，逐步实现有法必依、执法必严、违法必究。随着法治中国建设深入推进，法律规范体系不断完备，司法文明持续进步，我国律师事业的发展必将迎来更为广阔的发展空间。

▶ 二、全社会的法律意识逐渐加强

任何制度都是特定社会的经济、政治、文化的产物。律师职业的产生及其在社会生活中的地位和作用与法律文化有着密切联系。意识作为一种文化观念或者人的内生偏好，对人的行为或决策具有实质性影响。法律意识主要体现在人们能否自觉地遵守法律、自觉地用法律保障自己的权益、自觉地维护法律的崇高地位和法律的尊严。有了法律意识，纸上的法律才能变成行动中的法律。法律意识与律师职业功能发挥有着非常密切的关系，在一定程度上，社会公众法律意识的高低直接决定了律师作用是否能够实现，公民有了法律意识，才会去请律师。只有在具备良好的法律意识社会中，律师作用才能充分发挥。理论上说，如果人们对以法律解决纠纷有着天然的认同，从而愿意依赖这个制度体系来解决自己的问题，则被视为具有良好的"法律意识"。

我国几千年的封建专制社会里，人民崇尚等级、特权和服从，对法律和诉讼抱有强烈的"贱法厌讼"心理，人治色彩强烈，法律意识极度缺失，也没有产生现代意义的律师制度的观念。中华人民共和国成立后尽管公民从传统秩序和关系网络中解放出来，但他们的价值观念和行为方式仍然会带有历史的惯性。社会仍然不看好律师，不仅老百姓认为律师是专以舞文弄法、帮闲助讼为能的"讼师"，是无事生非，靠拨弄是非而谋利益的人，而且很多政府干部也不重视律师的工作，还有些地区和部门的干部把聘请律师当顾问看成是"自找麻烦""束缚手脚"，少数负责同志和政法干部把律师执行辩护制度说成是"丧失立场""替坏人说话"。

当然法律意识也不是一成不变的，会随着社会的发展而不断变化。法律意识变化的速度一般取决于社会条件、社会制度、文化价值等因素。改革开放以来，随着我国从传统型人治社会到现代化法治社会的剧烈转型，社会结构的多元化，法律体系的建立和日趋完善，特别是在社会公众中推行法治教育，从最初的"一五"普法规划到如今，七个"五年普法规划"顺利实施完成，开启"八五"普法规划，社会公众的法律意识也有了进一步提高，不再抱有"贱讼"和"耻讼"的观念，已经由原来被动的守法畏法转变为主动的学法用法，开始寻求律师帮助、利用法律维护自己的合法权益。随着民众的权利和人权意识加强，社会法治观念越强，对律师的重要性认识越充分，请律师的人越来越多，对律师的需求越多，律师作用空间就越大。整体而言，党政机关、民众对律师的看法发生了转变，越来越重视律师，所以律师才有发挥作用的舞台。

▶▶ 三、法律服务市场不断发达与成熟

随着社会主体市场经济的确立及各类市场的发育和发展，法律服务市场应运而生。法律服务市场是指法律服务主体按市场供求关系和价值规律在特定的场所向社会主体提供有偿法律帮助的一种运行模式。我国法律服务市场 20 世纪 80 年代初期形成，在很长一段时间未能形成一个较成熟的法律服务市场体系，服务领域主要是传统的诉讼和非诉讼代理业务，由于政治权力分割化造成了法律服务市场主体的多元性，在诉讼领域不仅有律师、法律服务工作者、"黑律师"、赤脚律师、涉外律师、公民代理等也普遍存在，而在非诉讼领域存在着各种各样的法律服务，诸如企业法律顾问、外国律师事务所、专利代理人、商标代理人、社会咨询公司等，同时隐藏在多元主体背后的是错综复杂的多元管理机构，包括司法部、国资委、专利

局、商标局等。法律服务市场混乱、无序，律师在市场上显得举步维艰，在一定程度上会影响作为法律服务市场主体的律师在社会治理中的功能发挥。

随着我国市场经济的发展和依法治国方略的实施，社会主体法律权利的内容日益丰富，需要法律服务的范围也更加广泛，从萌芽之初的简单的刑事辩护和民事代理，法律服务需求的范围已经覆盖到全社会、全方位的，包括经济、行政、民事、商事、海事、科技、军事、文化等领域，无所不有，凡是有社会主体活动和发生社会关系的地方，都需要提供法律服务，法律服务市场日益繁荣。法律服务市场越发达，服务范围越大，主体越多，领域越广，律师发挥作用的空间就越大。需求决定供给，我们需要建立一个完善的法律服务市场。一个完善成熟的法律服务市场应是一个以律师主体全方位参与的统一、开放、竞争有序的市场。党的十八届四中全会通过的《中共中央关于全面推进依法治国若干重大问题的决定》明确要求要建设完备的法律服务体系。党的十八大以来，党和政府非常重视法律服务市场的规范建设，出台一系列的管理办法，统一法律服务行业准入资格，初步形成了专兼职律师相结合，公职律师、公司律师、法律援助律师、军队律师为主的法律服务队伍，强化律师在法律服务市场中的主体作用。法律服务市场的不断规范进一步强化了律师在法治中国建设中的职能，为发挥律师在政府治理、社会依法自治、依法解决纠纷方面的作用创造了条件，为律师工作改革和发展带来了极好的机遇。

▶▶　四、律师权利的保障越来越充分

律师是依法取得执业证书，为当事人提供法律服务的人员，律师的职责是维护当事人合法权益，维护法律正确实施。要履行好自己职责，就必须享有必要的权利。我们不能设想一个不享有任何权利的律师能够尽职尽责地履行职务，因此，可以肯定地说，享有充分的权利是律师履行职责的有效保证，是进一步发挥律师在政治、经济和社会生活中的作用，促进律师在国家治理中发挥作用所必需的。为了保障律师执行职务，完成工作任务，国家必须通过立法赋予律师享有相应的权利和明确其履行相应的义务。

律师的权利和义务内容，是一个国家律师制度是否完备、律师地位如何的重要反映，是律师制度之根本，是律师履行职务，维护法律正确实施、维护当事人合法权益的必要保证。① 律师所享有的权利是否明确是衡量一个国家有无完备律师制度的重要标准，在法治发达、律师制度完善的欧美国家，律师享有的权利非常广泛，既包括执业权利，也包括非执业权利。

律师权利是指以律师执业权利为核心的，包括律师职业生存与发展权利、律师执业中人身权利在内的权利体系。我国律师制度建设起步晚，党的十一届三中全会以后，党和政府将律师制度纳入国家法制建设体系，经过 40 多年的恢复和发展，律师制度不断完善，律师权利保障也越来越充分。1980 年通过和颁布的《中华人民共和国律师暂行条例》是中华人民共和国成立后第一部有关律师的专门立法，由于受到历史的局限，其对律师权利的规定比较简单，难以满足法制建设的需要。1996 年通过的《中华人民共和国律师法》对律师权利做了全面系统的规定，此后随着刑事诉讼法、民事诉讼法、行政诉讼法和律师法的修改和实施，对律师开展业务时所享有的权利，诸如调查取证权、拒绝辩护代理权、辩论权、言论豁免权、会见权、通信权、阅卷权、程序请求权、人身不受侵犯等权利做了全面系统的规定，对律师执业权利的内容进一步丰富，为充分发挥律师的作用提供了有力的法律保障。为了使法律规定的律师执业权利落实到位，最高人民法院、最高人民检察院、公安部、国家安全部、司法部于 2015 年共同颁发了《关于依法保障律师执业权利的规定》，对律师执业权利的内容给予细化，明确规定了保障律师执业权利的各项措施，完善了律师执业权利受到侵害时的救济机制和责任追究机制。这对于保障法律正确实施、维护当事人合法权益、使律师在推进国家治理法治化的作用得到充分发挥具有重要和深远的意义。

▶ 五、市场经济的不断完善

经济基础决定上层建筑，律师制度作为上层建筑的组成部分，必须由

---

① 张耕. 中国律师制度研究 [M]. 北京：法律出版社，1998：164.

赖以存在的经济基础决定，并随着经济基础的变化而变化，律师职业产生于古罗马并在资本主义社会迅速发展等现象就是很好的例证。社会经济发展状况对律师作用的发挥起到一种根本性、全局性的影响。新中国成立之初，我国建立了单一的计划经济体制，没有真正意义上的交换，社会主体几乎没有法律服务需求，律师业发展滞后。党的十一届三中全会以后，社会主义市场经济体制的确立，为律师业的发展提供了广阔的空间。律师制度与市场经济有着必然内在的联系。律师制度既是市场经济的产物，同时也能促进市场经济的健康发展，两者相辅相成，相互促进。中国律师职业同市场转型的关联性，既有纵向（时间上）的证据，也有横向（地域上）的证据。纵向上，随着我国市场经济转型的深入，律师业总量上的扩张显而易见；在横向上，经济相对发达地区的律师业比相对落后地区的律师业更为发达也非常清楚。①

实践证明，市场经济越是发达，人们之间的商品交换越频繁，利益冲突越多，作为社会调节器的法律运用越多，人们越需要律师的帮助。当前，中国正处于经济转型发展的强劲需求与世界产业变革的快速发展的交汇点，随着经济持续高速发展，需要法律调整的范围扩大，为律师业的发展提供了千载难逢的发展机遇，律师工作的作用范围不断拓宽，除了涉及传统的民商事纠纷、刑事侦查起诉审判、婚姻、继承等外，还向影视娱乐、医疗、旅游、环境保护、金融、公司战略部署、风险防控、合法（规）性审查等方面拓展。

---

① 程金华，李学尧. 法律变迁的结构性制约：国家、市场与社会互动中的中国律师职业 [J]. 中国社会科学，2012（7）：106.

第二章　国家治理现代化进程中律师的职业优势

　　要深刻了解律师在国家治理现代化中的优势，就必须弄清楚律师的职业性质，因为律师职业性质标识了律师行为的基本模式和特征。从语义学的角度看，性质指事物所具有的特质，指内在于事物本身与其他事物相区别的根本特征。法学理论家也有类似观点，如拉兹："我们所说的法律的性质，或其他事物的性质，是指那些法律本质的特征，这些特征使得法律是它本身，若没有这些属性法律将不再是法律。而且，这些法律的本质属性是法律的普遍特征。"① 由于律师职业在西方有悠久历史，西方学者们围绕着律师职业性质问题提出了一系列针锋相对的命题，到目前已取得了不少的理论成果，这些理论成果为我们观察中国律师的职业性质提供了言说背景。这些理论大体可以分为内在视角和外在视角两大类，内在视角关注律师职业与一般的职业或者行业的区别，对律师职业的特征作出列举和概括，而外在视角从律师职业与外部主体（包括国家、客户和社会以及其他社会群体）的关系入手②分析职业的内在特征。因而本章拟先对各种法学理论流派对律师职业性质的观点进行梳理，然后基于我国法律规范文本中的律师性质定位变迁，从外部主体与律师关系的角度对我国律师职业性质进行一种深层次的观察，最后归纳和整理出国家治理现代化中我国律师所具有的得天独厚的优势。

---

　　① 雷婉露．人民法院司法责任制改革的功能分析 [D]．长春：吉林大学，2019：26.
　　② 刘思达．职业自主性与国家干预：西方职业社会学研究述评 [M] //李学尧．法律职业主义．北京：中国政法大学出版社，2007：附录333.

第一节　律师的职业性质

随着社会分工和专业化的发展，各种各样的职业产生了，在世界各个角落的社会生活中扮演重要的角色，现代意义上的职业与行业是一致的。但律师职业起源于西方，区别于行业。虽然在西方国家的语言里"职业"这一术语的含义不尽相同，范围很含混，甚至令研究职业最多的社会学的这一学科绝望。但一般认为职业应该具有以下三个主要特征：第一，公共性，奉行为公共服务的宗旨，其活动有别于追逐私利的营业；第二，技术性，即在深厚学识的基础上娴熟于专业技术，以区别于满足于实用技巧的工匠型专才；第三，自治性，形成某种具有资格认定、纪律惩戒、身份保障等一整套规章制度的自治性团体，以区别于一般职业。在这三个特征中，自治性被认为是最根本特征，但在技术性和公共性两者之间谁更优先这一问题上，是律师职业产生以来一直烦扰世人的一个两难困境。围绕着以公共性还是技术性为出发点对律师职业进行界定所产生的分歧，一方面源于各种利益冲突和相互博弈，另一方面是由于背后的哲学观和政治观等方面有着巨大差异和冲突。律师作为古老的职业之一，同时又是现代法治生活中最重要的一个社会角色，迄今为止，对它的性质界定法学理论界尚未达成共识。不同法学流派对法有不同的认识和看法，对律师职业性质的理解也迥然不同，特别是自然法学、实证主义法学及社会法学、批判法学等经典法学理论相互之间展开激烈争战，因为法律职业是他们探讨、论战的一个重要的战场。西方最典型的法学流派由于从不同的角度和理论基础看待律师职业，形成了三种出发点不同的思路，进而影响着律师自身的执业行为、角色定位、职业伦理和理想追求。

▶ 一、公共性：自然法观念下的律师职业性质

在自然法学者看来，律师是一种为公众服务的法律专家，是把促进社

会正义和维护公共利益作为全部事业的共同使命的法律专家。律师应该扮演"正义的卫道士""公共利益的代表"。律师职业不应只以获得金钱报酬为目的，还应该从事公共活动，一方面通过为当事人提供法律服务而实现社会正义，另一方面利用专业知识从事公共利益的活动。自然法学家强调律师在公共生活中的作用，认为律师不要把自己的精力完全放在满足客户的需求上，而应该对公共事务感兴趣，要带领人们去谋求公共福祉并在这些过程中发挥自己的领导才能。正如美国法学家路易斯·布兰代斯曾对律师提出的一种期望：律师若能够插上"投入法律改革"和"当事人的顾问"的两翅，或许已经能够成为天使，改善很多人的生活。① 一个好律师，不仅是一个业务精通的律师——在既定有着良好秩序的公共规范的框架内用他的知识和技能实现客户追求的特定目的的利益，他还必须是一个"调停者"，在公共秩序和个人利益冲突时发挥平衡器的调节作用；他不仅是一个有成就的工匠，而且是政治生活中的公众人物，是具有丰富的实践智慧和特殊的说服力的人士，具有献身于公益事业并且非常了解人类的局限性及其政治结构的人士。

为什么自然法学家认为律师是"公共利益的维护者""正义科学的实践者"呢？亚里士多德的理论同自然法学者的理论有着千丝万缕的联系，他们的理论基础直接来源于亚里士多德的法律思想中的政治责任中的"少数人"作用、实践理性和正义论法律观。按照亚里士多德的理论，人是政治的或城邦的、社会的动物，人若离开城邦与其他人隔离就不能自给其生活。因为城邦的目的是人类所可能达到的最优生活，个人是城邦的组成部分，所以作为城邦一员的个人就不再仅仅是一个自然人，而且必须是一个政治人，人的本性是趋向于政治生活的，因而人为城邦服务、履行政治责任、参与城邦政治生活是一个完整的人类生活的要求。另外自然法学派承认亚里士多德政治理论中的"少数人"作用，即社会中的贵族分子的作用。亚里士多德把公民的能力只赋予少数人，因为有一些人因为年龄或者性别或者其他原因没有参加政治活动的能力，人类在政治生活中的能力是有差别

---

① 李学尧. 法律职业主义［M］. 北京：中国政法大学出版社，2007：60.

的，有些人诞生时注定将是被统治的，另外一些人则注定将是统治者。并且认为统治者要有美德，被统治者也要有美德，他还提到统治者有更完美的公民德性，公民德性是要求公民具有节制欲望，关心、重视公共事务的德性。因而亚里士多德的政治责任论只推及受过教育和事实上享有特权的社会精英、贵族等人。这在事实上成了律师职业公共性理念的来源之一，解释了为何律师有特别的公民美德，有为公共利益服务的精神。这种律师职业公共性观念起源于一个法律精英集团，他急切希望起到传统政治理论中的"少数人"的作用，即社会中贵族分子的作用。在西方律师制度形成和发展过程中，律师职业往往与贵族联系紧密，在古罗马时期律师往往是达官贵人，随后的中世纪律师大部分来源于教会人士，到16世纪英国，进入律师学院学习的很多是贵族和绅士子弟，18世纪的法国律师界也格外乐意吸收贵族子弟而公然排除平民子弟和手工艺子弟。律师与贵族的结合，对律师界发展的形象和结构产生重要影响，他们出身上流社会，饱受人文教育，不为自己的服务领取报酬，使西方律师职业弥漫着"为公众服务"的风气。

亚里士多德又进一步指出，参与城邦政治生活的能力不是每一个人都享有的能力，而是具备理性特别是实践理性的少数智慧人所独享。实践理性知识是一种以人类的善为目的而求实践的一种合理性和正确的才能或者习性，它不是先天直接显露，而是处于潜在状态，通过后天的教育和实践生成的。具备审慎和实践理性知识的人能透过现象看到事物的本质，明辨是非，懂得人的根本利益所在，并安排好城邦的生活。律师接受了专门知识和技能的训练，懂得推理要具有逻辑性，同时通过实务中的锻炼，增强了他们的辨别能力。所以律师们不仅能够熟悉事务，更能够洞察人情；不仅能了解各种各样的人，而且也可以知道他们内心深处的秘密。律师是亚里士多德式的实践智慧的化身，这让律师拥有更高的道德上的洞察力，而不仅仅限于满足服务当事人，充当法律顾问角色，而是应当比其他人更正派、更有德性、更加关注公共利益。

律师作为法律运行中的一个主体性要素，其职业性质与法律的价值和功能是暗合的，法律与律师职业之间存在一种内在关系。美国著名法学家赫尔德曾精辟地指出：法律制度在总体上的责任以及作为法律制度的要素的法律职业的责任，也就是律师的责任，至少在某些重要的时刻，律师应为法律制度的总体目标做贡献，律师的角色要求律师这样去做。[①] 亚里士多德认为，法律不是人们互不侵害对方权利的临时保障，法律的实际意义是促进全邦人民都能进于正义和德善的永久制度。[②] 在自然法学家看来，法律是人类追求自由的产物或者工具，所以它的执掌者的职业自然也就具有为公众服务的属性。法是正义的体现，是人类理性原则，实行法治就是要实现公平正义，以集体利益和大多数人利益为主，律师作为法律运行中的主体性因素，通过参与法律，目的就是保障社会正义的实现。

▶ 二、技术性：实证法观念下的律师职业性质

在西方文化传统和宗教中，营利往往被视为是合乎道德和被鼓励的，但也应当看到，在对西方文明影响深远的亚里士多德和罗马法学家的著作中，以营利为唯一目的，甚至为了达到赚钱目的而拉拢顾客的行为，并不与律师相联系。因为律师职业与神圣托宣结合在一起，对于从事律师的人员来说，最根本的价值是为公共服务的精神，其职业义务的内容尤其强调利他主义和伦理性。强调律师关注公共利益和具有献身精神，把与纯粹谋利的商人区别开来，有利于维护律师职业尊荣和社会地位，但过分强调公共性，一方面会容易令人产生虚伪的感觉，导致其他社会阶层的反感和抵触，另一方面会导致道德和法律、形式正义和实质正义混淆，从而对法律的稳定产生威胁。

由于律师的服务工具是法律，律师职业性质与法律观念有着紧密的联系，法律观念的改革和变化发生连锁效应，律师性质、定位和职业道德也相应发生改变。19世纪初兴起的法律实证主义，在批判继承古典自然法学基础上发展的法学流派，对律师职业适应当时时代发展有着巨大影响。他们是将个人主义作为哲学基础，以法律的非伦理性和技术性为逻辑起点，将价值考虑和实践理性排除在法律之外，追求法律的技术化和可操作性的

---

① 张耕. 中国律师制度研究［M］. 北京：法律出版社，1998：42.
② 亚里士多德. 政治学［M］. 吴寿彭，译. 北京：商务印书馆，1965：151.

法学流派，提出律师职业的技术性特征取代公共性。按照这种观念，律师的天职是个人利益维护者，在法庭内通过服务当事人而服务正义，不需要承担为公众服务、无私为他人的义务。律师的角色就是"法律技术员"；他们的角色伦理就是对公众的"无伦理"、对当事人"党派性忠诚"；他们应承担的义务是为顾客积极辩护。

任何一种理论都不是一蹴而就，都是有其历史传统的。分析实证主义法学作为一种法学流派，形成于20世纪初19世纪末，但是，其思想渊源可以追溯到人类思想和认识史更早阶段，即16世纪末的霍布斯等古典自然法学家的理论和思想。霍布斯不仅是现代实证主义法学和分析法学的先驱，而且其在自然法理论和政府责任哲学中发现一些明显的个人主义和自由主义的因素。① 16世纪工业革命后，资产阶级的力量越来越强大，欧洲许多国家都对等级制度发起了进攻，在经济领域中，他们的主要目标是反对封建的经济制度，在政治领域中，则表现为反对封建贵族及其特权。那些在摧毁等级制度方面获得成功的国家，最终强化了世俗的、个人主义和自由主义的力量在政治、经济和知识生活方面的作用。在法律领域中，格劳秀斯、霍布斯、洛克、孟德斯鸠、卢梭等启蒙思想家高举"自然法"的旗帜，从"自然"推衍出自然权利、人民主权、限权政府、公民自由等概念，设想的社会是：以理性为基础，一切人生而平等；人们对生存、财产、自由有着不可剥夺的自然权利；政府必须遵守法律，保护而不能剥夺人们的自然权利。律师是新兴资产阶级组织，他们推崇"个人主义""人人平等""天赋人权"，参与到资产阶级推翻封建统治的伟大斗争中。个人主义是以个人为中心，以个人主义为其价值观念，这种观念强调社会和国家由个人组成，个人是社会和国家存在的前提和基础，也是组成社会和国家发展的目的。

19世纪自由主义论者唾弃了律师职业传统观念中的贵族政治因素，演变成了中产阶级求得声望、致富和成就商业的源泉。中产阶级在"职业化"中找到了这一源泉。在自由主义论者看来，法律制度的独一无二的基本目标是保护公民的自由，限制政府和国家公权力，法律为每个人创设了一个

① E. 博登海默. 法理学：法律哲学与法律方法［M］. 邓正来，译. 北京：中国政法大学出版社，1999：49.

自治区域，他可以在其中自由驰骋。因而律师的第一个职责就是保障委托人的自由，他们通过服务于委托人，而不考虑他人或者国家，保证委托人可以在其领域范围内实现自治。自由主义论者主张，在自由主义体制下的法律体系和法律职业的终极目标是个人权利的保障，这要求律师职业享有不依附于政府和公权力的权利，应当享有像一个男爵那样的封建权力。他们被希望甚至被鼓励利用法律的每一个漏洞，利用其对手策略上的每一个错误和疏忽，以及利用对法律或事实的每一个解释为当事人服务。①

亚里士多德曾将人类的知识分作纯粹理性、实践理性和技艺三大类。随着自然科学的发展，法学领域也进行一场科学化运动。在这场运动中，法学家们特别是概念法学在内的分析法学的法学家们，提出法律是一门纯粹理性科学，是通过人类自然理性对真理性命题的研究、解说和论证，就可以成为一套具有强烈规范意义的原则或者规则体系。他们认为只有法典化的法律才是法律具有科学的令人尊敬的形式，主张以一种严谨的、系统的方式重新设计法律秩序的结构。他们强调运用"科学"、"系统"和"几何数学式"的方法去解决法律问题，并强调知识是抽象知识，更注重概念而并不是案件，以更加抽象的理论认知和自然理性取代实践智慧。他们认为需要从科学层面来理解律师的工作，在法律的实施过程中，律师应当诉诸他的自然理性来解决问题，也就是说，要由每一个人都普遍拥有的和相同的推理能力来解决，而不是人为理性来判断。在实证法学者看来，由于一个法律制度是一个"封闭的逻辑体系"，在这个体系中正确的判决可以仅用逻辑方法从预先规定的法律规则中推断出来，法律适用的过程如同操作机器一样操作法律。所以从事律师的工作要有建基于深奥理论基础上的专业技术，通过智识训练获得专业才能，熟悉法律体系内的法条和正确适用法律推理。

律师职业的技术性论者，将法律实证主义作为理论基础，以法律的非伦理性和技术性为逻辑起点，强调律师的职业伦理的"党派性忠诚"和"工具性伦理"。他们认为法律与道德无必然联系，"法律关系按照数学般的

---

① 罗伯特·戈登. 律师独立论：律师独立于当事人 [M]. 周潞嘉，李卫北，周小明，译. 北京：中国政法大学出版社，1992：14.

准确性明确地、严密地组成，逻辑上的彻底性是法的指导原则。在法律关系的组成部分中，具体的伦理上的考虑只是极端场合下的例外而已，它一般被认为有碍于法律关系的完整性"。① 正是在法的非伦理性的基础上，律师遵循在法律下没有道德义务的伦理，律师的工作只是把法律条文和命题仅仅看成纯粹的工具，在为当事人服务中，只求正确地运用法律而不过问当事人主观上法律的目的。尽管在法学理论界，二战后法律实证主义受到新自然法学、法社会学、法经济学等法学流派的抨击，使得法律实证主义处于一度沉寂，然而，我们要看到实践与理论两者之间的巨大差距，实务界的主流都有意无意地遵循着法律实证主义的理念和方法。在法律实证主义的守法原则下，律师的"党派性伦理"的职业准则在二战后的律师职业界一直巩固其统治地位就是一个很好的例证。

▶▶ 三、双重性：法社会学观念下的律师职业性质

由于法律是一门科学，律师职业要求掌握专业化的科学知识和专门技能，正是这种技术性，构成了现代律师职业与早期所谓的"尊严行业"的区别。20 世纪以来，强调律师职业的技术性观念在美国的司法实践和立法中占据主导地位，并形成了由角色道德理论、对抗制免责和律师角色的标准概念三个核心要素构成的美国律师伦理规范，它在发挥律师工作的主导性，保护个人人权，保障等价交换的市民社会的特有伦理，消除法律职业的神秘性和降低法律服务的成本等方面发挥了重要意义。但是由于在追求经济利益最大化本能的驱动下，又加上律师职业伦理的"无责任原则"和"党派性原则"等标准提供保护，这种职业模式的弊端也逐渐凸显，在现实中出现了律师过于注重当事人个体利益而损害公共利益，只为有钱有势的坏人服务，而不问他们寻求法律服务的目的为何，甚至为了使当事人逃脱法律惩罚而不择手段。随着律师界的丑闻如"水门事件""安然事件""快乐湖沉尸案"等被揭露，美国律师行业声誉持续下滑，业内外的批评也越来越多，社会公众认为律师已经沦为"有钱人的工具""职业枪手"，法学

---

① 季卫东. 法治秩序的构建（增补版）[M]. 北京：商务印书馆，2014：228 – 229.

理论界特别是批判法学者对律师职业技术性观念的理论基础展开最为激烈的批判。

批判法学是 20 世纪 60 年代末产生于美国耶鲁大学法学院、以批判正统法学理论尤其是美国的法律制度和法律思想为己任的法学流派。由于批判法学与美国法律与社会运动之间所存在的千丝万缕的关系，同时许多批判法学家的研究运用了社会理论的方法，从广义上来说批判法学的理论可以归入法社会学（或职业社会学）的范畴。对现实持怀疑的态度是批判法学的显著特征，以哈佛大学的昂格尔、斯坦福大学的德博拉·L. 罗德和哥伦比亚大学的威廉·H. 西蒙为代表的批判法学者以怀疑的态度揭露作为美国律师职业技术性观念的理论基石的种种缺陷，并猛烈抨击美国律师制度和职业伦理观的诸多弊端，并提出律师职业应该重新定位其性质，律师职业是技术性和公共性两种性质的融合，律师不仅仅是利己的利润最大化者，还是在履行有价值的社会角色时追求社会民众的满意度和尊敬的人。

技术性职业观念建立在两个基本思想基础上：一个是以自由主义的权利保护思想为基础，认为律师的首要职责和唯一卓尔不群的道德职责是忠于委托人的利益和自由，使委托人的目标最大化，即"党派性原则"；另一个是以分析法学为基础，主张建立在法律的非伦理基础上的"对公众无道德责任"原则，当一名律师在为其当事人进行辩护时，采取在法律的限度内说起来合法的行为，无需在道德上对所使用的手段或者所要到达的目的负责。

批判法学家抨击这两种法律基石，认为美国律师行业之所以出现这种道德上的失落感，归因于法律服务活动或者法律思想的最新发展，源于法律思想关于自治、连贯和权威的主张，并提出法律理论的发展促成了律师角色的伦理焦虑感。批判法学家首先批驳了第一个理论前提，社会正义是由个体正义组成，律师通过每个个案中委托人的个体正义实现而促成社会整体正义，这是一个不当推理，不能使得"党派性忠诚"原则的合法化，这一思想要求律师采取的行动既没有促成眼前的正义，也妨碍了促成更长远、更大的正义，更削弱了法治、平等和确定性等法律制度的一般特征。按照德博拉·L. 罗德和威廉·H. 西蒙的归纳，他们提出的理由是作为美国法律程序的核心组成部分——对抗制诉讼机制，被认为是公平分配自由、探求真相的最好制度，律师的充分服务活动是贯彻这一制度的最好手段，但在司法审判过程中往往由于律师获悉的证据和信息，谈判和诉辩技能以及口齿是否伶俐等因素的差异影响判决结果，出现律师技巧的差异扭曲审判结果，聪明的律师帮助一些人逍遥法外。正所谓法律如生活，富裕的人总能拔得头筹。① 此外法律的基本目的是解决冲突，人们找到律师的情况很可能存在实际的或者预期的冲突。冲突的解决通常是以牺牲一方的正义而实现另一方的正义。通过律师的帮助促成了委托人的自治，但是只能以牺牲对方的自治为代价，对社会整体正义没有发挥作用。

批判法学家又攻击了技术性职业观的另一理论基石：法律无道德性。好律师是否可以是一个好人，对这一问题的回答取决于如何回答法律和正义的关系。他们认为正义是法律制度的基础价值，正义与法律的美德之间可以优势互补、相互转化，甚至在很多时候是同义的。正义的优点是它提醒我们这些素材中包括许多模糊的、特殊的富有"抱负"的概念；法律美德的优点是它在法律推理方面具有确定性。正是由于在很大程度上法律与大多数人熟悉的日常伦理是相重合，法律的普遍性、公正性使得法律体系不仅仅是一个强制性体制，而且更是一个发挥着道德影响力的体制。所以律师在解释和适用法律概念和标准时，不可避免地涉及法律应当是什么、法律的作用是什么等道德和正义问题。批判法学家认为的分析实证主义理解是站不住脚的，他们把广泛的正义价值从法律领域中隔离开来。

批判法学家认为无论从理论上还是实践上来看，应该支持对律师性质的重新定位。如果说实证主义将梦魇般地滑向要遵守管辖权适当但是伦理上邪恶的法律，则自然法将梦魇般地滑向无政府主义状态。美国法律文化的主流既包容了实证主义的观点，也包容了自然法的观点。批判法学学者为一种专业主义而辩护，这种专业主义强调审慎地判断和关注法律整体的公共利益。律师拥有在法律训练中所锻炼出来的实践智慧、背景性观点和更高的道德洞察力，对制度性安排对人类所造成的影响作出的判断比普通

① 德博拉·L. 罗德. 为了司法/正义：法律职业改革［M］. 张群，温珍奎，丁见民，译. 北京：中国政法大学出版社，2009：91.

人更好。立足于这样的观念，他们认为要将律师地位重新定位，要将律师的公共性和技术性融合一起，即要将律师服务角色与法律制度中的其他角色进行最为有效整合。这一定位要求律师是一个"道德积极主义的角色"，放弃"无责任原则"，作为辩护人，律师应该像有道德的个体作出道德决定那样作出决定，律师的行为应该根据一致、公平和普遍的原则予以正当化，进行负有道德责任的决策时必须考虑行为人的背景和能力。批判法学家眼中理想的律师既能运用作为法律咨询者的角色防止当事人对第三人产生不必要的伤害，又能通过参与法律改革活动使得法律变得更好。

第二节　当代中国律师的职业性质

近代我国律师制度是以外国列强逼迫为背景建立的，是清朝政府的"形式工程"，它在实践中仅仅具有作为现代文明的一种标识的意义，而不是现代意义上的律师制度。现代意义的律师制度是中华人民共和国成立以来建立的人民律师制度，从产生到发展，走过了一条坎坷的道路。70年间，我国律师制度发展经历了律师行业初创时期、律师行业改制时期、律师行业发展时期、律师行业崭新发展时期四个阶段，与此相对应，对律师性质的定位历经四次变迁：国家的法律工作者、社会的法律工作者、当事人的法律工作者和法治工作者。

▷▷ 一、国家的法律工作者：律师行业初创时期

1949年中华人民共和国成立后，新创建的人民律师制度迅速完善，律师人数也迅速增加。从1955年开始试行律师制度仅有81人，到1957年6月，全国已建立19个律师协会，820个法律顾问处，总计2500多名专职律师和300多名兼职律师。但是当新的律师制度正处在方兴未艾之际，1957年却遭到反右斗争扩大化猛烈冲击，致使正式推行不久的人民律师制度夭折。

　　改革开放以来中国法律体系的复兴肇始于国家的意志，作为法律体系的一部分，律师职业的重生也不例外，在某种意义上，也是一场由国家主导的自上而下的事业。1976 年粉碎"四人帮"以后，1978 年 12 月，党的十一届三中全会胜利召开，中国进入到一个新的历史时期——法制创建新时期。1978 年第五届全国人民代表大会第一次会议通过的《中华人民共和国宪法》重新确立了辩护律师制度，随后 1979 年通过的《中华人民共和国刑法》、《中华人民共和国刑事诉讼法》和《中华人民共和国法院组织法》都明文规定被告人享有辩护权，并可以委托律师辩护，恢复重建律师制度理所当然被提上议事日程。1980 年 8 月 26 日，在第五届全国人大常委会第十五次通过《中华人民共和国律师暂行条例》（以下简称《律师暂行条例》），该条例是我国第一个关于律师制度的法律，它把我国律师的性质定位为国家的法律工作者。《律师暂行条例》的正式实施，使我国律师制度的建立和健全及律师参加诉讼活动有了可靠的法律保证，从此我国律师行业重建发展迅速，开始进入一个较快发展阶段。律师人数从 1979 年恢复时的212 人，发展到 1986 年底律师执业机构 3189 个，律师队伍发展到 21546 人（其中专职律师 14500 人）。

　　这种把律师职业性质定位为国家法律工作者的做法，隐含着律师的角色是社会公平正义的保障者。它是从律师与国家的关系入手，强调律师在国家意义上的法律义务，即以国家利益为本位，其思想基础是律师职业定位的国家本位主义，突出了律师职业的公共性。这种职业定位的目的在于抑制律师的商业化和营利倾向，加强律师公益性，是一种由国家对法律服务产品进行统购统销、律师事务所国营化的律师职业结构模式。它的特征表现为律师的首要任务是维护法律的正确实施，若当事人的利益与国家利益发生冲突时，律师要站在国家利益一边；律师执行职务的工作机构是法律顾问处，法律顾问处是由司法行政设置并接受其组织领导和业务监督的事业单位；律师与法官、检察官一样是司法官员，在法律顾问处的组织和领导下工作。

　　律师职业定位的国家主义在我国有着历史渊源和深刻的时代合理性。早在我国的民主革命阶段建立的人民司法中的辩护制度，为中华人民共和国成立后的律师制度的创立提供极其丰富的经验。中华人民共和国成立前夕，中共中央发布了《关于废除国民党的〈六法全书〉与确立解放区的司法原则的指示》，党领导人民以"蔑视和批判国民党和资本主义国家的法律、法令的精神"，效仿社会主义"老大哥"苏联，彻底摧毁旧传统，进行建立新的法律制度的尝试。1949 年 9 月，以王明任主任、谢觉哉任副主任的中央法律委员会再代中共中央起草文件：中华人民共和国拟采取公律师为主私律师为辅的律师制度。① 新中国成立后，进行废除国民党旧律师制度，建立新律师制度的实践活动。1952 年开展了取缔黑律师运动，1953 年在上海人民法院设立"公设律师室"，1954 年指定在北京、上海等大城市率先试办法律顾问处，逐步建立新中国律师制度。到了 20 世纪 80 年代，恢复和重建我国律师制度时对律师社会角色的界定自然沿革了新中国初期律师制度的传统。此外把律师定位为国家工作者，有利于获得社会认同。正如季卫东教授所言："就像近代西方律师有为客户辩护免受任何指责的特权一样，中国律师的'国家的法律工作者'身份也是一种功能等价的护身符。"② 由于我国封建主义遗毒较深，一些人对律师辩护制度缺乏正确认识，加上"左"倾思想和反右斗争扩大化的影响，不少人对律师特别是辩护律师制度怀有反感和敌意。在当时国强民弱、官本位观念普遍的社会，法律赋予律师国家工作者的地位，律师与法官、检察官、警察都属于司法行政人员，有利于提高律师的社会地位，帮助其获得政治资源，为其提供充分的合法性基础，使律师能够依法执行职权，维护自身合法权益，促进律师业的顺利发展。正如张志铭教授所言："在当时一种大一统的社会中，律师工作被纳入国家职能范围，律师职业成为国家公职，实属必然。"③ 但是这一定位随着我国律师行业的不断发展，弊端也逐渐显露出来，一方面它背离了律师制度设置的初衷，另一方面也不利于律师行业自身的发展。此外这种定位与国际形势也极不相符。律师的天职是以法律专业知识维护当事

---

① 侯欣一. 政权更迭时谢觉哉的所思所为：以日记为中心的考察 [J]. 清华法学, 2019, 13 (2)：146.

② 季卫东. 现代市场经济与律师的职业伦理 [M] // 季卫东. 法治秩序的构建（增补版）. 北京：商务印书馆, 2014：237.

③ 张志铭, 于浩. 转型中国的法治化治理 [M]. 北京：法律出版社, 2018：242.

人的合法权益，其服务对象是当事人、是社会，作为从国家领取工资的国家法律工作者，很难不受国家的影响、全心全意维护当事人的合法权益。

▶ 二、社会的法律工作者：律师行业改制时期

20 世纪 80 年代末，改革开放十多年后，我国社会有了巨大变化：经济体制由计划经济向社会主义商品经济演进，法律体系建立和日趋完善，社会生活利益多元分化。随着中国社会从一种逐渐演进的态势进入到整体转型的阶段，全社会对律师法律服务和法律保障的渴求越来越迫切，对律师工作提出了更高的要求和艰巨的任务，《律师暂行条例》对律师的性质、任务、活动原则及律师机构的设置等方面的规定远远不能适应律师行业的发展。此外在对外贸易和国际合作中，"吃皇粮"的国办律师事务所显得越来越不适应改革开放的需要，因此对律师制度进行改革，尝试新的律师事务所组织形式势在必行。

从 1986 年起，中国律师业开始了职业化和私人化的改革进程，在这个过程中律师职业逐渐与国家分离，成为社会中的法律工作者，我们通过下列主要事实加以说明。1986 年 4 月 12 日，司法部发出《关于全国律师资格统一考试的通知》，决定从该年起实行全国律师资格统一考试制度，以通过考试取得全国律师资格的方式取代了单纯由司法行政机关考核授予律师资格的做法。1988 年 6 月 3 日，司法部下发《合作制律师事务所试点方案》，合作制律师事务所的特点是不占国家编制，不要国家经费，合作律师共同集资、独立核算、自负盈亏，由此迈出了"改变国家包办律师事务的重要一步"，律师业逐步走向社会化。为了加强律师职业纪律和道德规范建设，从 1990 年开始，司法部依次发布了《律师十要十不准》《律师惩戒规则》《律师职业道德和执业纪律规范》等一系列规定，对律师在执业和履行职责过程中的职业道德和执业纪律作了较为全面的规定。以上规则对于提高我国律师队伍素质，促进律师制度建设的健康发展具有重要的意义。1992 年 8 月 4 日，司法部在《关于律师工作进一步改革的意见》中提出加快推进国办所和合作所共存的律师体制，并把律师事务所作为第三产业看待，同时规定了提高律师专业水平的一系列措施。1993 年 12 月 26 日《司法部关于

深化律师工作改革的方案》得到国务院批准，方案提出从用行政官员、行政级别的概念来界定律师属性逐步转变为面向社会、为社会服务的法律工作者；不再以生产资料所有制性质界定律师组织的属性，把法律顾问处（律师事务所）改为"两不四自"合伙制律师事务所，即不占国家编制、不要国家经费和自愿组织、自收自支、自我发展、自我约束，对律师的管理从司法行政机关为主向司法行政机关管理和协会行业管理相结合的模式转变。1996 年 5 月，第八届全国人大常委会第十九次会议通过的《中华人民共和国律师法》确认了前期律师制度体制改革的成果，肯定了国资律师事务所的法律地位，明确了合作律师事务所和合伙律师事务所的地位，事务所定性为中介组织；并且将律师的性质由国家工作者正式确定为社会提供法律服务的执业人员。此外《律师法》对律师的业务和权利、义务等方面做出规范。《律师法》是新中国第一部律师法典，它的出台表明中国特色社会主义律师制度基本形成，是我国律师事业发展的里程碑，标志着我国律师事业的发展将步入一个新发展阶段。据统计，1997 年底，全国律师事务所 8400 所，律师总数达 10 万余人，其中专职律师有约 5 万人，经过 20 多年的改革发展，2001 年中国律师带着 6.8 万余人的数字迈入新千年。

这一定位是从律师与社会的关系入手分析律师职业的性质，突出社会利益优先，即可谓律师职业定位的社会本位主义，它体现了律师的职业属性，即服务性、专业性和社会性。"为社会提供法律服务的执业人员"的定位内含了律师的角色发展趋势是公共事务参与者、社会活动家，强调律师与生产经营的商人有区别，律师不是生产或者销售产品获得利润，而是通过为社会提供法律咨询和帮助取得对价支付；律师提供有偿服务，律师不再是从国家领取工资的国家工作人员，他们靠给委托人提供法律服务，获得报酬，维持自身的生存与发展；律师是介于国家和当事人之间的服务者，律师事务所是介于国家权力与市场经济的中介组织。这一定位意味着只有通过长期学习，具备法律专业知识和技能，才能获得相应资格，才可以为社会提供服务。"为社会提供法律服务的执业人员"的定位，突出了律师执业的社会性：律师的权利来源于社会，而不是国家的授权；律师的服务对象是社会所有的主体，包括所有的法人、非法人和自然人；律师的服务机构由自负盈亏的私人投资设立的律师事务所代替由国家财政拨款的法律顾问处；律师执业活动的非公务性，与公检法机关行使公权力相区别，是维护私权。这一社会角色界定比之前的更科学，准确地阐明了律师的执业特征和执业方式。

▶ 三、当事人的法律工作者：律师行业发展时期

自 1996 年我国把律师定位为"社会的法律工作者"，并且对律师的执业机构进行改制，表面上是对律师职业社会性的肯定，国家主义的弱化，但暗含了对律师的商业化倾向的肯定。从 20 世纪 90 年代党和政府的管理文件中把法律服务行业纳入中介服务的第三产业获得了有力的佐证。它从技术层面、操作层面表达律师的服务的市场属性，认为律师向委托人提供法律专业服务活动而获得报酬可理解为商业活动，律师和委托人的关系只需要按照市场经济规则去运作。这种犹疑的定位源于一种忧虑：国家对律师行业的松绑会导致法律服务市场的失序。① 随着市场经济实践和理论不断深入，政府的市场意识更强，最关键的是自中共在 1997 年召开的十五大提出"依法治国，建设社会主义法治国家"之后，我国司法的技术合理化、诉讼中对抗制因素的增强以及程序公正观念的树立，以及 1998 年方兴未艾的新宪政运动，所有这些为新《律师法》的律师性质重新定位提供了必要的前提。在此背景下 2007 年《律师法》修订，把"社会"改为"当事人"，将律师定性为"为当事人提供法律服务的执业人员"，使得律师的服务对象更加明确，明晰了律师与当事人之间的基础关系。这一定位是从律师与当事人的关系入手来探讨律师的职业性质，可谓律师职业定位的当事人本位主义。这一定位突出律师职业的性质之一——技术性和市场性特征。这一定位突出了律师的角色发展趋势是当事人合法权益维护者，明确了律师的服务对象是"当事人"，是指根据委托或者指定，为其提供法律服务的公民、法人和其他组织；明确了律师职业的核心是律师与当事人的基于信任而建

---

① 蒋超. 我国律师性质的流变与重塑：从"本位主义"到"自由职业"［J］. 安徽大学学报（哲学社会科学版），2018，42（2）：131.

立起来的良性互动关系，律师与当事人的双边关系是开展法律工作的前提；强调律师在保障民主方面的重要作用，凸显了律师的市场性，揭示了律师服务的核心内涵，在更大程度上摆脱"集体"的桎梏，有助于增强律师服务当事人的责任感，对唤醒律师的主体意识、发展我国律师事业起到了很大的推动作用。

律师职业性质由"国家的法律工作者"到"社会的法律工作者"，再到"当事人的法律工作者"，逐次展现了律师业的不同层面。这种修改表面上只是词语表述的微调，其间蕴含的意蕴是重大的，不仅反映出意识形态已经放弃了对律师的这一职业"姓资"或者"姓社"的识别，而且带来了律师国家责任的逐步弱化，其维护委托人合法权益的责任则得到越来越明显的强化。律师由国家干部身份变成为"当事人提供法律服务的执业人员"，实现了"从（体制内）身份到契约（主体）"的变迁，① 在法律思想上表明我国对律师职业性质定位已经彻底放弃了传统的国家主义法律职业意识形态，而是采用法律商业主义和法律职业主义两种法律话语系统。正如黄文艺教授所描述的，从 20 世纪 80 年代中期以后，法律职业主义话语和法律商业主义话语逐渐在中国法律职业界兴起，以律师业为主的法律服务行业逐渐向职业化和商业化的方向发展。国家司法考试制度、律师事务所管理制度、律师职业道德规范等职业制度的形成以及律师行业协会的建立，体现了律师业的职业化发展趋势。律师从国家法律工作者转变为自由职业者，律师事务所从国家事业单位转变为自主经营与自负盈亏的经济实体，这些变化体现了律师业的商业化发展趋势，② 法律职业主义和法律商业主义携手推动了中国律师职业的改革和发展。

》 四、法治工作者：律师行业崭新发展时期

在全面依法治国的大背景下，我国律师队伍不断发展壮大，队伍结构

---

① 程金华，李学尧. 法律变迁的结构性制约：国家、市场与社会互动中的中国律师职业 [J]. 中国社会科学，2012（7）：113.

② 黄文艺，宋湘琦. 法律商业主义解析 [J]. 法商研究，2014（1）：4.

不断健全完善，律师事业取得飞速发展，律师从业规模不断扩大，到 2022 年底全国律师执业者人数已经突破 65 万。① 律师的法律服务活动在我国法治中国建设的各个领域、各个方面和各个环节无所不在，服务领域由传统诉讼事务为主发展到诉讼、非诉讼事务并重，由国内业务为主发展到国内、涉外业务并举。律师队伍对我国现代法治的形成，现代文明的型构发挥不可或缺的重要作用，成为促进中国经济社会发展、法治国家建设的一支重要力量。律师行业的社会影响力、政治地位也得到了进一步提升，越来越多的律师参政议政，律师业发展呈现出欣欣向荣的景象，有人称律师价值时代已来。

当前对律师的定位有利于进一步调动我国律师在社会主义法律服务市场中的能动性和积极性，在推动我国律师行业产业化和专业化、增强法律服务市场的开放性上发挥了重大作用，但是太突出律师的商业性质，影响和制约了律师职业在整个法律制度中应有地位的正确确定。忽略了律师的公共性，很容易走向另一极端，尤其在我国缺乏视为公众服务为己任的职业主义传统的国情下，当前对律师的定位的痼疾渐露端倪，如律师职业道德水准不断下降、职业满足感的减弱、法治信仰的失落、职业形象的恶化。事实上，律师职业固然有其追求经济效益的目的，但社会效益也应当是律师执业的基本目的之一。这一定位使律师认为他们的基本职业观念就是单纯追求经济利益的最大化，进而衍生出"功利主义""金钱崇拜""权力崇拜"等现象，律师的潜在社会、政治功能没有得到充分发挥。

中国共产党从局部执政时期开始，就很重视法治工作队伍建设，持续不断探索建设新型的高素质法治工作队伍建设，但在很长时期内使用的是"法律工作者"提法，并未使用"法治工作者"概念。自党的十八大做出"全面推进依法治国"的重大决策以来，党中央、国务院高度重视作为全面依法治国的根本保证的人才保障，2014 年党的十八届四中全会通过的《中共中央关于全面推进依法治国若干重大问题的决定》，决定中首次正式明确提出"法治工作队伍"概念，同时提出律师队伍是法治工作队伍的重要组

---

① 司法部政府网.2022 年度律师、基层法律服务工作统计分析 ［EB/OL］.（2023 - 06 - 14）［2024 - 03 - 25］.http：//www.legaldaily.com.cn/index/content/2023 - 06/14/content_ 8865294.html.

成部分。2016 年 4 月 6 日，中共中央办公厅、国务院办公厅印发了《关于深化律师制度改革的意见》，指出律师队伍是落实依法治国基本方略、建设社会主义法治国家的重要力量，是社会主义法治工作队伍的重要组成部分，尤其强调了律师在构建法治国家、维护社会正义中的作用。以习近平同志为核心的党中央提出了"法治工作者"概念，用以取代沿用了数十年的"法律工作者"概念，是一个具有鲜明中国特色、实践特征的范畴。把律师定位为法治工作者，彰显了法治精神、法治职业，凸显了新时代全面依法治国对律师职业的更高标准和更高要求。

律师职业是社会的产物，是对一定社会关系的反映。由于律师行业涉及社会关系的复杂性，其职业性质呈现出多种面向，正可谓"横看成岭侧成峰，远近高低各不同"。从"国家的法律工作者"到"社会的法律工作者"再到"当事人的法律工作者"，分别从律师与国家、社会和当事人某一侧面的关系界定律师的性质，逐次展现了律师业的某一方面的性质，这种固守某一特定性质的立场都存在片面性，忽视了律师是处于社会系统中的一个要素，国家、社会、当事人、律师之间是同呼吸共命运、"牵一发而动全身"的紧密关系。国家、社会和当事人之间的利益并不是完全矛盾的，而是可以相互融合、贯通的。我国律师是社会主义的法治工作者，是正义与技艺、德行与才干兼备的高素质人才，是具有法律职业所不可或缺的正义观和思想道德素养的法律专家。他们不仅仅以保障个人利益为目的，还承担着维护法律尊严和社会正义的责任；不仅在执业过程中运用法律手段维护委托人的合法权益和解决社会矛盾，促进普通老百姓讲规则、守规矩，而且执业之余，要广泛参与国家公共事务和国家治理，善用法治思维和法治方式，弘扬法治精神，树立法治理念。因为国家治理法治化范畴中的"法治"是形式法治与实质法治的统一，有法律之治、依法而治和良法善治三个基本含义。据此，当代中国的国家治理，不单要求有法律、守规矩，而且强调法律在社会中有效运行，更注重法律在国家治理中的可接受性和内在价值，追求法律秩序和社会秩序的包容性。

第三节　律师的职业优势

中国传统国家治理体制是国家与社会合一，政府作为唯一的治理主体对社会的各个方面进行"全包全揽"的、自上而下的设计、倡导、规划和管理，这种发挥国家权力在社会发展中的积极作用的、国家建构主义的治理模式在特定历史条件下有重要意义。随着社会的发展，价值观念和利益追求呈现多元化，这种治理模式不能与时俱进，弊端也是显而易见的，因此，进行国家治理模式的转变势在必行。实现国家治理创新的关键之一是国家治理主体的多元化和多样化，国家治理路径不是建构，而是民间力量自下而上的推进。

国家治理是一个多元主体的集思共创、协同推进的系统工程，不仅依赖于党、国家、政府机构，而且依赖于社会组织、广大公民共同努力。法治被认为是当代最具正当性的统治方式，把国家治理纳入法律框架中，实现国家治理的规则之治。国家治理现代化要求治理主体以法治化的视野和观念审视各种社会关系和社会利益，在法治的范围内实施社会管理的创新；还需要不断完善国家治理方式和相关制度，使国家治理工作有法可依、有法必依。律师具备法律专业知识和技能，作为社会组织中的一员，是介于政府和人民之间的社会中间层、第三方力量，律师作为专门为他人提供法律服务的法律工作者，凭借其自身的先天优势必将成为国家治理现代化中的重要力量，其优越性从以下几个方面体现：

▶▶ 一、专业性优势

律师与其他国家治理主体最突出的区别就在于其的法律专业性，可以说专业优势是律师参与国家治理中最突出的优势。现代社会是建基于职业化、类型化、专业化知识上的社会。知识型学说把人类的知识型划分为四个阶段：原始知识型、形而上学型、现代知识型和后现代知识型。后现代知识型认为法律作为一门知识是由专业性强的历史传统、语言、知识和技术构成的体系。法学首先是一种专门化学科，按照托克维尔的说法，甚至是一个不容易普及的知识领域，① 因而法律的运行过程离不开一批懂得法律专业知识和技能的人，法律职业因此而产生。律师是法律职业者之一，是专门从事法律工作的，是法律专业群体。

律师的从业门槛高，律师执业不仅要接受法学本科专业教育，而且要通过法律职业资格考试。律师是法律知识和法律技术的载体。他们不仅具有民法、商法、刑法、民事诉讼法等实体法和程序法法律条文的知识，而且掌握法律的基本概念、原理、思维方法和逻辑知识；不仅掌握法律条文的知识，而且还掌握法学理论知识和传统经验。律师不仅要习得法律知识，还必须具备依靠法律的概念、术语等话语系统，思考、分析和解决各种各样的社会问题法律职业的技术。任何想从事律师职业的人，除了掌握一般化、抽象化的法律原理和知识外，而且要具备能够熟练地把法律知识运用到纷繁复杂案例中的法律职业的技术。法律职业的技术指一种专门化技术，包含法律解释技术、法律推理技术、法律程序技术、证据运用技术、法庭辩论技术、法律文书制作技术等，② 法律专业的技术是律师职业生存的保证，也是律师赢取社会尊重、提升职业地位的资本，使其成为值得托付权利的法律专家。律师职业目的实现、功能发挥都需要有扎实的法律专业知识和熟练的法律技能来保证。我国国家治理的法律体系庞杂，法律的应用过程具有专业性和技术性，再加上我国处于转型期，社会领域的法律修改和完善十分频繁，这给普通社会主体正确理解和适用法律带来不少麻烦，律师所具备的法律专业优势，可以弥补其他社会主体法律专业知识的不足。

▶ 二、服务性优势

律师是依靠为社会提供法律服务而独自谋生的法律人。律师的工作是提供法律服务，一般将其列入第三产业的范畴。这一特性是律师职业与同属法律职业共同体的法官、检察官的重要区别。由于律师需要通过为当事

---

① 贺卫方. 中国法律职业：迟到的兴起和早来的危机 [J]. 社会科学，2005（9）：89.
② 孙笑侠. 职业素质与司法考试 [J]. 法律科学（西北政法学院学报），2001（5）：17.

人提供法律服务获得报酬才能生存，这种生存动力决定了律师服务领域是不受限制的，可触达社会生活的方方面面，大到国家法律、政策的制定，小到人民日常生活的琐碎事情，只要人民有法律服务产品的需要，就会有律师的法律服务。律师服务对象是广泛的，社会团体、个人，甚至政府机关都需要律师协助其正确了解自身的法律权利，依法行使法律权利，以及当法律权利遭受侵害时寻求正确的救治途径。律师是面向全社会开放的，是无选择、全方位地为社会各类主体提供法律服务。律师服务方式是多种多样的，律师可以是当事人的非诉讼代理人、法律顾问、诉讼代理人、刑事辩护人，也可以是财产信托人、遗嘱执行人等。转型期的社会事务具有复杂性和多样性，在国家治理过程中，如何在多个法律角度下，发散性思考问题、解决问题，避免按住葫芦起了瓢的尴尬境地，律师具有这方面的优势，因为长期服务市场经济锻造了律师处理各种突发和非常规事件的应变能力。

▶ 三、公共性优势

律师职业具有公共性。律师追求公共利益，拥有为公众服务的精神。一方面律师职业的公共性源远流长、有着悠久的历史，李学尧教授在《法律职业主义》一书中谈到其直接来源于西方古代的"贵族责任"而认为法律职业对社会负有"公共阶层"或者"领袖阶层"公共性义务。[1] 另一方面律师是法律专家，只要通过民主程序制定的法律，就是最广大人民意志和利益的体现，那么作为从事法律服务的律师，必定具有为公共利益服务的属性。贺卫方教授曾感叹"律师与其说是私人利益的代言人，不如说是公共利益的维系者"。[2] 我国律师界定为法治工作者，实质上强调其公共性的特性。

律师致力于公众利益在国家治理中有其天然优越条件。律师是法律职业中最接地气的群体，由于他们广泛接触社会中的不同阶级和不同群体，和老百姓打交道最密切，能够广泛地了解老百姓生活中的不利条件，敏锐

---

① 李学尧. 法律职业主义［M］. 北京：中国政法大学出版社，2007：8.
② 贺卫方. 律师的政治参与［J］. 中国律师，2001（3）：46-47.

地感受老百姓的困苦，深刻感觉到社会中最需要改善和支持的部分，最能够代表老百姓利益，反映老百姓利益。律师把老百姓的利益诉求进行"去粗取精、去伪存真"的"过滤"处理，通过整合，把社会规则转化为法律规则，转化为合理可行的意见方案，将诉求有序地上传到决策层，形成基于社会客观要求的立法和政策依据。律师与老百姓朝夕相处，与普通民众打交道时具有天然的亲和力，更能接近直接受政策影响的基层民众，更容易亲身感受各阶层的真实意愿，最了解社会中的深层次矛盾及人民的疾苦，对政策产生的实际效果体会更直观、更深刻，从而为政府治理中开展的执法行为提供真实可靠的第一手资料，使政府的治理决策制定和实施更符合广大人民利益，让老百姓认可。

▶▶ 四、独立性优势

由于律师制度的设计目的在于规制公权力，帮助社会主体实现权利，为了保障律师制度功能的实现，独立性是律师职业的根本属性。律师职业的独立性包括律师群体的独立和律师个人的独立，律师个人独立体现在律师身份独立和执业独立。身份的独立体现为律师既不是国家公权力机关的成员，也不是普通社会民众，而是一个独立的社会力量。而执业独立要求律师对于案件所有专业问题的判断来自本身对于事实的掌握和对于法律的理解，完全是依赖自己的意志独立作出的。

用美国著名法官布兰代斯的话说，法律职业应当在富人和人民之间保持独立，随时准备遏制他们的极端行为。在共和主义论者看来，法律职业应当扮演两类角色：一是否定性的角色，即勇敢地阻止行政专制者、暴民或强大的私人集团试图操纵法律机器的企图，在法治面临各种突发的政治力量和经济力量的威胁时捍卫法治的价值。二是肯定性角色，即担当起修补法治框架的缺陷，为公共决策出谋划策，营造尊重和服从法律的公民文化等重任。① 法律职业胜任这两种角色的前提条件是独立于市民社会的各种利益群体之外。正因为律师的独立性，其作为一个独立的阶层或者自治的

---

① 黄文艺. 中国法律发展的法哲学反思 [M]. 北京：法律出版社，2010：132.

社会力量，是连接社会和国家的桥梁，带着相对独立和中立的立场介入国家治理中，能够客观地处理社会事务。正因为律师的独立性，使其在社会治理中扮演限制权力和保障权利两种角色，使其以居中者、第三人身份在主持纠纷化解中发挥强大的作用和巨大价值。俗话说"当局者迷，旁观者清"，由于律师是局外人，在处理纠纷时，以一种相对理性、全面、客观的心态看待案件，从而提出解决纠纷的方案。

▶ 五、广泛性优势

我们已经进入一个开放的社会，社会的多元化正在成为时代的新特征，由政府单一主体肩负国家治理职责的时代正渐行渐远，非政府组织以及其他社会自治力量正在迅速成长起来，并开始在国家治理中扮演越来越重的角色。国家治理现代化就是要重视法治在国家治理中的作用，意味着在法治轨道上推进国家治理现代化，法治的精神贯穿于国家治理全过程，通过科学立法、依法行政、公正司法、深入普法、依法化解纠纷，实现各项治理工作法治化。国家治理法治化要求国家治理主体以法治思维审视各种社会关系和社会利益，在法治的范畴内实施国家治理创新。国家治理领域共识的形成、矛盾的化解、社会稳定的维护等活动展开都离不开律师的参与，种种迹象表明，我国律师的用武之地不再仅限于司法领域，他们在更广泛的社会管理事务领域方面发挥着重大的作用，律师正成为现代国家治理独立自主的主体和重要力量。

律师不仅是独立的国家治理主体，而且参与其他社会主体的治理活动，他们已经穿透和渗透到国家治理的各个环节和各个主体的活动中，出现了律师参与的全方位、全过程、全覆盖的国家治理态势。随着法治的发达，法律在人们的社会生活中愈加重要，了解法律权利的内容、正确行使法律权利以及防止和救治法律权利的侵害，是每一个法律主体在社会生活中必不可少的重要内容。由于法律晦涩难懂，老百姓难以理解和无法独立运用，需要法律专家帮助，律师的影响更加广泛，律师在社会生活中所发挥的作用也会不断增强。律师精通和熟悉法律，是专门为他人提供法律服务的专家，通过担任党委、政府、企事业单位、城乡基层自治组织或公民个人的法律顾问，为他们正确行使权利提供指南；接受他们委托参加诉讼和非诉讼法律事务，代理社会主体行使权利。

六、规则治理优势

法治最基本的含义是规则之治和依法办事，即在制定法律之后，任何人和组织的社会性活动均受既定法律规则的约束。在现代国家中律师之所以在社会中具有举足轻重的地位，不仅是由于他们掌握了法律专业知识和法律技术，更重要的是他们在学习和工作过程中形成了特定的思维方式。季卫东教授在论述法律职业的定位时说："法律职业家群体的思维方式首先表现为一切依法办事的卫道精神。"① 律师无论是处理法律事务，还是处理政治、经济和日常生活事务，都按照既定规则严格执行，树立了一种牢不可破的规则至上观念。

黄文艺教授在谈到中国法治之路如何走的时候特别强调发挥职业法律家的作用，法律家参政对于法治政府的建设意义重大，指出："不论是什么样的政府，政府由什么人组成，将对政府如何治理国家产生重要的影响。"② 譬如，一个由军人执掌权力的政府更多地使用压制型手段管理社会，党政干部执掌立法和司法之权无疑会造成法律与政治不分、法律高度政治化，法律家和律师掌管政府机构，必然将法律职业的思维方式、行为程式带到政府管理中，使行政程序的发展司法化。无论什么类型的治理，不可能是社会政策和方案自己去实施，都需要人来贯彻、执行，都需要人的治理，治理比管理更加重视治理主体的重要性。

国家治理法治化的目标是实现对国家治理的规则之治。由于国家治理对象的广泛性，关系的复杂性和过程的互动性，对社会主体行动的可预期性产生了冲击，实现规则之治，有助于国家治理主体交往更便利、信赖增强、互动提升和结果可预期。国家治理的运行要达到和谐有序的状态是以

---

① 季卫东.法治秩序的构建（增补版）［M］.北京：商务印书馆，2014：191.
② 黄文艺.中国法律发展的法哲学反思［M］.北京：法律出版社，2010：211.

理性规则的存在和公众对规则的自觉遵守为前提的，否则国家治理的法律法规的权威性与合法性难以树立，国家治理的相关措施也难以有效实施。律师的工作主要是为社会制定规则，实施规则，让社会治理的各个环节、各个方面变成规则治理，他们是推动国家治理变成规则治理的重要力量。诚如程金华教授所言："通过中国法律人的集体努力，国家治理或许能够实现从更多依赖个人智慧转向更多依赖规则的治理，最终实现晚清肇始的百年大转型，这又可谓现实政治之于中国律师参政的'拉力'。"①

七、利益均衡优势

　　治理不同于管理的根本点在于多元利益主体的参与。从政府单一主体的国家管理到多元主体共同承担国家治理职责，这是人类社会治理史上的一场巨大的变革过程。党政机关、市场主体、社会组织和民众等多元主体参与国家治理，除了共同的利益和使命外，各参与主体也有自己的目标和利益追求，在利益上是相互冲突着的，他们会提出各种各样殊异的利益诉求，因此各种利益的协调、利益的均衡尤其重要。律师易于参与国家治理的明显优势是他们有一"绝活"——利益的均衡能力。律师的利益均衡能力是一种特殊的政治技能，这种政治技能的理想效果是化解社会群体之间的矛盾，均衡不同族群的利益分歧。在民主社会中，如果决策和执行者具有这种技能，可预见的成果是更少的群体性纠纷和阶层对抗，以及相应更加稳定的政治局面。

　　律师的利益均衡能力来源于法律教育及法律职业的训练。耶鲁大学法学院前院长克罗曼论述杰出律师如何形成时，认为现代案例教学法训练了律师习惯性地换位思考，并谅解对方处境的同情能力。为了应对法律社会事务，律师在法学院学习时会参加案例讨论和模拟法庭以及辩论活动等，通过这些当事人在不确定的活动中扮演针锋相对的双方或者他们的律师角色，迫使他们以大量不同的观点来看待事务，这一学习过程增强了学生最大限度地充分利用案例中冲突各方的主张，并进行充分辩论的能力。而职

_____

① 程金华. 法律人从政：合理性分析及其验证［J］. 中外法学，2013，25（1）：115.

业训练造就了律师协调与均衡各种社会利益的能力。在执业过程中，律师运用辩论推动当事人的目标实现。在谈判中，要说服对方，律师必须使对方相信律师督促他将要做出的决定与他自己的利益并不矛盾，代表任何一方参加私人谈判的律师必须努力去挖掘能促进双方利益的机会，然后说服他们一起前进。因此，即使在私人谈判中，诉讼律师一定不能只是个无情的偏袒的竞争者，他一定也是个合作的专家、善于发现合作的机会。

社会主体的各自利益能够均衡，各种社会利益冲突得到及时有效化解，既是国家治理的重要前提和基础，也是国家治理的目标。律师拥有对利益多元化的敏锐观察以及不同利益之间相互冲突的权衡选择的技能，当他们参与到国家治理过程，能对各种利益进行平衡、选择和取舍，找到个体利益与公共利益、个体利益与个体利益的契合点，调节各种利益冲突达到平衡的状态，从而形成和谐统一的社会利益共同体。

▶ 八、实践智慧优势

国家治理是多元主体对社会事务进行共同管理的活动，在本质上是人类的实践活动。现代社会错综复杂，千头万绪，变化多端，在高度复杂性和高度不确定性的条件下，时常出现突发性事件，从问题的出现到问题的解决往往没有充分的时间让行动者达成共识。所以，国家治理主体往往需要具备实践理性和实践智慧，做出更多的随机性选择，根据对具体情形的判断去果敢、迅速和当机立断地采取行动。

律师是一种需要长期法律知识学习和法律实践活动才能从事的职业，是围绕法律实践而展开活动的法律专家。法律实践是主体以法律规范为前提，各种理性的与非理性的因素共同参与作用下，融贯情理法、非逻辑的显著场域性的社会活动，其全部过程和所有环节的展开都伴随着法律实践理性和法律实践智慧的实际作用。因而律师只是机械的法律问题专家是不够的，应该具备实际解决问题的智慧和能力，应该具备法律实践理性和法律实践智慧。美国律师协会在 1996 年的一份报告中指出实践的和审慎的智慧是职业律师的基本特征之一。克罗曼在写作《迷失的律师》时已经深切地感受到律师不单纯是一名成功的技术性人员，而且还应是一名具有实践智慧的人士，实践智慧是指一个人具有良好的判断力，不仅仅是指他的知识渊博或者智商高，或者对法律隐晦的规定有精确的理解，而是意味着把法律学说运用于具体案件中所表现出的敏锐、极强的识别力和沉着冷静，以及对他所处的环境要求其考虑各种利益给予同等的同情心。可以说律师在丰富的人生阅历和律师执业经历中积累的实践理性和智慧是律师参与国家治理的又一大先天优势。

第三章　国家治理现代化进程中我国
律师角色和功能的应然状态

　　自 1978 年中共十一届三中全会以来，我国律师职业从"失而复得"到"蓬勃发展"，律师在国家治理的各个领域各个方面发挥着举足轻重的作用，从为个人服务到为企业服务，从制定规则到实施规则再到矛盾化解，从诉讼纠纷化解到非诉讼纠纷化解。在全面推进依法治国、加快建设法治中国、实现法治强国的前提下，正确认识律师的角色，充分了解律师所具有的各种功能，以扬其利抑其弊，把其中的有益部分纳入，进而吸收并引导这一具有不可抵抗的、具有影响中国国家治理现代化进程的重要力量，应是我国在未来法治建设中构建和谐社会、实现法治中国梦的一个重点工作。基于这一出发点，本章试图归纳国家治理现代化进程中我国律师应该扮演的角色和应当发挥的功能。

第一节　国家治理现代化进程中我国
律师角色的应然状态

▶▶　一、律师是当事人合法权利的维护者

　　律师的服务对象是当事人，在国家治理现代化中其最首要的角色是最大限度地维护当事人的合法权益。这种角色的理论基础是在自由主义体制

下的法律体系和法律职业的终极目标是保障个人权利，而非惩罚违法犯罪行为。法治意味着预先规定法律命令，并在适用时不偏不倚。在我们这个法治时代，让更多的人获享更多的权利，已经成为人们的共同理想，但权利不应是一些抽象的符号，它们产生于社会个体的权益，并且要能落实和回归到社会个体的权益。规范上对社会个体权利的肯定，并不能确保在事实上和生活中能够实现权利，所以人们通过法律途径建立了由一整套制度设计构成的权利实现机制，其中就包括现代律师制度。当国家治理各主体法律赋予的权利受到阻碍或者侵犯时，由于其自身的专业知识的欠缺、时间精力有限、人身自由受到限制和心理上畏惧、恐慌、害怕等，他们自我维权的能力受到限制，此时，律师的参与能使纸上的权利变成现实生活中的权利。作为历史上的一个事实，律师职业在以法治为基础和充分保障个人权利的政治体制中演化得最为充分。

律师作为当事人合法权利的维护者是宪法上的要求，是宪法赋予律师帮助"追求公正裁判"和"保障公民平等"的重大使命。1789年法国《人权与公民权利宣言》开列了一个权利清单，并宣称凡权利无保障的社会即无宪法可言。此后，以宪法开列权利清单，以立法构造权利体系遂成风气。我国宪法中规定了公民平等权和被告人有权获得辩护权，由此律师帮助不仅仅是为当事人获得公正裁判的"程序性权利"，更是一项基本的公民权利，因为他们可以弥补诉讼中当事人能力的不足。发展是一个既承继过去又孕育未来的过程，权利观念也会随着社会发展而不断变化。20世纪末产生的现代权利观念大体说来是以个人自由主义为核心的权利观念，个人被看作一个自主而且自足的主体，政府则被看作一个爱管闲事的潜在的暴君。为了保障个人权利，特别在保障权利程序的完整性比定罪或执行实体法更重要的理念下，律师往往被要求能够不受外在控制地做出独立的判断，特别是不受法官和行政官员的控制；他们被希望甚至被鼓励利用法律的每一个漏洞，利用其对手策略上的每一个错误和疏忽，以及利用对法律或事实的每一个解释为当事人辩护。为了能够使律师充分维护当事人权益，对程序中的公权力行使者或者其他权利主张者形成制约，律师在执业过程中享有出庭权、调查权、会见权、通信权、质证权、出庭权等执业权利，它是律师开展法律服务的保障和基础条件。

谢佑平教授将律师维护当事人权益的内容概括为了解权利内容、正确行使权利和救济受损权利三个方面。律师除了以诉讼代理人或者辩护人的身份维护当事人的合法权利外，还以法律咨询服务角色进行工作，因为所有宣示法治的政治体制都承认人们享有在法院获得律师帮助的权利以及就法院外事务向律师咨询的权利。美国的《国际大百科全书》曾对律师在维护当事人合法权利中的角色进行了准确描述：律师或称法律辩护人，是受过法律专业训练的人，他在法律上有权为当事人于法院内外提出意见或者代表当事人的利益行事。① "为当事人提出意见"和"代表当事人行事"说明了律师在维护当事人合法权利的过程中的角色具体又分为"法律咨询服务角色"和"法律代办服务角色"。人们通常称律师业为"咨询服务业"，我国律师的执业机构以前就称为"法律顾问处"，这说明律师经常要进行法律咨询服务。律师通过法律咨询服务，让当事人了解法律所规定应该享有的权利，使当事人知道如何行使自己的权利，而当权利受到侵犯时，当事人通过向律师咨询可以清楚以什么方式进行救济更切实可行。

作为以权利为基础衡量尺度的现代社会，在个人权利的实现过程律师具有举足轻重的地位，律师的帮助是保护个人权利的至关重要的方式。这就要求律师既要遵守积极的维护权益义务，又要遵守消极的维护权益义务。律师执业时应该从当事人的角度出发，确定他们的利益，从而使委托人的决策更明智；律师要具备代理事项的法律知识、技能、细心和准备工作；律师不得披露在代理过程中所知悉的信息和秘密；等等。当然律师维护当事人的合法权益是在法律的限度内进行，他主张一个事实，必定要依靠相关的证据；提出某种权利主张，总要有相应的法律条文或法律理论作为依托。当前我们总强调律师的维权作用，但学术界对律师这种角色的功能质疑也越来越大，提出实际上律师也应该促进当事人依法自律，发挥对当事人的制约作用，督促当事人依法履行法定义务。律师在个人权利保障中发挥双重作用，他们不仅要防止由于公共权力的专横和滥用而产生的侵害，

① 韩立收．你戴着荆棘的王冠而来：律师职业解读 [M]．北京：法律出版社，2007：125．

还要防备权利的滥用而变质甚至丧失，律师是必要的"防腐"装置。律师往往注重前一种作用而忽视后一种作用，这主要来源于律师和人们对权利的理解存在一些误区，甚至持有病态权利观念。权利问题不仅在法学理论领域是一个与数学上的哥德巴赫猜想一样的难题，而且人们有关权利的观念也愈益纷呈、千姿百态，甚至出现一些极端利己、自私自利、滥用权利的病态权利观念，这些病态权利观念的存在对法治社会的形成会产生不利影响。张文显教授曾精辟地指出，诉讼蔓延，在某些国家和地方，打官司成为流行病，被扭曲的权利观念成为这种流行病的病毒……[1]梁漱溟先生在谈到中国和西方在权利问题上的差异时，注意到在评价和解释权利及其发展时应保持谨慎和适度，进一步指出，如果发挥义务的观念，是让人合的，如果发挥权利的观念，是让人分的。德国哲学家弗里希·包尔生也曾经说："为权利而斗争并没有像它应当做的那样带来和平，而是带来了最剧烈、最恶意的冲突，因为，在每一件事上都坚持自己的利益的人，会使得生活对他自己和他周围的人都难以忍受。某种程度的忍让是和睦交往的一个绝对的前提。"[2] 在当代西方，对个人权利的反省构成了新自由主义和后现代思潮的一个重要方面。从实践经验来看，纵观世界各个国家律师业务的构成，非诉讼法律事务在整个法律业务中所占的比重越来越大，现在那种认为当事人找律师就是为了打官司的观念早已落伍。因此，律师的职能由"急救医生"变成"预防疾病的能手"，工作场所由法庭转变到企业、商业公司，促成当事人采用非诉讼纠纷解决机制化解社会矛盾和纠纷。

▷ 二、律师是社会公平正义的保障者

法律具有公平、正义、秩序等价值，法律及其所体现的原则和价值是其获得神圣地位的客观基础，也正是法律的公正性、正义性的价值内涵才引起人们对法律的尊重和信仰。自从人类社会出现公正与不公正的社会问题以来，正义一直被视为人类社会的美德和崇高理想，法律一直被视为维

---

① 张文显. 法哲学范畴研究［M］. 北京：中国政法大学出版社，2001：299.

② 夏勇. 走向权利的时代［M］. 北京：中国政法大学出版社，2000：15.

护和促进正义的艺术或工具。① 律师职业作为典型的法律职业之一，作为法律运行中的一个要素，自然承载着法律的公平正义理念。维护社会正义是国家治理首要的、起码的目标，是实现其他治理目标的前提条件，与此同时亚里士多德关于交换正义、分配正义和矫正正义的范畴，为各人应得的归于各人的原则在社会行动中进行检验指出了主要的检验场域。国家治理的目标就是保障和维护交换正义、分配正义、矫正正义，律师在这三个方面捍卫着法律的正义。

（一）律师对法律交换正义的实现作用

交换正义是亚里士多德正义理论的核心观点，他认为："人为自动之事，有如买卖、息贷、担保、储金、租房等，盖出于其自由之意志也。"② 交换正义概念适用于个人间、群体间或国家间的合同安排领域，是关于社会成员如何进行自愿公平的交换问题，强调的是纯形式上的平等。国家治理与国家管理的核心区别是多元主体的共治，而不是政府的单向管理，由原来的单一国家治理主体即政府逐步扩展为政府与各社会治理力量平等合作的治理。国家治理意味着社会主体之间或者政府和社会主体之间以契约形式进行的非强制性的契约型治理，构成了国家治理的常态化机制。律师参与到社会主体之间的合同订立中，确保两个或两个以上的社会主体出于他们本身自由而在彼此之间承担一定义务，实现国家治理中的交换正义。避免出现非正义的情况，如一方当事人通过隐瞒有关信息或故意错误表达以引诱另一方当事人与之订立合同；在政府和社会主体合作治理中，政府利用其优势地位将其条件强加于社会主体身上；为富人和过于强势的大公司的商业利益而对法律规则进行操纵；等等。

（二）律师对法律分配正义的促进作用

亚里士多德说所谓分配正义，即为分配名誉财物及其他可分之物于社会人民中。③ 分配正义是一种实质正义，它所强调的重心在于通过这种形式

---

① 张文显. 法哲学范畴研究［M］. 北京：中国政法大学出版社，2001：201-202.
② 亚里士多德. 亚里士多德伦理学［M］. 向达，译. 北京：商务印书馆，1933：100.
③ 亚里士多德. 亚里士多德伦理学［M］. 向达，译. 北京：商务印书馆，1933：100.

达到事实上的价值和利益的合理分配。分配正义所主要关注的是在社会成员之间进行权利、权力、义务和责任的配置问题，是关于社会合作的利益和负担如何在社会成员之间公平分配的问题，在民主政体的国家中，分配正义通常是由人民选举的立法机构予以执行，由享有立法性权力的当局通过对颁布新的法律或者对现有法律进行修改而实现。律师不仅是法律的实践者，同时还是法律的完善者。实践是检验真理的唯一标准。律师在执业活动中，他们并不是简单机械式地适用法律，而是把具体案件与法律法规联系起来，使法律保持一定张力更好适应社会治理的需要。律师广泛参与国家治理活动，处于国家治理现代化工作的第一线，他们最了解国家治理领域的法律缺陷和不足，此外由于律师在执业过程中广泛接触社会对象，使得其对社会矛盾有着深刻而广泛的了解，因而律师在发现国家治理领域的法律不完备或者内容上不利于国家治理时，应提出制定或修改法律的建议而健全和发展分配正义的法律体系。美国学者罗伯塔·戈登曾提出"律师必须承担不同于普通公民的特殊职责，他们必须修正现行法律的失误，发挥知识分子的作用，即建议对现行法律的修正，使适应于新情况"。①

（三）律师对矫正正义的促进和保障作用

有些人认为律师是正义的捍卫者，这只是基于对律师职业的美好期望的一种文学性描述，律师职业天然职责就是维护当事人的合法权益。维护正义是所有法律职业的使命，只是不同法律职业实现正义的途径和方式不同而已。律师的直接作用不是保障法律正义，但他们通过对司法程序的整体参与，对公权力的制约来达到实现正义的目的。在国家治理过程中个人与行政组织和社会组织之间会发生利益冲突，一些社会主体会违反分配正义所确定的规范，这时矫正正义就要发挥作用了。亚里士多德认为矫正正义是对私人交往中不正义行为的纠正，其目的在纠正公平，其所谓公平者，乃为特殊被动事项得失之中道，而交涉之两造，较之于前，无得无失。② 矫正正义是当社会成员违反交换正义和分配正义规则时如何纠正的问题。矫

---

① 罗伯特·戈登. 律师独立论：律师独立于当事人［M］. 周潞嘉，李卫北，周小明，译. 北京：中国政法大学出版社，1992：19.

② 亚里士多德. 亚里士多德伦理学［M］. 向达，译. 北京：商务印书馆，1933：105.

正正义与司法的关系非常密切，通常发生在合同、侵权、刑事犯罪等领域。违约行为通过法院判决违约方承担违约责任而得到矫正，侵权行为通过法院判决侵权方承担侵权责任而得到纠正，犯罪行为通过法院判决罪犯接受刑罚而得到纠正。律师以代理人身份参与纠纷解决，在诉讼中律师依法最大限度地维护委托人的合法利益，正是律师以法律手段维护公平正义的特定方式。虽然我国的传统民事诉讼、刑事诉讼和行政诉讼实行的是大陆法系的法官职权主义模式，但正逐步吸收英美法律的对抗性因素，强调律师在诉讼中的主动性作用，分配给当事人各方的主张己方立场以及挑战对方立场的义务，认为事实真相在双方慷慨激昂的交锋后会大白于天下。正如张志铭教授所言："事实上，在一个利益多元化的社会中，尤其是在利益冲突的场合，也只有每一种权益都获得充分的主张，才可能谈实现民主法治和社会正义。"① 在诉讼中双方律师只对自己各自的客户负责，每个律师的职责就是帮助他或她的客户获得对自己客户最有利的诉讼结果。正是两个或多个律师通过一心一意地追求他们自己客户的利益的情况下，他们之间的相互对抗会获得最佳的结果；通过具体的现实维护当事人的利益，在整体上或者法律运行上实现矫正正义。

三、律师是社会和谐稳定的促进者

国家治理的目标不只是维护消极的社会秩序，而是有更高的治理理想，即促进社会更加和谐美满。和谐是一个古老而全新的命题。"和"不仅是一种社会生活方式，同时是一种社会理念，更是法的精神。正如张文显教授所言："在当代中国，适应物质文明、精神文明、政治文明、生态文明建设以及经济、政治、文化、环境、法律的全球化发展趋势，和谐精神日益成为中国法的主导精神，并统领法的其他精神要素。在此意义上，和谐就是法律价值体系的'元价值'，是法律制度和法律事件的'精神元素'。"② 罗

① 张志铭.当代中国的律师业：以民权为基本尺度［M］//夏勇.走向权利的时代.北京：中国政法大学出版社，2000：139.

② 张文显.和谐精神的导入与中国法治的转型：从以法而治到良法善治［J］.吉林大学社会科学学报，2010（3）：6.

豪才、宋功德教授指出，"在法律视野中，和谐社会的外在形态应该是有序、安全和稳定；存在前提应当是多元、开放和互动的；内核应当是理性、人本和认同；建构需要全方位解决公法失衡问题；目标应当是合作、互动和自由"①。和谐的内涵比秩序更丰富，要求比秩序更高，表明社会力求通过理性、妥协、宽容和谦让的方式争取社会各方主体达到互利、共赢的状态。从法理学的角度看，社会和谐不仅意味着社会关系的稳定性、连续性、可预测性，而且意味着社会关系的融洽性、友好性、和睦性。

律师通过参与国家治理规则的制定促进社会关系的可预测性。国家治理本质上是规则之治，通过颁布一些一般性规则，使人们按照法律或其他规则处理社会关系，为社会主体的行为提供可预测性，在规则之下保持和谐有序的状态，运用暴力、特权、丛林法则解决纠纷不是常态。由于国家治理的主体众多，存在多种治理机制，涉及多类治理关系，需要运用软法、硬法等多元化国家治理规则。国家治理规则不仅包括民法、社会法、行政法、刑法等国家法律，还包括宗教规范、乡规民约、行业规章、单位制度等社会规范及党内法规。我国过去存在重硬法、轻软法的倾向，而软法是国家治理的核心要素和本质要素，② 不仅事关社会自治如何实施，也事关社会成员的切身利益，因此要切实加强社会规范、党内法规建设，解决软法供给不足。律师是制定规则的专家，因而律师通过参与国家治理规则的制定过程，不断完善社会规则（软法）体系，为社会成员之间的自治关系提供操作规则；通过不断完善国家法律体系，为社会成员之间平等关系提供有效保护，为国家治理主体之间平等合作关系提供指引规则。这为政府治理过程管理者与被管理者之间的关系提供管束规则；通过不断完善党内法规体系，为各级党委之间和党与政府的领导关系提供约束规则，有助于国家治理行为预期的稳定化，实现国家治理活动中形成的交错纵横的社会关系有条不紊。

律师通过参与化解社会纠纷促进社会关系的融洽性。人们生活在一起，不可避免地会产生纠纷。纠纷不仅仅是社会主体之间发生的利益冲突，而

---

① 罗豪才，宋功德. 和谐社会的公法建构 [J]. 中国法学，2004 (6)：3－7.
② 罗豪才. 软法与公共治理 [M]. 北京：北京大学出版社，2006：144.

且是个别化的社会分裂现象。如果不能有效加以解决，必然会对社会秩序造成威胁。美国法学家博登海默曾把社会纠纷看作是社会健康的一个问题，并进一步指出："如果一个纠纷根本得不到解决，那么社会有机体就可能产生溃烂的伤口；如果此纠纷是以不适当的和不公正的方式解决的，那么社会机体上就会留下一个创伤，而且这种创伤的增多，又有可能严重危及人们对令人满意的社会秩序的维护。"① 由于不同种类的社会矛盾纠纷，生成原因、表现形式、演化过程各不相同，应当综合施策、分类施治，② 所以需要发展出不同形式的纠纷解决机制。在纠纷和冲突发生时，只有运用多元化的解决机制，才可能以最和平、经济和有效的方式获得最佳解决。当前我国已经形成了诉讼性和调解、仲裁、信访等非诉讼性构成的多元纠纷解决机制，法律职业者是这套多元纠纷解决队伍中的主力军，因为法律职能只有在它准确地限定了公共利益，即通过这样一种方式，限定本身不会招致新的冲突或加剧现存的冲突，这时法律职能的目的才得以实现。可以说，法律职业也只有在法律系统（制度）中有效地缓和了社会冲突时，才能取得自己的适当地位。③

以协商、调解、仲裁等合意的方式解决纠纷，具有及时就地化解纠纷、修复社会关系、节约公共资源等优势，因而是纠纷解决的优先选择。律师不仅仅是当事人合法权益的维护者和社会正义的捍卫者，而且是冲突调停者，是解决社会冲突、平衡社会利益的高手。从根本上讲，这是由律师职业本身的特点所决定的。首先律师具有比较强的协调能力，他们面向社会服务，与社会形形色色的人打交道，他们是最懂人际关系规则和处理纠纷技巧的人；其次他们的社会地位处于国家和社会之间，具有中立性，独立于官方和老百姓；最后他们是法律专家，对法律规定了如指掌，确保纠纷解决在法律允许的范围内。作为"社会医生"的律师要充分参与调解、信访、仲裁等非诉讼纠纷解决机制，通过努力不仅要做到定分止争，而且要

---

① E. 博登海默. 法理学：法律哲学与法律方法 [M]. 邓正来，译. 北京：中国政法大学出版社，1999：505.

② 黄文艺. 习近平法治思想中的未来法治建设 [J]. 东方法学，2021（1）：31.

③ 马克斯，莱斯温，弗金斯基. 律师、公众和职业责任 [M]. 舒国滢，胡建农，盛纬，等译. 北京：中国政法大学出版社，1992：30.

消除误解，化解矛盾，促使社会更加和睦和谐和美——这就是在执行"社会医生"的任务。这也可以解释为什么美国前总统林肯对律师说，劝阻诉讼吧。尽可能地说服你的邻居达成和解。向他们指出，那些名义上的胜诉者实际上往往是真正的输家——损失了诉讼费、浪费了时间。律师作为和平缔造者，将拥有更多的机会做个好人。① 它至今成为当代美国律师协会非诉讼程序（ADR）教科书的座右铭。美国大法官沃伦·厄尔·伯格也曾经讲道，在律师最高的角色中，他们是，或应该是，冲突的调停者……他们应该尽全力去调解、协调和仲裁。②

四、律师是企业法律风险的防范者

　　进入新世纪以来，随着社会的不确定、流动性的加强以及科学技术的飞速发展，我们身处的社会的风险性加大，在风险社会理论里，人类已经进入风险社会。市场竞争日趋加剧，企业所面临的法律风险和需要处理的法律事务也急剧增加。一个企业从成立之日到经营过程，再到被吊销执照或宣布破产，无时无刻不受法律规范的制约。假如我们将"法律风险"界定为因违反法律法规而受到处罚或遭受损失的风险，那么企业几乎在每时每刻以及在每个经营管理环节，都会面临这样的"法律风险"。③ 风险不同于危险，它侧重于人为因素以及社会选择之间的内在联系，强调可以通过种种防控手段而加以预防和转移。如果采取适当措施就可以避免损失，而如果控制不当，不能排除更大的风险或危险变成现实。如何防范和化解法律风险、避免"法律陷阱"，已成为所有企业在经营管理中面临的重大课题。

　　市场经济是法治经济，要求市场主体的活动严格按照法律规定进行，按照市场规则即按照既定的国家法律，商业规范，交易惯例等运行。在经济"新常态""高质量"发展时期，企业要努力打造成为对内依法治理、对外依法经营、守法诚信的中国特色社会主义市场经济的模范成员，才能立于不败之地。现代企业在经营过程中面临多方面的法律风险，范围很广泛，

①　范愉. 纠纷解决的理论与实践［M］. 北京：清华大学出版社，2007：108.
②　韩立收. 你戴着荆棘的王冠而来：律师职业解读［M］. 北京：法律出版社，2007：161.
③　陈瑞华. 论企业合规的性质［J］. 浙江工商大学学报，2021（1）：56.

包括企业对外经营和自我管理中在违反法律规范的情形下要承担的经营法律风险、内部管理风险和合规风险。企业与其他企业交易时签订合同，因没有按照合同约定履行而承担的对方起诉的风险；企业员工因职务行为造成第三人损失，第三人主张的侵权责任的民事法律风险。企业要展开多方面的法律风险防控工作，除了要防范在业务开展过程中合同违约、侵权等民事法律风险，还要防范自我监管不到位而受到的行政监管处罚风险、刑事法律风险和国际组织制裁风险。因企业员工实施商业贿赂行为，企业受到行政部门的调查或者受到公安机关立案、检察院起诉的风险。以服装企业为例，从施工生产到经营管理再到销售，涉及的法律种类齐全，从行政法律、民商法律到经济和刑事法律，因而面临的法律风险包括企业法人治理、劳动用工、涉税、知识产权、广告营销、安全生产、数据信息等方方面面。在企业生产、经营和管理过程中为防范各种各样的法律风险，律师发挥着至关重要的作用，通过律师评估法律风险可以提前预测企业各项经济活动或者管理举措的风险性，并结合企业各方面运营情况，及时、合法地对企业各种法律风险加以调控；在企业进行重大经济决策与开展相应的企业经营活动之前，律师需要将重大决策内容、活动内容中所蕴含的法律潜在风险找出，以便企业能够在最初开展经济决策或者组织经济活动时能够安全合理地进行，减少企业纠纷情况的出现。可见律师在分析企业各项法律风险的过程中，发挥着预防风险发生、审查风险项目、规避风险内容等多重作用。

传统上我国企业治理中采用企业法律顾问或公司律师的形式获得法律服务，不可否认这些方式对于防控企业经营类的法律风险发挥着日益重要的作用，但经验显示，它们不能有效防范企业、企业的高管和员工实施的违法违规行为，如商业贿赂行为、金融欺诈行为、垄断行为、不正当竞争行为等，这类行为的法律后果更严重，企业会遭受行政处罚、刑事追究和重大财务损失以及声誉、商业机会的损失。企业合规成为国家治理中的核心问题之一，企业合规不仅仅具有企业依法依规经营的含义，还是企业自我治理、自我监管和自我整改的治理方式，更是一种企业在陷入执法调查时获得宽大处理的激励机制。企业合规在 20 世纪 90 年代产生于美国，后来其他西方国家和国际组织也逐渐接受。企业合规本质上来说它是一种自我监管机制，它不仅要求企业在经营过程中要遵守法律和遵循规则，并督促员工、第三方以及其他商业合作伙伴依法依规进行经营，而且要求企业针对可能出现的违法违规情况，建立一套旨在预防、识别、应对的自我监管机制。为了促进企业建立有效的合规计划，西方国家建立了行政监管和刑法等多重激励措施，一些国际组织也将企业合规作为对违规企业解除制裁的前提条件。在很多西方国家，企业为了有效规避企业合规风险，在传统的由公司决策者、执行者和监督者所构成的三角结构之外，组建起了一个由合规委员会、首席合规官及其领导的合规管理团队组成的独立的法律风险防控部门。律师在防范企业合规风险方面发挥不可替代的作用，因为企业不仅可以聘请律师协助建立和完善合规计划，而且在面临检察机关或者行政监管机构调查时，还可以委托律师作为外部法律专家，对企业进行独立的合规调查，帮助企业诊断合规风险，提出合规管理的具体方案。在很多情况下，这种由律师独立完成的合规调查报告，还可以成为检察机关或监管机构对企业做出宽大处理的依据。例如 2006 年西门子公司海外国家行贿事件中，由美国德普律师事务所领衔起草的合规内部调查报告提交给美国证交会和司法部，成功避免了企业被定罪，可见律师在合规体系中的作用不可小觑。随着经济全球化发展，一方面我国企业的海外业务扩展，前往欧美乃至其他国家进行投资，需要按照所在国法律建立合规计划，另一方面越来越多国外企业进入我国，这些企业需要建立合规法律制度，正是这两方面的原因，一种由政府行政主导的部分领域的企业行政合规机制在我国初步形成，一些律师事务所开始提供合规法律业务。在我国企业违法违规行为一旦发生，会面临行政责任和刑事责任，合规风险是指因企业在经营中存在违法违规乃至犯罪行为，而遭受行政监管部门处罚和司法机关刑事追究的风险。[①] 在我国有十一项刑事罪名就是悬在中国企业家头上的"达摩克利斯之剑"：非法经营罪、虚报破产罪、高利转贷罪、非法吸收公众存款罪、集资诈骗罪、私分国有资产罪、徇私舞弊低价折股、出售国有

[①]　陈瑞华. 企业合规的基本问题［J］. 中国法律评论，2020（1）：179.

资产罪、抽逃出资罪、虚假出资罪和虚报注册资本罪。有多少人辛辛苦苦几十年终于把企业做大做强，可是因为自己不懂法，又没有法律顾问给予及时的风险提示，被搞得身陷囹圄。实践中通过律师提供的企业合规引导服务，企业的负责人能够远离刑事犯罪风险、树立良好企业形象、建立有效的法律风险防范体系，促进企业治理的法治化。我国自 2022 年 4 月以来，由最高人民检察院领导的企业合规改革试点工作，已经在全国各地检察机关得到推行，在合规监督考察过程中，律师的专业作用是不可或缺的。律师充当三种诉讼角色：一是合规考察程序启动的申请者；二是合规监管人监督考察环节的应对者；三是合规整改验收评估环节的答辩者。[1]

▶ 五、律师是法治的宣传者

法治不仅仅是一种由法律规范、法律规则构成的制度体系，而且也是一种法律的内在精神和法治观念。法治观念是人们对法治的态度、信念，即对法治价值、法律制度、法官等的认识、评价、反应（信任或厌恶、认同或抵制）及期望等。[2] 它是法律制度产生和变迁的前提，也是法律制度有效实施和运行的基础。正如伯尔曼曾经所说："法律只在受到信任，并且因而并不要求强力制裁的时候，才是有效的……总之，真正能阻止犯罪的乃是守法的传统，这种传统又植根于一种深切而热烈的信念之中，那就是，法律不仅是世俗政策的工具，而且还是生活终极目的和意义的一部分。"[3] 法律只有内化于人们的行为，才能保证它发生功效，如果只依赖国家的强制惩罚措施，那么法治的实现也就相当困难。"四人帮"被粉碎后，党和领导人认识到要保证法律的遵守执行，就必须提高人们的法治观念，强化对法律的认同感。从 1985 年开始在全体公民中普及法律常识的宣传，是党和国家在新时期致力于加强法治建设、提高公民法律意识的重要努力。1986年邓小平在一次中央政治局常委会上也讲，法制观念与人的文化素质有关。

---

① 陈瑞华. 合规顾问在有效合规整改中的作用 [J]. 浙江工商大学学报，2022（6）：39.
② 王人博，程燎原. 法治论 [M]. 济南：山东人民出版社，1998：190.
③ 哈罗德·J. 伯尔曼. 法律与宗教 [M]. 梁治平，译. 北京：生活·读书·新知三联书店，1991：43.

所以，加强法制重要的是进行教育。律师作为法律专家，既是法律运用者，更是法治的宣传者。

律师通过参与全民普法活动和公共法律服务体系的建设，开展法治宣传和教育，普及法律知识。法观念的转换和法治观念的更新，主要是通过启蒙来实现的。① 启蒙可以促使人们了解和掌握各种必要的法律知识，树立权利义务观念和遵纪守法观念，唤起人们对自由、平等秩序以及法律的憧憬和期待。党和国家非常重视运用启蒙方式培养人们健全的法治心态，自1986 年以来，我国已经连续实施完成了七个五年普法，全社会法治观念明显增强，国家治理法治化水平明显提高，形成了由行政执法人员、法律服务人员、法律专家学者、法学院学生等组成的普法工作队伍。

律师是法律之师，是最好的普法宣传员和普法志愿者。律师相比其他人员而言，更能提高人民群众的法律意识，在促进人们学法、懂法、用法方面有着无可比拟的良好作用。首先，律师习惯于从当事人的利益出发，他们参与普法，更能够以权利为出发点，强调法的保护公民权利的职能，具有针对性；其次，律师服务对象广泛，执业中与各种人打过交道，他们的态度亲切，而且并非冷冰冰的说教；最后，律师接触和处理的案件类型广泛，往往是老百姓身边的纠纷，他们通过把自己所办理的案件来以案说法，更具体生动，效果更好。律师以专题讲座、模拟法庭、现场接待、走进电视台电台直播间、接听热线、网上法律咨询等方式参与到司法行政部门组织的普法活动中。

此外律师把释法说理贯穿于执业活动中，让每个案件办理都成为法治课，开展法治教育。律师是法律服务提供者，他们是法律的实际操作者。律师业务范围非常广泛，他们通过接受当事人委托提供法律咨询服务、参加诉讼活动和非诉讼活动，维护当事人的合法权益。他们不仅精通法律专业知识和技能，而且擅长将形式化的法律转变为生活用语和要求。律师通过自己的代理工作，向当事人说明法律的含义，引导当事人遵守法律规定，告知当事人如不遵守法律义务会承担的法律后果，有形无形、有意无意中

---

① 王人博，程燎原. 法治论 [M]. 济南：山东人民出版社，1998：199.

通过与当事人的解说，向当事人宣传法治，增强其法治观念；通过律师的执业活动，使当事人的权益得到保护，使当事人真切地感受到法律不仅是有力的，而且是有利的，从而加深对法律的忠诚和热爱。借用苏力教授的术语来说，信仰法律并不是一个只要下决心信仰就能信仰的事件，而是一个过程，或者说是在一系列社会活动、经验、感受之中而达到的"皈依"。①律师不只作为当事人代理人，且必须是法律和政府的教员；不仅要向当事人以及法庭解释法律是什么，而且要解释法律为什么是这样的。美国曾任宾夕法尼亚大学法学院院长的乔治·夏丝伍德也认为：当律师向当事人提供法律咨询意见时，在法庭上向法官和陪审团发表意见时，出版研究性、学术性著作时，是在向人民传输公正的原则，是在把法律带进千家万户。②

六、律师是公益慈善事业的活动家

尽管律师以提供法律服务而获得报酬为生存之道，但却不能以营利为全部目的，应关注社会公益、热心和服务公益事业。一个好的律师，不仅是一个熟练的律师——在既定有着良好秩序的公共规范的框架内用他的精力和学识实现他的客户的个人利益的熟练的律师，他必须还是一个热心公益事业的改革家。无论是英美国家还是欧陆法国和德国的律师，都重视为公共利益服务，并借此提升自身的公众形象——不但积极参与法律援助，维护社会正义，而且积极参与，环保和慈善捐赠之类的公益事业。律师虽然是自由职业者，自谋其生，不属于国家授薪的人，但是也不能豁免于服务社会公益，在某种程度上，律师从事社会公益事业既是其职业本质要求，也是使其保持一种向上趋势、获得人们认同与支持的关键。近年来，我国律师们积极参与为老年人、残疾人、未成年人等特殊群体提供公益法律服务和法律援助服务活动，还积极参与其他社会公益事业，比如扶贫济困、捐资助学、热心保护等慈善公益活动。2022 年，全国律师共提供各类公益法律服务 141.3 万多件，其中办理法律援助案件 97.1 万多件。③

① 苏力. 制度是如何形成的（增订版）[M]. 北京：北京大学出版社，2007：206.
② 黄文艺. 中国法律发展的法哲学反思 [M]. 北京：法律出版社，2010：140.
③ 司法部政府网. 2022 年度律师、基层法律服务工作统计分析 [EB/OL]. （2022-08-15）[2024-03-25]. http://www.legaldaily.com.cn/index/content/2023-06/14/content_8865294.html.

（一）提供法律援助

只要是由市场机制来配置法律服务资源，财富因素就必然会对法律服务资源的配置产生影响，贫富悬殊的人就难以平等享受法律服务。但是，法律服务的不平等可以因非市场机制的补救而得到一定程度的控制和改善。以向贫困阶层提供免费法律服务为主要宗旨的法律援助制度为例，其被证明是一种行之有效的补救机制。① 从世界各国的做法来看，提供法律援助的主体主要是政府、律师和公益社会组织。律师除办理政府指派的法律援助案件外，利用业余时间或者依托社会组织以公益律师身份免费为社会弱势群体和低收入群体提供法律援助，展示了律师努力维护弱势群体的合法权益、维护社会公平正义、通过公益行动回报社会的良好形象。如北京致诚律师事务所自 1999 年 4 月创建了北京青少年法律援助与研究中心以来，公益法律援助服务拓展到农民工、老年人依法维权、关注农村留守儿童、刑事法律援助以及社会组织发展六个领域。天津行通律师事务所于 2016 年专门成立公益与法律援助事务部，专注于为更多需要法律帮助的群体提供公益法律服务，法律援助帮扶百余名当事人。

（二）参与公益诉讼

公益诉讼是指针对给公共利益造成损害的行为提起诉讼。随着我国经济快速发展，造成对公共利益损害的事件大量存在，如环境污染类、垄断行业侵害消费者权利等。依据法律规定，除了国家机关和社会组织可以提起公益诉讼外，个人也可以提出，但这类案件涉及法律关系广，相关法律规定复杂，有一些诉讼标的很小甚至不涉及任何财产内容，诉讼所支出的费用往往和所获得的费用相差悬殊。如果要想克服这一经济上的障碍，就要由当事人自己提起，这又出现了知识障碍，毕竟打官司需要娴熟的法律知识和技能。律师群体不仅法律知识和诉讼经验丰富，而且有一定经济能力，作为当事人一方或者无偿代理诉讼直接参与到公益诉讼中，可以有利于克服这两方面的障碍。公益诉讼具有以"个案公正促进法治"的作用，它不仅有益于社会秩序的净化，也可以起到直接或间接推动司法公正和实

---

① 黄文艺，宋湘琦．法律商业主义解析［J］．法商研究，2014（1）：11.

现社会正义的作用。近些年，一些律师身先士卒，积极提起公益诉讼，如松花江污染事件、"毒奶粉"事件等，虽然他们付出了成本，但赢得了社会的尊重和社会公众的高度评价。

（三）参与义务法律咨询

随着司法制度的不断完善和法律知识的不断普及，群众的法律意识日渐增强，运用法律手段解决实际问题的需求也越来越多。然而现实生活中，法律咨询服务机构种类繁多、人员混杂，高昂的收费标准，令低收入群体望而却步。义务法律咨询是律师通过现场、电话或网络等方式免费给当事人提供的法律解答，这在一定程度上可以消解公众对律师唯利是图的印象，从而赢得较高的社会评价。如 2021 年 5 月 29 日，桂林市律师协会与广西桂林图书馆签署《"普法惠民伴您同行"公益法律服务项目战略合作协议》，桂林市律师协会的律师将在广西桂林图书馆临桂总馆和榕湖分馆设立法律咨询室，定期为市民提供免费的法律咨询服务。

（四）提供捐款捐物

律师为受灾群众、城市低保住户、贫困失学儿童、贫困大学生等生活困难群体献爱心，不少律师和律师事务所对公益事业的慷慨解囊，受到受助对象、政府和社会大众的高度评价，对中国律师良好社会形象的塑造起到了积极的作用。例如近些年，天津行通律师事务所的公益事业遍布祖国大地，扶贫济困、爱心助学、疫情防控等公益捐款数额累计达到 200 万元。

第二节　国家治理现代化进程中我国
律师功能的应然状态

由于治理是一个过程，是持续的互动，国家治理的实践运行是政府与社会主体对社会事务进行治理的动态过程，因此国家治理现代化需要以法治对国家治理的运行体系进行塑造，确保国家治理运行得平稳、健康、高效。现代法治运行体系的构建，是现代民族国家治理体系建设的基础工程，直接决定着国家法治运行的质量和效率。① 法治化是国家治理现代化的必由之路，国家治理法治化从动态上来讲是制定规则、实施规则和化解矛盾的活动，它是由国家治理立法、政府治理、社会依法自治、纠纷解决等构成的一个完整过程。国家治理法治化不仅依赖党、国家、政府机构，而且依赖社会组织、广大公民的共同努力。律师作为专门为他人提供法律服务的法律工作者，在国家治理立法、政府治理、社会依法自治和纠纷解决四个方面发挥作用，以切实推进国家治理现代化工作的展开。

▶ 一、国家治理立法中律师的应然功能

规则是一切治理活动的源头与基础，建立完善的国家治理规则体系是国家治理的根本和基础，是国家治理现代化的基础。规则体系的构建不能仅仅依赖习惯、经验与道德，还必须依靠法律制度。法律制度是社会整合的根本途径。国家治理制度建设质量的高低，直接关系到国家治理的实际效果。

虽然 2011 年 3 月全国人大郑重宣布"中国特色社会主义法律体系已经形成"，但是法律体系的形成，并不意味着法律质量很好，这可以表现为我国国家治理领域的治理规则的完善性相对不足。如何提高国家治理立法质量，增强立法的可行性，已成为立法工作的聚焦点。发展法律属于各种法律专家共同参与的结果。虽然萨维尼把法律理解为民族精神遭到不少学者的批评，但是他特别强调法律专家对法律的影响，也意识到这样一个事实，即在一个先进的法律制度中，法学家、法官和律师对于法律制度的建构起着积极的作用。② 基于律师具有渊博的法律知识、娴熟的法律技能和出色的沟通技巧，其不仅是法律的诠释者或者薪火传递者，而且也是立法的重要力量。律师的立法参与对于提升国家治理规则的民主性、增强国家治理规则的执行性和塑造国家治理规则的权威性都具有重要的助推作用。

---

① 黄文艺. 迈向法学的中国时代：中国法学 70 年回顾与前瞻［J］. 法制与社会发展，2019（6）：14.

② E. 博登海默. 法理学：法律哲学与法律方法［M］. 邓正来，译. 北京：中国政法大学出版社，1999：89.

（一）有益于科学立法目标实现

由于法律并非人的思想的产物，而是存在于人类经济交往和社会生活中的规范，所以历史上很多思想家已经认识到立法者制定法的过程是发现客观规律和表述客观规律，立法者不是在制造法律，不是在发明法律，而仅仅是在表述法律。如萨维尼对法的产生和本质的认识有些内容比较保守，但是对于立法的认识有不少精辟的见解，他认为立法要谨慎，在《论当代立法和法理学的使命》一文中指出，法并不是立法者有意创制的，而是世代相传的"民族精神"的体现。并进一步指出，立法者的任务只是帮助人们揭示了"民族精神"，发现了"民族意识"中已经存在的东西，① 要求立法者从客观实际出发制定法律。

现代国家一般都遵循立法科学原则，尤其是当今处于智能社会时代，与以往的法律秩序不同，当下的立法是为智能科技、智能社会立法，以调整科技关系、规范科学行为、引导技术进步、促进科技与经济社会协调发展，实现"科技让生活更美好"的目标，因此更要坚持"科学立法"。科学立法有助于良法的产生，克服立法中的主观随意性和盲目性，增强法律规范的针对性和可遵循性。《中华人民共和国立法法》第七条规定："立法应当从实际出发，适应经济社会发展和全面深化改革的要求，科学合理地规定公民、法人、其他组织的权利和义务、国家机关的权力与责任。"科学立法的核心是指要尊重和体现法律所调整的社会关系的客观规律和立法活动自身的规律。

科学原则对立法者提出了很多要求，首先立法者要从国情和实际出发，准确把握不同时期、不同地域经济社会发展需要，研判立法需求。正如卢梭所言，为了实现良好的制度要达到的普遍目的，各个国家的制度都应该按照当地的形势以及居民的性格这两者的对比关系而加以修改。根据这种对比关系给每个民族确定一种特殊的制度体系。就其本身而言，这种制度体系可能不是最好的，但对于推行它的国家来说，则应该是最好的。只有因事制宜，一个国家的体制才能真正得以巩固和持久。② 从信息理论的角度

① 何勤华. 西方法学史 [M]. 北京：中国政法大学出版社，1996：204-205.
② 让·雅克·卢梭. 社会契约论 [M]. 罗玉平，李丽，译. 北京：人民日报出版社，2007：86-87.

来说，实际情况不过是分散于生产和生活实践中的各种信息。在立法过程中，只有通过各种方式和渠道获得有关领域的较为充分和可靠的信息，立法机关才能在该领域制定出符合客观规律的法律。身处法治建设一线的律师，最清楚规则所生存的经济、政治、文化等方面的信息，最先遇到各种新兴法律问题，更容易发现法律的不足、矛盾和漏洞，最深切地感受到社会最需要的规则，这些信息是立法者制定规则的前提，是判断哪一个备选规则最适合的基础。

立法在很大程度上是一种科学活动，应当由懂得立法规律，善于运用立法科学、立法技术和立法方略的人来进行。从形式上说，法律依然是"律师的"法，因为没有专家的知识和技术，难以想象会有合理规则的形式。[①] 卢梭甚至主张：立法者在各个方面的素质，都应当堪称国家中的一个杰出人物。[②] 就本质属性而言，立法活动是价值理性和技术理性相结合的专门法律活动。离开了技术理性的支撑，法律的价值理性终将成为空中楼阁。中国已进入社会政策与社会立法时代，国家治理领域的立法难度与技术要求远远高于经济领域的立法，这意味着对立法工作者提出了更高的要求。我国律师经过改革开放40年的飞速发展，律师已经从未集中于某一个或几个专业领域"万金油式"走向专业化，许多律师和事务所都开始专注于某一业务领域，如证券、房地产、知识产权、婚姻家庭、刑事诉讼等。律师不仅具有法律知识，更具有相应领域的专业优势，能弥补立法人员专业知识的不足，增进立法的科学化水平。律师作为法律专业人士，不仅具有将法律规则转化为社会规则的能力，更具有将社会规则转化为法律规则的能力，用"法言法语"的形式表达出人民的诉求，可以提升法律规范的可诉性和可操作性。

（二）昭示立法民主的本质

民主，又称人民当家作主，指按照平等和少数服从多数原则来共同管理事务。在现代国家和现代社会，立法应当坚持民主原则，是各国人民已

---

① 马克斯·韦伯. 论经济与社会中的法律 [M]. 北京：中国大百科全书出版社，1998：85.
② 让·雅克·卢梭. 社会契约论 [M]. 罗玉平，李丽，译. 北京：人民日报出版社，2007：72 – 73.

经普遍认同的共识，并且作为制度得以呈现。《中华人民共和国立法法》第六条对民主立法做出了规定。"立法应当坚持和发展全过程人民民主，尊重和保护人权，保障和促进社会公平正义。"

理论界把立法民主分为直接民主立法、全民公决式立法和代议制民主立法三种类型。因为立法过程的经济成本和普通公民的立法能力两个最突出的障碍性因素，现代民主国家大部分采用代议制或代表制这种间接民主立法模式。为了使立法更加体现民主，最根本的途径是要保障人民通过各种渠道参与立法，扩大广大公众参与立法的形式，革除部门立法固化和地方保护主义法律化，切实让不同阶层的民众能够享有立法上的话语权和利益表达渠道，使法律制度建立在真正的社会共识和"最大公约数"的基础上。①

律师制度本身与民主社会直接关联，其是衡量民主成分及程度的一种标尺。律师通过提出立法项目建议和法律法规草案稿，参加立法座谈会、听证会、论证会，列席和旁听立法会议等方式广泛参与立法过程，使立法得以集中体现人民群众的民意。律师参与立法对主体多元化的丰富和所代表的群众性昭示了立法民主的本质。律师是平衡民主的重要力量，既能够抵御公权滥用又能限制私权任性，在纵横四溢的个人利己主义和国家的巨大且又具有威慑性的力量之间，发挥重要的矛盾缓冲、桥梁纽带和安全阀作用。律师要比普通公众更有理性、智慧、影响力和动员能力，因为律师的思维是理性的。

（三）有助于依法立法的推进

法治的要义在于对公权力的限制，所有公权力依法行使，行政机关要依法行政，司法机关要公正司法，而立法权作为国家的最高权力同样需要法律规范与约束，因为一切有权力的人都容易滥用权力，这是万古不变的一条经验。洛克的政治思想是为英国议会制的资产阶级国家辩护的，但有一些观点仍然值得我们当今法治中国建设借鉴，他曾经提出，在一个有组

---

① 马长山. 从国家构建到共建共享的法治转向：基于社会组织与法治建设之间关系的考察[J]. 法学研究，2017（3）：39.

织的国家中，立法权是最高权力，其余一切权力都是而且必须处于从属地位。①

在我国，党中央和政府都非常重视立法工作中合不合法的问题。2000年通过的《中华人民共和国立法法》中有专门规定，从而使中国立法的基本原则不仅以观念形态存在，而且还以明确的法律制度形式存在，使立法基本原则实现了法律化和制度化，成为人们在立法实践中所必须遵循的准则。习近平总书记代表党的第十八届中央委员会在第十九次全国代表大会上做的报告中对依法立法也进行了专门阐述。依法立法原则是指从中央到地方的所有立法主体在制定法律、法规和规章等规范性文件的立法过程中，都必须在法定权限范围内，严格遵循法定程序要求，完成立法活动，以维护法制的统一。富勒认为，使法律成为可能的道德要求满足八项条件，其中之一是这些规则不应当自相矛盾。② 立法实践中违反依法立法原则的现象频频发生，近些年地方立法中发生很多越权限、缺乏必要与依据、与上位法相抵触的事例。违法立法造成法律规范之间，诸如地方性法规与法律、部委规章之间等相互冲突、矛盾，致使民众无所适从，冲击人民对依法立法和法治国家的良好预期。一方面律师参与立法中发现立法人员有任性立法，超越立法权的行为时，可以及时提出意见并给予纠正，促进立法机关立法，另一方面律师在社会生活和法律实践中一旦发现有抵触上位法的情形，可以依法行使监督权，向全国人大及其常委会提出审查建议，他们开展合宪性审查和合法性审查，对于尽可能减少立法者任性立法、乱立法、抵触上位法等劣习的存在，促进立法工作者坚持依法立法，维护法律体系的协调性和系统性发挥不可替代的作用。

实践是法律的基础，法律要随着实践发展而发展。法律是人类认识客观世界的产物，不可能完美无缺，要随着时代进步和形势发展不断发展。随着社会的发展，既有法律逐渐落后，不能有效满足国家管理和社会管理的需要，在此种情况下，立法者的任务是对既有的法律、法规和规章运用

---

① 洛克. 政府论（下）[M]. 叶启芳，瞿菊农，译. 北京：商务印书馆，1964：91.

② E·博登海默. 法理学：法律哲学与法律方法 [M]. 邓正来，译. 北京：中国政法大学出版社，1999：189.

改废释方式修补完善，我国立法机关往往重视立法而忽视对法律规范的修改和完善。在法律实施过程中律师发现制度设计和实施存在问题，可以提出修改、清理和废止法律的建议，促进法制保持统一性。

二、政府依法治理中律师的应然功能

在多元主体参与的国家治理模式中，政府的地位由负责转变为主导，从范围上看，政府所能管辖的范围在不断地缩小，但是对于改善民生、提供基本公共服务和维护社会安定秩序等基础工作，政府是责任者，是具体的公共政策的执行者以及社会关系的协调者，仍然是政府的职能范围。从政府管理迈向政府治理的过程，也是从法制政府走向法治政府的同步过程。① 政府依法治理要求在国家治理过程中，政府机关在法治的框架内发挥社会建设和社会管理的职能。当前政府的组织领导、依法决策和依法行政执法始终是政府依法治理的短板，律师参与政府治理，充分运用自身掌握的法律专业知识，在推进政府治理法治化过程中发挥独特作用。我国律师作为法治队伍的必要成员，比其他成员具有专业性更强的优势，能够运用他们所掌握的法律知识和广泛的社会关系，为政府提供有效的法律意见和建议，可以帮助政府科学、民主、依法决策，推进政府依法治理和建设法治政府。

（一）提升政府治理的民主化

民主不仅是文明的标志，也是现代行政的基础。虽然民主在西方社会有悠久的历史传统，但是有关民主的概念却仁者见仁、智者见智，以至于迄今还没有一个关于民主的定义为人们普遍接受。民主的精髓是"人民主权"，是人民都享有通过选举、参加决策和监督等直接、间接的形式，依法管理国家和社会事务的权利。民主是一种国家形态，意味着承认大家都有决定国家制度和管理国家的平等权利。② 作为制度安排的民主可分为建制化层面的政治民主与治理层面的行政民主。传统行政的民主性主要通过严格限制政府的权力范围和限度，但毋庸讳言，随着我国社会、政治、经济、

---

① 石佑启，杨治坤. 中国政府治理的法治路径［J］. 中国社会科学，2018（1）：66.
② 列宁. 列宁选集（第3卷）［M］. 北京：人民出版社，1955：201.

文化的巨大变化，政府治理职责范围的不断扩大，当代行政不同于传统行政的关键点在于行政的功能已经由单纯的执行变成能动的目标导向管理，意味着行政不再是简单地执行法律，而是对行政目标和手段方式进行权衡选择的过程，行政的民主性变得异常突出。王锡锌认为由于民主的价值要求与行政现实之间的距离，议会民主无法解释行政权行使的正当化，导致了现代行政出现"民主赤字"问题，为了解决这一问题，通过向政府治理过程注入更多的民主化要素而使行政过程及结果获得合法性，那就是"参与式治理模式"。通过为各个主体提供有效参与和协商的机会，使行政立法和决策既能真实地体现民意，又能够比较有效地避免出现长时期、大面积、难以纠正的决策失误而导致经济衰退和社会倒退。

现代律师制度是社会民主、法治的重要标志，一谈到律师，人民就会联想到民主。律师是平衡民主的最强大的力量，150年前，托克维尔就敏锐地观察到美国律师对美国民主的促进作用。民主意味着民众对国家事务的知情权、参与权、评判权以及监督官员行为的权利。律师参与政府的重大行政决策（如招商引资）、重大依法行政决定（如城市房屋征收）、行政立法或规范性文件起草与论证等法律事务，可以了解有关信息、反映广大人民群众的根本利益和共同意志、参与政府行使职权、评价政府治理行为以及监督政府严格实施治理行为而促进政府治理实现民主化。通过律师参与政府治理重大决策，有利于确保行政决策中落实民主集中制原则，有利于集中民智、凝聚民力、体现民意、赢得民心，这对于依法科学民主决策机制的建立健全都具有不可或缺的重要意义。

（二）增强政府治理决策的理性化

伴随近代科技革命和工业革命而兴起的理性主义思潮影响到社会各个领域，理性主义者相信人们以理性知识为基础，可以凭借自己的理性认识自然界和人类社会的发展规律，并改造人类社会。当然理性主义也影响到行政领域，认为政府是一个具有完全理性、全知全能的公共行政组织，[①] 以至历史上出现了全能政府这种政府管理模式，政府对社会公共事务的垄断

[①] 江国华，梅扬. 论重大行政决策专家论证制度 [J]. 当代法学，2017（5）：51.

管理，不允许其他社会组织与其分享权力与权威。由于社会的高度复杂性和高度不确定性而使政府在政策制定与实施过程中出现政府失灵，其中，信息失灵性更是直接原因①。与理性主义思潮针锋相对的保守主义者并不否定人类理性的力量，但是他们强调人的理性是有限的。任何人都不可能通晓一切，或是把握终极真理。行政领域的理性也有它的局限性，由于人的信息加工和计算能力是有限的。为了弥补其理性的不足，通过吸收专家的参与，运用专业知识最大限度地拓展政府管理的理性。

行政决策有广义和狭义之分，广义的行政决策包括了行政立法，狭义上的行政决策是指除了行政立法以外的决策活动，比如城乡规划、环境规划、价格调整等。行政决策是一个非常重要的政府履行职责的方式，它处于整个行政过程的顶端，对后续行政活动的开展和进行具有重要影响。从中国现实阶段来看，事关全局、关涉范围广、密切关联群众利益的重大行政决策普遍存在理性不足，原因之一主要是行政过程中存在专家理性的缺位。面对愈发复杂多变的社会公共事务，专家参与显得至关重要，专业水平对治理效果有着重要影响。对社会公众来说，律师参与重大行政决策是理性法律人对法治政府的参与。掌握法律专业知识和技能的律师积极参与可以有效补强决策主体理性，提升处理专业领域问题的能力，使决策更加科学，更具针对性。政府所做的重大决策与决定往往触及很多法律问题，发挥律师在重大决策方面的法律审查职能，通过及时收集有关法律和政策资料对法律风险进行研究评估，通过调查研究对法律风险环境、法律风险的现状进行分析认证，以保证所出具的法律意见的准确性，提高防范法律风险的措施，有利于规避政府遭遇行政及其他各种诉讼的风险，实现决策科学化和理性化。

（三）促进政府治理的程序化

在当今犬牙交错的多元社会生活中，任何政府的行政立法或者行政措施的形成都是对冲突利益的一次筛选和排序，会受到来自各个方面的压力，因此通过设置中立性的行政程序机制是一个明智的选择。程序是指相关主

---

① 张康之. 论主体多元化条件下的社会治理 [J]. 中国人民大学学报，2014（2）：5.

体按照一定的顺序、方式和手续做出决定。程序的完备程度可以视为法律现代化的一个指标，其实质是管理和决定的非人情化，其一切布置都是为了限制恣意、专断和过度的裁量。

行政机关行使行政权力不仅要实现实体公正，更要通过看得见的方式实现实体公正，要改变过去那种重实体轻程序的观念和倾向。现代行政行为开始于程序要件的具备，终止于程序任务的完结，整个过程都依据行政程序所设定的条件、方式、步骤和仪式。[①] 行政程序是国家与公民个人之间的纽带，很多人正是通过行政程序才认识现代行政为何物。随着社会经济发展和普法活动的展开，老百姓公民意识觉醒了，维权热情高涨，一些农民为了征地拆迁申请行政复议，往往不需要律师代理，他们对政策法律的熟悉程度有时会超过一般的公务人员。[②] 尽管并非所有的行政问题都能转化为法律问题，但几乎所有的行政问题都伴随着程序问题。如果国家在社会治理事务中发挥的作用越重要，那么对程序的要求也就越高。当前，虽然我国政府工作人员的法律意识和法治观念有所提高，但程序观念不强，与现代行政下依法行政的要求相差甚远，而要普遍、快速、大幅度提升政府工作人员的法律素质能力或者让有法律专业知识的法律家来担任程序的操作并不现实。相较于普通公务人员，律师不仅拥有相当的实务经验，更熟知正当程序，能够将二者结合起来。律师以法律顾问身份参与政府治理过程，确保治理程序的公开、公平、公正，这能够弥补传统政府管理模式轻视程序的不足，促使政府机关在政府治理中更加关注治理过程中方式与价值的统一。

▶▶ 三、社会依法自治中律师的应然功能

所谓社会自治，是指社会主体在相互交往和处理社会事务时平等对话、共同协商，众人之事众人商量着办。社会自治由于具有多样性、低成本和高效率的治理优势，因而通常是国家治理的第一位选择，是国家治理的基

---

① 苏曦凌. 论现代行政的理性本质：基于历时态视角与共时态视角相结合的诠释［J］. 广东行政学院学报，2014（6）：15.

② 马怀德. 法治政府建设：挑战与任务［J］. 国家行政学院学报，2014（5）：23.

础。在计划经济时代，我国实行国家管控社会的治理模式，全能型政府通过行政命令和经济处罚的方式自上而下地对社会、经济、人们日常生活的各个方面进行管理和控制，社会是管控的对象，管理主体的单一性导致社会生活的单一性和社会活力不足。由于自治这一概念包含主体的自主性，社会自治可以最大限度地激发社会成员的主体意识和参与积极性，使多样性的"可能生活"成为可能，社会充满活力。在中华人民共和国成立初期，利益主体较为单一，人们的利益诉求比较一致，政府采用行政手段方式进行管理有一定合理性。然而，随着社会的深入发展，利益主体趋于多元化，社会事务仍然由政府亲力亲为，亲自决策和实施，由于单一的行政手段显然无力顾及众多的利益主体，也无法解决各种不同利益群体的诉求，造成公共管理成本高，效率低下。逐步实现社会自治可以调动成员的参政积极性，增强成员的社会认同和社会团结，从而大大降低政府治理成本，以最低的成本达到最优的治理效果。

与西方国家不同，我国既无法治的历史传统，也无社会建设的历史传统，历史上国家与社会基本上处于高度合一的状态。直到二十世纪末期，在改革开放和市场经济的推动下，中国的国家与社会才逐渐发生分离，一个相对独立的社会经济生活领域慢慢崛起。社会是一个有多重含义的词语，笔者认为国家治理中的社会有其特定内涵，是一个与"国家"相对应相区别的概念，除"政治生活"之外的人的生活的所有领域，它的范围包括多层次多领域的全方位社会范围。"多层次"包括中央层面、地方层面、基层组织层面等社会的各个层面；"多领域"包括政权机关、社会团体、行业协会、居民社区以及民族、宗教等社会的各个领域。在康德看来，自治力量的基础在于意志，同时康德把意志定义为依据"规则概念"而行动的能力。① 因而个人、社会组织等各类社会主体实行自治不是完全随心所欲的，而是要依法自治，没有法律保护下的自治，便不能排除文明形态中的专制因素，成为"他治"。当前我国社会处于"时空压缩"阶段，自治需要引入法治元素加以固定，实行依法自治。社会依法自治，指基层群众组织和各

---

① 安索尼·T. 克罗曼. 迷失的律师：法律职业理想的衰落 [M]. 田凤常，译. 北京：法律出版社，2010：40.

企事业单位、社会组织和行业等各类社会主体不仅依据国家制定的法律、法规等硬法规范，而且依据市民公约、乡规民约、行业规章、团体章程等"软法"性质的规范自我约束、自我管理。当前我国社会自治的法治化水平不高，个人自治能力有限，各类社会单位的内部治理能力欠缺，社会成员参与社会事务的功能受限，拥有扎实的法律专业知识和实务经验的律师参与其中，能弥补社会自治运行中的短板，促进社会自治法治化的进程。

（一）促进行业依法自治

随着社会经济进一步发展，社会分工形成的行业日益成熟，行业垄断了绝大多数工商业。行业同经济社会发展和人民生产生活密切相关，正因为此，行业在社会结构中的地位得到显著提升，"逐渐取代了阶级组织作用"。近年来，随着我国各行业各种黑幕的曝光，比如行业腐败、行业中的黑恶势力、行业垄断、假冒伪劣产品等，它们不仅危害了百姓民生、社会秩序、政府权威，而且影响国家权威。党和政府开始意识到"行业能否依法办事、自我管理，对于提高整个社会法治化水平至关重要。要大力推进……行业普遍开展依法治理，实现依法治理对部门行业的全覆盖，促进……社会各行业依法办事、诚信尽责"。① "依法治理"活动是我国自 1986 年以来在普法教育基础上发展起来的一种很成功的实践，国家治理法治化必然通过行业法治化来实现，行业依法治理则是国家依法治理的重要支柱。

行业依法治理主要包括依法监管和依法自治两个方面。在法律领域，自治相对于他治，意味着自律和自治，特别强调主体地位的独立性和意志的自由性，当然，自治并不意味着一种毫无限制的自由，因为一个人的困境便意味着他事实上的不自由，② 因而，行业自治是一种以法治为基础的自由，行业依法自治是指行业协会在法律限度内，通过制定行业规则处理行业公共事务并组织和管理会员行为，进而促进整个行业的共同利益。行业自治具有减少政府监管成本、防止权力滥用和治理高效便捷等优势，因而通常是行业治理的第一位选择。行业协会基于会员的合意而对行业依法自

---

① 汪永清. 推进多层次多领域依法治理 ［M］//本书编写组.《中共中央关于全面推进依法治国若干重大问题的决定》辅导读本. 北京：人民出版社，2014：222.

② 吴经熊. 法律哲学研究 ［M］. 北京：清华大学出版社，2005：291.

治时，通常以行使自治权的方式实现。行业协会除了有对外代表权和信息发布权等服务性权力外，还拥有行业自治规范权、处罚权、会员纠纷的裁决权等管理性权力。任何权力没有受到限制都会导致腐败，这是一条万古不易的经验。行业协会权力过于泛滥时也会侵犯社会及成员的合法权益，因而需要对行业协会进行有效规范和监督。自十八大以来我国深入开展推进行业依法治理，建立以行业法务人员为主、吸纳专家和律师参加的法律顾问队伍，发挥律师在行业规范制定、会员权利救济、行业纠纷处理中的积极作用，促进各行业依法办事、诚信尽责。

行业协会的主要功能在于保护会员利益和实行自律管理。行业规范是行业协会实现自律功能的根本途径，行业规范不仅对行业会员行为有规范作用，要求行业会员自觉遵守，而且一旦会员违反了行业规范，行业协会依据行业规范对会员给予惩处。此外，行业会员之间发生纠纷，行业协会依据行业规范处理矛盾。当然行业规范的制定不是任意的、去法律化的。为了保证行业自治不偏离法律轨道，应当遵循"国家立法优先"与"国家立法保留"，不得违反国家强制性禁止性规定。然而从目前的实践来看，许多行业协会无法承担起制定适合其行业自身特征和合乎法律规定的行业规范的职能，行业规范不合法现象屡见不鲜，如中国足球协会关于"不服足协处理决定不得向法院提起诉讼"的规定、中国旅游饭店业协会关于"消费者不得自带酒水"的规定等。在此需特别指出的是标准招标文本或合同范本的制定，其目的在于规范投标和当事人的行为，① 现已在我国的电力工程、港口工程、民航工程等领域进行探索。律师是法律专业人士，他们参与行业章程、行业标准和标准化法律文本的制定，从内容方面进行合法合规审查，能确保行业自治规范不与法律相抵触。

自治权不仅是行业协会的一种权利，而且是一种权力。作为基本法律概念，权力的本质在于支配性和强制性。作为一种社会自治组织的行业协会，其在对内部自治事务行使管理权限时，不一定代表其成员的真实意图，有时甚至可能侵害其成员的权益。当会员的权益受到侵害，可以通过以下

---

① 刘刚. 行业法治研究 [D]. 长春：吉林大学，2019：229.

三个方面的渠道进行救济，律师可以为当事人提供法律服务而保障当事人的权益，促进行业协会依法自治：一是通过协会内部程序的救济。如会员认为行业协会行为侵犯其合法权益，可向行业协会的特定机构提出，如中国足球协会足球行业纠纷由中国足球协会仲裁委员会作出最终裁决。二是通过行政程序救济。如当事人对注册会计师协会不予注册的决定可以向国务院财政部门或者省级财政部门申请复议。三是通过向法院提起诉讼的司法程序的救济。

一般而言，纠纷化解的方式包括自力救济、公力救济和准公力救济。准公力性纠纷解决机制是指不具有公权力性质，但与公权力关系密切的纠纷解决机制，如仲裁、人民调解、行业协会调解等方式。① 随着现代商业不断发展，行业调解解决行业领域争端的作用日益突出。所谓行业调解制度主要是指行业协会制度之下的调解和仲裁，它是行业协会行使自治权的重要方式。行业调解除了具有与人民调解共通的优势外，还具有非地域性、专业性强、权威性高等独立的功能优势。行业调解以自愿为原则，相对于判决、裁决，当事人更容易接受其结果，律师以调解员、仲裁员身份或者代理当事人参与行业调解、行业仲裁，促进行业纠纷化解。

（二）促进基层依法自治

基层是社会的根基，是一切工作的依托，是社会矛盾的显现地。张文显教授曾精辟地指出基层治理的重要性："社会治理主要指基层社会治理，而不是高层社会，也不是上层社会的治理。"② 基层自治是指基层群众自治组织、社会组织和个人等基层自治成员在相互交往和处理基层公共事务时平等对话、共同协商，众人之事众人商量着办，实现民事民议、民事民管、民事民办。我国基层自治的探索由来已久，自 2000 年以来我国基层群众依法自治事业得到长足发展，但也存在一些不尽如人意的地方。如基层群众参与意识不强，公共精神缺乏；基层干部群众法治观念相对落后，③ 人们学法、信法、用法的意识和观念不强，处理问题呈现出反法治性；基层缺乏解

---

① 黄文艺. 中国的多元化纠纷解决机制：成就与不足［J］. 学习与探索，2012（11）：34.
② 张文显. "三治融合"的桐乡经验具有独立价值［J］. 治理研究，2018（6）：6.
③ 陈柏峰. 中国法治社会的结构及其运行机制［J］. 中国社会科学，2019（1）：80.

决问题的制度规范，导致一些问题无法从根本上解决等。近年来，中央多次提出要重视基层社会自治能力、自治意识和自治规范的发展。律师是制度实施的引领者，是最直接接触实际问题的群体，是政府和社会之间的桥梁。他们通过担任村（居）法律顾问，参与或支持人民调解促进基层依法自治。

村（居）法律顾问指以村委会或居委会的名义聘请律师或者基层法律服务工作者，为村（居）委会及其村（居）民提供法律服务的人员。村（居）法律顾问的职责主要有：协助起草、审核、修订村（居）章程、村规民约以及其他管理规定，引导村（居）委会依法管理，为村（居）委会换届选举工作、重大项目谈判、村（居）重大项目谈判、签订重要经济合同和其他重大决策提供法律意见，开展法治宣传，参与调处涉及村（居）民的重大群体事件，等等。律师通过担任村（居）法律顾问，促进村（居）各类工作管理制度建设，村（居）日常自治事务管理纳入法治化轨道，切实增强村（居）委会用法治思维和法治方式分析解决社会治理难题的能力，满足人民群众的法律服务需求，畅通矛盾纠纷化解渠道，有效形成办事依法、遇事找法、解决问题用法、化解矛盾靠法的良好法治环境，推动基层社会依法自治。

中国人素有厌恶诉讼喜欢调解的传统，人民调解制度是中国共产党进行了彻底的社会革命后从传统的民间调解发展而来的。人民调解属于基层群众自治组织村（居）委会的组成部分，从诞生之日起，不仅是一种社会纠纷的民间解决机制，而且一度承担了基层社会自治的核心功能，它追求的"初心"是自治、法治和德治相结合的治理效果。人民调解制度在 20 世纪 80 年代陷入短暂的停滞。由于基层社会纠纷解决的实际需要和严峻局面，进入 21 世纪以来，人民调解制度又进入新的发展期，呈现出多元化、行业化、制度化、理性化的特征，在我国社会治理和法治建设中发挥着不可替代的作用。虽然人民调解制度在党和国家的大力扶持下取得了重要进展，但仍存在专业性、权威性、公正性不足，认可度、利用率、成功率不高等问题，① 主要原因在于调解人的非专业身份，律师以调解员身份参加人民调

---

① 黄文艺，李奕. 论习近平法治思想中的法治社会建设理论 ［J］. 马克思主义与现实，2021（2）：65.

解组织，作为第三方主持调解，协助纠纷各方当事人通过自愿协商达成协议解决争议，增强人民调解机制纠纷解决的权威性、高效性和专业性。此外，最近几年律师调解有所发展，出现了专业性律师调解机构，如律师协会下面设立律师调解中心，在大型的律师事务所内部设立"非诉讼纠纷解决部"。2005 年，上海市新闵律师事务所在上海市闵行区民政局登记注册设立了上海新闵调解事务所，这是全国首家以专业律师为主体的调解组织。党和政府也非常重视律师在调解中的作用，2017 年 10 月，最高人民法院和司法部共同发布《关于开展律师调解试点工作的意见》，在北京等 11 个省（直辖市）进行试点，建立律师调解工作模式。2019 年联合下发《关于扩大律师调解试点工作的通知》，两个意见规定了律师调解的四种工作模式：人民法院律师调解工作室模式、公共法律服务中心（站）律师调解工作室模式、律师协会律师调解中心模式、律师事务所调解工作室模式。律师调解在律师参与诉讼外纠纷解决的实践中占据优势地位，被各个地区、各个领域公认为是律师参与非诉讼纠纷解决机制中一种最有效的形式。我国律师已经成为民间调解员队伍中的一支主力军，律师加入民间调解员队伍，促进了基层矛盾纠纷及时就地化解，有效预防了纠纷的激化和升级，对保障基层社会秩序具有重要的作用。

（三）促进企事业单位依法治理

社会自治是各个社会主体的自我规范、自我约束和自主管理。社会自治的主体范围非常广泛，企事业单位作为社会多元治理结构中重要的一员，已经得到人们的广泛认可，它们在社会领域发挥着越来越重要的作用。企事业单位既是从事生产经营、提供产品服务的市场主体，也是实行民主管理、维护职工权益的基层组织，而且是推进国家治理现代化的重要力量。

随着市场经济的蓬勃发展，公司和其他经济组织作为经济发展的龙头和为社会提供物质财富和精神财富的原动力，具有构建自治秩序的能力。企业在国家治理中承担多元角色：首先，它们是民主管理和权益实现的重要平台；其次，它们是市场经济和社会生活的法治主体；最后，它们又是法治宣传和法律实施的协助者。[①] 对企业的治理而言，法治具有重要意义，

---

① 陈柏峰．中国法治社会的结构及其运行机制［J］．中国社会科学，2019（1）：86.

法治为企业自治提供原则、理念和方法。正如季卫东教授所言："企业经营正是法律（应然）与事实（实然）的紧密结合、复杂交错的典型领域，是律师的重要用武之地。"① 现在我国企业管理人员的法律意识越来越强，大公司和国有企业通过公司律师或者公司法务人员为其提供法律服务，对企业的股权分配、劳动用工、税务制度、安全生产、广告营销等把好关，使企业能够在一个高效的状态下运作。律师对企业依法自治的促进作用已在上文中进行了论述。

事业单位制度是我国特有的法律制度，是由国家机关以国有资产出资而成立，没有生产收入，但是以履行政府职能、公共服务为主要宗旨，它们参与社会事务管理，履行管理和服务职能，担负着实现各种社会公共利益的重任，因此，其需要在内部建立规范的法人治理结构，对外依法开展活动，也必须坚持厉行法治。

由于我国事业单位法治建设起步晚，发展慢，立法不完善，管理体制行政化等多方面因素，事业单位法治化水平不高。在事业单位中，几乎都存在内部管理不规范，成员对共同准则不予认同的现象；权力、权利、责任等价值观没有渗透到事业单位的运行之中，权力制衡机制弱化甚至虚化，内部机构自主性建设难以展开，"精英治理""能人治理"成为事业单位中司空见惯的现象。事业单位的内部行为不仅影响自身，还会决定其外部形象。由于事业单位自律程度低，自我规则和协调能力差，不能积极回应社会需求，导致公众的强烈不满和高度不信任。

各类事业单位作为社会的基本细胞，促进它们内部管理的科学化、规范化和法治化进程，是社会依法自治的重要内容和根本保证。正如不是所有的法都能治国和治好国，不是所有的规则都能治理企事业单位，事业单位自治所仰赖的规则必须是制定良好的规则。正如江必新教授所提出的："制度的质量决定制度的效能，规则水平的高低在相当程度上反映出企业管理能力的强弱。"② 加强律师与事业单位的联系，强化律师参与各类单位的

---

① 季卫东. 日本的律师与涉外企业法务［J］. 国外法学，1988（6）：6.

② 江必新. 私行政管理及其法治化［M］//江必新. 法治社会的制度逻辑与理性构建. 北京：中国法制出版社，2014：118.

运行的力度，充分发挥法律服务工作对事业单位规则建设、执行、修改、监控和更新的保障作用，健全律师参与企事业单位自治机制，通过律师参与事业单位所追求的秩序更接近于哈耶克所指的自由社会的自生自发秩序。

四、多元纠纷化解中律师的应然功能

国家治理的目的是最大限度地增加和谐因素，是一个协调社会关系、规范社会行为、化解社会矛盾、减少社会纠纷的过程。随着经济和社会发展，社会矛盾和冲突越来越多，我国进入矛盾凸显期，要解决我国国家治理现代化目前所遇到的问题，必须把司法、行政、民间等，正规化与非正规化的机制有机结合起来。经过三十多年的建设和发展，我国已经初步形成了既包括传统的法律救济和公力救济，也包括准法律或非法律的方式以及私力救济的多元纠纷解决机制体系，后者通常采用协商、调解等合意的方式解决纠纷，具有及时就地化解纠纷、修复社会关系、节约社会资源等优势，因而是纠纷解决的优先选择。中国古代国家法律和司法在民间纠纷解决方面相对较弱，给地方性、民间性解纷机制保留了较大空间，中国传统社会的民间解纷机制很发达，但在近代以来构建现代民族国家和现代法治的历史进程中，传统社会的民间组织结构和民间解纷体系遭到了全面解构。伴随自治理念的复兴和抑制社会转型而出现的大量纠纷的需要，改革开放以来，在党和政府的大力扶持下，民间解纷机制建设取得了重要进展。诉讼是社会纠纷解决的最后一道防线，也是程序最严密、对抗性最强、社会成本最高的解纷机制。面对矛盾凸显、犯罪高发、诉讼爆炸的严峻局面，中央政法委、最高人民法院明确提出，把非诉讼纠纷解决机制挺在前面，引导更多纠纷通过非诉方式化解，以破解法院日益突出的"案多人少"难题。我国律师通过参与司法活动、信访工作、调解和仲裁等纠纷解决渠道，参与到国家治理现代化过程中。

（一）诉讼纠纷化解中的律师应然功能

审判制度是现代法治国家纠纷解决最基础的制度。我国审判制度正逐步吸收英美对抗式诉讼的一些因素，由"职权主义审判方式"向"抗辩式审判方式"转变。律师代理在诉讼活动中已经被广大公众所熟知，自古罗马始，律师就与诉讼相伴相随。有日本学者称诉讼从其本质上讲是律师代理进行的程序过程。作为专门从社会生产中分工出来从事法律服务的律师群体，参与诉讼有其独立的价值功能。

1. 促使当事人合法权益更有效实现

现代社会是在摧毁或者弱化神权和君权的基础上，按照民有、民治、民享原则构筑而成的法治社会。① 要使纸上的权利变成公民实际享有的权利，迫切需要律师提供帮助。在诉讼活动中，大量的当事人是不了解或者不能全面了解法律规定的实体权利和诉讼中可以行使的程序权利，在保护自身权利方面受到自身认知水平和能力的制约，无法更好地维护自身合法权益。例如民事诉讼中，当事人主张侵权人承担侵权责任，不仅涉及民事实体法规定的当事人的人身权、财产权等实体权利，同时又与具体的诉权、申请回避权、调查取证权、申请证人出庭作证权以及诉讼的变更、反诉、撤诉等诉讼权利息息相关。在刑事诉讼中，被告人虽然有辩护权，即针对指控从事实和法律进行反驳和辩论，但由于被告人通常身陷囹圄，被剥夺了人身自由，不精通法律，不掌握基本的举证、质证、抗辩、申请的技巧，且经常情绪激动，难以理性行事，因此，他们在行使辩护权方面大都属于"无行为能力人"或"限制行为能力人"。董必武同志在中国共产党第八次全国代表大会上指出："律师制度是审判工作中保护当事人诉讼权利不可缺少的制度，它应当加速推行。"② 作为当事人的诉讼代理人，作为法律专家的律师可以弥补当事人诉讼能力不足，以其专业的法律知识为当事人提供帮助，辅助其开展诉讼，保障其权利的实现。

2. 制约司法公权力

绝对的权力必然导致绝对的腐败，这是一个亘古不变的规律。要克制权力滥用，不仅需要有一整套权力内部的自律机制，如分权、正当程序等，而且还要有强有力的社会制约机制。一个不属于国家权力（特别是行政权力）系统而且有权专门从事法律活动的独立的律师业，更适宜监督和对抗

---

① 张志铭. 当代中国的律师业：以民权为基本尺度［M］//夏勇. 走向权利的时代. 北京：中国政法大学出版社，2000：110.

② 张耕. 中国律师制度研究［M］. 北京：法律出版社，1998：32.

权力的滥用。律师通过参与民事诉讼、行政诉讼和刑事诉讼，行使法律赋予的代理权、辩护权等，制约公、检、法等机关的司法权，使其监督公权力具有动态性、广泛性、制约性等特点，有利于查清案情，防止司法腐败。如在刑事诉讼过程中，侦查人员、检察人员和审判人员可能会出现权力滥用、违反法律规定程序的做法，当事人缺乏足够的判断和监督能力，但对于代理参与诉讼的辩护律师来说，事情却完全不一样，因为律师一方面精通诉讼程序，对公检法人员违反法律程序的行为一目了然，另一方面可以提供足够的证据和理由指出公检法人员的违法行为，对公检法人员行使公权力是一种很强的制约。

3. 推动诉讼活动顺利展开

为了修正超职权主义模式下法官权力滥用对当事人的侵害，抗辩式审判方式是我国三大诉讼法审判模式转型的目标。这意味着当事人的参加能力或者辩护能力至关重要。抗辩式审判模式由于强调当事人意思自治和处分权，法官权力在诉讼中运用得很少。在审判过程中，法官是依据控辩方提供的证据前提下所认定的事实基础上进行裁判的，律师参与诉讼过程，可以弥补当事人参加能力的欠缺，减轻了法官向当事人释明和解释的工作，提高了诉讼效率。此外，律师更了解案件的真实情况，根据对案件的理解和判断，尽可能将全面的材料呈现给合议庭，便于法官在全面了解事实和法律的前提下作出判断。在法治化社会，审判工作没有律师的参与，审判制度就不能实现健全与完善，现代司法体系也将无法构建。

4. 增强当事人的法治观念

由于法律知识是专业性很强甚至是深奥的知识，由风格含混难懂的话语构成，一般人没有通过专门的正式教育或某种精细监管的学徒制培养①是无法掌握这些知识的。律师既是法律运用者，又是法律的传播者。古罗马的律师和法学家就是把协助公民了解法律内容作为自己的职责。律师是法律方面的专家，熟悉、精通法律，为公民解答法律问题，是律师的业务之一。律师参与诉讼过程是一个普法教育、释法说理的过程，是向当事人传

---

① 理查德·A. 波斯纳. 道德和法律理论的疑问 [M]. 苏力，译. 北京：中国政法大学出版社，2001：217.

输法律知识、技能，对当事人进行法治宣传教育的过程，使当事人受到法治教育，增强法治观念。律师接受当事人委托后，将案件的程序和实体过程向当事人解答，使当事人更好地理解诉讼规律和特点，了解法律权利的概念、内容和法律原则，更容易接受司法裁判，增强其法治观念和权利意识，使其形成自觉守法、遇事找法、解决问题靠法的法治思维。

（二）非诉讼纠纷化解中律师的应然功能

1. 使法律走进百姓心田

日本学者棚濑孝雄以纠纷解决的基础为标准把纠纷解决机制分为根据合意的纠纷解决和根据决定的纠纷解决，根据合意的纠纷解决指的是由于双方当事人就以何种方式和内容来解决纠纷等主要之点达成了合意而使纠纷得到解决的情况。① 以和解、调解、仲裁等非诉讼纠纷解决方式为典型。同时棚濑孝雄教授认为非诉讼解纷机制中纯粹基于当事人的合意是很少存在的，往往需要审判机关以外的第三者的介入，为了促成当事人达成合意使纠纷解决，第三者凭借其权威、口才、知识等方面的优势对双方当事者的主张是否有理进行"判断"，并据此力图"说服"当事人。律师在解决争议时，可以充分利用其专业的法律知识，解答当事人提出的法律问题，在法律的范围内解决纠纷。律师介入纠纷解决过程就是一堂直观生动的法律教育课，律师在主持解纷过程中以案释法、辨法析理，向当事人阐释国家的相关法律精神和法治原则，向当事人和社会公众积极传播法治理念和权利义务观念，推进法治社会建设。律师参与非诉讼纠纷，是传播法律的力量。律师熟悉法律，能够利用法律解决问题，使法律进入老百姓的日常生活，使法律走进老百姓的心田。

2. 推进非诉讼解纷机制的法律化改造

在传统社会中，国家法律不能及于民间社会，诉讼外纠纷主要依据风俗、习惯、道德进行解决。随着我国法治国家建设步伐的加大，越来越多的社会关系被纳入法律调整的范围，可以说人民生活中所反映的问题大多

---

① 棚濑孝雄. 纠纷的解决与审判制度 [M]. 王亚新，译. 北京：中国政法大学出版社，2004：7 - 10.

是与法律有关联的，非诉讼纠纷解决机制也不可能脱离法律的约束。再加上现代信息传播手段如电视、报刊，特别是自媒体的兴起以及普法活动的开展，国家颁行的各种正式规范通过各种途径有效地向民间传送，人民自我权利意识增强，使诉讼外纠纷过程中越来越多地依据国家法律规范。此外，为了保证非诉讼程序的正常运行和处理结果具有更高法律效力，通常以更高的制度化和规范化为前提，各国致力于非诉讼解纷机制法律化。律师以调解、仲裁员等身份解决纠纷时，由于其具有专业化、职业化和法治化要素，以固有的思维和行为方式改造非诉讼解纷程序，将纠纷处理纳入法治轨道，为非诉讼纠纷解决机制注入了法治元素，推进其法律化改造，使其更符合法治基础上的多元化纠纷解决机制。例如通过律师的协助在信访部门内部建立健全制度，规范信访工作部门来访接待、来访回复、审查受理、案件合议、案件指派等工作流程，形成程序更完善、规章更具体的信访工作局面。

第四章 国家治理现代化进程中我国律师功能发挥的缺陷

当前我国全面推进法治国家、法治政府、法治社会建设，随着法律日渐进入社会生活的各个领域，人们不得不频繁地与法律打交道。律师正在顺应时代的需要，在国家治理现代化进程中日益发挥重要的功能。在社会学研究中，"功能"概念是指属于总体活动一部分的某种活动对总体活动所作的贡献。对国家治理现代化进程中律师所发挥的功能进行梳理，就是对律师通过自己的活动所产生的行为后果在社会整体中所发挥的职能、作用进行认识和评价。本章拟从国家治理立法、政府依法治理、社会依法自治和纠纷化解四个方面对律师实际所扮演角色和发挥的功能进行剖析，旨在把国家治理现代化中律师角色和功能的应然状态与实然状态相对比来确定其存在的不足，为下一章律师角色的理性定位和提出使其功能发挥达到最佳状态的对策奠定基础。

第一节 国家治理立法中我国律师功能发挥的缺陷

▶ **一、国家治理立法中我国律师功能发挥的现状**

法治的前提在于立法，实行良法善治。党的十八届四中全会审议通过的《关于全面推进依法治国若干重大问题的决定》就立法体制和推进科学立法、民主立法作出了很多具体的部署，如"依法建立健全专门委员会、工作委员会立法专家顾问制度""探索委托第三方起草法律法规草案""健全社会各方有序参与立法的途径和方式""健全立法机关和社会公众沟通机制，开展立法协商""探索建立社会团体对立法中涉及的重大利益调整论证咨询机制"等，律师在国家治理立法中大有可为。由于立法是一种动态的、有序的事务，作为一种活动过程，周旺生教授认为立法可以分为三个阶段：准备阶段（前立法阶段）、由法案到法的阶段（中立法阶段）、立法的完善阶段（后立法阶段）。实践中律师通过多种途径参与立法，其参与方式具有多样性，依据不同的标准对律师参与立法情况进行了分类，例如从律师参与立法的层次级别来看，有律师参与国家立法和参与地方立法；以律师参与立法依赖制度化途径的差异，可以分为法律参与和事实参与；从律师参与立法所介入的程度来看，有律师直接参与立法和间接参与立法。本文以律师介入立法的程度为依据，对国家治理立法中律师的实际功能状况予以展示。

（一）以人大代表、政协委员身份参与立法

在我国，律师一旦当选为人大代表或政协委员，就可以拥有以制度化方式直接参与立法公共决策的权利，这种方式是律师履行职责的主要方式。依据宪法第六十二条和六十七条的规定，全国人大有修改宪法，基本法律和重大政策决定权，全国人大常委会有制定和修改基本法律以及重大政策决定权。同时立法法规定各级人大及其常委会在不同宪法、法律、行政法规相抵触的前提下有制定地方性法规的权力。依据立法法的规定，人大代表有法律提案权、审议权、表决权，律师参与立法的典型形式是通过当选为人大代表，影响立法。人民政协是中国共产党领导的多党合作和政治协商的重要机构，政协委员可以通过行使政治协商、民主监督和参政议政职能影响国家立法。

改革开放之初，有少量律师当选为地方人大代表和政协委员，但是没有律师当选全国人大代表和全国政协委员。随着我国经济社会发展，全面依法治国基本方略落实，律师职业的社会影响力逐渐增大，律师的政治诉求越来越强。由于律师是独立的法律职业者，他们不仅具有熟悉现行法律

规定的专业优势，而且拥有相对客观处理法律事务的职业优势以及立足经济社会生活的实践优势，再加上律师来自人民群众，能够听取和了解群众的心声和诉求，所以其提出的议案具有很强的针对性和操作性，律师成为立法领域不可或缺的一支重要力量。1988 年第七届人大会议，3 名律师第一次担任全国人大代表，2003 年第十届政协，5 名律师第一次当选为全国政协委员。① 近年来，律师当选全国人大代表和政协委员的人数稳步增长，2018 年全国两会上，有 22 名律师当选全国人大代表，有 17 名律师担任全国政协委员。② 2018 年律师担任"两代表一委员"共 8895 人。截至 2022 年底，律师担任各级人大代表、各级政协委员和各级党代会代表共 12017 人。③

（二）担任立法助理或者立法咨询委员参与立法

我国无论是人大常委会成员还是人大代表，大部分都是兼职委员和代表，法律专业素质有待进一步提高。人大代表的职业构成和专业背景非一朝一夕就能改变，经济和社会的发展，对立法的要求越来越高，如何适应这种客观要求，不断制定出适合地方实际又具有较高质量的法律规范，在这种背景下，人大立法助理和立法咨询委员应运而生。自从 2002 年深圳市人大常委会在全国率先尝试为兼职人大常委会委员聘请以执业律师为主的法律助理，随后湖北、上海、郑州、成都、海口等省市陆续进行类似的尝试。立法咨询委员会的职责是为地方人大的立法规划、立法计划、地方性法规草案的起草、审议，地方性法规清理、立法后评估等立法活动提供咨询。2003 年四川省人大常委会首次聘请了人大咨询委员，咨询小组由法律专家学者 4 人和司法界、律师界人士 3 人组成。

（三）接受立法机关的委托参与立法

律师、律师事务所或者律师协会接受国家机关委托进行立法前评估、起草法律草案、立法后评估等活动。经济社会的发展对立法部门所制定的

---

① 王中华. 当代中国律师政治参与研究 [M]. 南京：南京大学出版社，2012：139－141.

② 杨璇铄. 全国律协发布律师担任第十三届全国人大代表和政协委员的情况 [EB/OL]. (2018－02－28) [2022－06－05]. http://china. cnr. cn/gdgg/20180228/t20180228_524147664. shtml.

③ 司法部政府网. 2022 年度律师、基层法律服务工作统计分析 [EB/OL]. (2022－08－15) [2024－03－25]. http://www. legaldaily. com. cn/index/content/2023－06/14/content_8865294. html.

法律法规提出了更高要求，现有的国家立法机关和政府部门的法制工作力量难以胜任，同时为了消除部门保护和本位主义，委托起草草案的做法在我国逐渐盛行起来。委托起草一般由法案决策者、法案起草机关或者法案起草班子委托某机构、组织或者专家、学者起草法案。由于律师不仅站在中立的立场，而且有一定的法律理论知识和丰富的实践经验，律师起草的草案更具有操作性，现在越来越多的律师协会、律师事务所以及律师个人受国家机关的委托起草草案。自全国首例地方人大委托律师事务所即 2001 年索通律师事务所受重庆市人大委托负责起草《重庆市物业管理条例（草案)》以来，开创了地方人大委托律师独立起草草案的先河，类似事例越来越多。有学者统计，2005 年至 2013 年间，全国各地方人大委托第三方起草法律草案的事例共 20 件，其中有 5 件是由律师作为第三方或者直接参与立法的，占到第三方委托立法总数的 25%。①

（四）与立法机关共建合作平台参与立法

近年来产生了一些新的律师参与立法的形式，如律师事务所或者律师协会与地方人大常委会共建立法研究评估与咨询服务基地，合作成立立法调研基地。2016 年 5 月佛山市律师协会与佛山市人大常委会共建立法研究评估与咨询服务基地，2018 年广西同望律师事务所与广西壮族自治区人大常委会共建立法研究评估与咨询服务基地。立法研究评估与咨询服务基地的建立是推进地方立法科学性、民主性的有效途径，是为了更好地调动社会参与立法工作的热情。通过基地，律师可以为地方立法提供咨询和评估，可以更加深层次地参与立法。为了提高地方立法的质量，健全立法机关与社会公众的沟通机制，充分发挥人民团体和社会组织在立法协商中的作用，2017 年 4 月深圳律师协会与当地人大常委会合作成立立法调研基地。立法调研基地的主要职责是接受人大各部门的委托，开展立法调研、评估、论证等工作，对人大常委会法规草案进行讨论并提出意见，提出立法意见和建议，等等。

---

① 李滨. 律师委托立法制度的发展现状及其存在问题［M］//国浩律师事务所. 民主立法与律师参与：以全面推进依法治国为背景. 北京：法律出版社，2015：75.

（五）通过参加立法座谈会、立法听证会、立法论证会等对立法草案提出意见

在法律草案或法规草案的起草阶段和审议阶段，有立法提案权的国家机关召开各种座谈会，征集有关单位、群众和专家学者的意见。立法论证会是邀请有关方面的专家针对法律草案或法规草案中技术性较强且分歧较大的问题，进行研究论证，获得比较权威的意见，供常委会审议时参考。立法听证，是就立法问题举行的听证，立法听证与座谈会、论证会等其他形式进行比较，其优势在于更加公开、带有抗辩性征求公众的意见和获取的民意将成为立法依据。近年来一些地方立法机关探索辩论式听证。由于律师有较高的言辞能力、组织能力、辩论技能、说服能力、表达能力、分析综合能力，律师是立法听证会的首要人选。2008 年 9 月 9 日下午，深圳市人大常委会举行《深圳经济特区无线电管理条例（草案）》立法辩论听证会，三十多名律师分别代表政府主管部门、电信运营商、无线电生产经营者、普通公众等各类利益主体，对是否应设立对讲机免费公共频率等社会关注的热点问题展开辩论。2009 年 7 月 3 日上午，在江苏省西康宾馆举办的《江苏省城乡规划条例（草案）》立法辩论听证会上，来自省内 8 位律师代表不同利益主体展开了唇枪舌剑的激烈交锋。通过听证会，特别是辩论式的听证会，可以广泛听取社会各界代表的意见。

（六）通过大众传媒和上书等形式间接参与立法

当立法机关通过网络、电视、报纸等大众媒体公开向社会征集立法项目建议或法律草案意见时，律师个人或者律师事务所通过媒体发表立法意见和建议。我国宪法和其他一些法律法规都规定公民享有向国家机关依法表达自己意见和建议的权利。作为公民中的一员，律师相对其他公民更容易发现法律实施过程中存在的缺陷，拥有更强烈的社会责任感和历史使命感，从立法方面为国家和社会做出更多贡献，向国家机关提出制定、修改或者废除法律法规的意见。近年来，律师直接上书的事例越来越多，其提出的建议和意见，更容易被国家机关采纳，从而推动治理法治化的进程。例如针对司机醉酒驾车后频频发生的恶性交通事故，2009 年 7 月四川两位律师李刚、罗毅向全国人大常委会上书，建议在刑法中增加"饮酒、醉酒驾驶机动车罪"。律师上书后，引起社会的广泛关注，全国人大常委会积极回应，后正式启动立法程序，后来《刑法修正案（八）》出台后规定，驾驶人醉酒驾驶作为危险驾驶罪将被追究刑事责任。2016 年深圳的王鹏因出售人工繁殖的鹦鹉被指控犯非法出售珍贵、濒危野生动物罪，一审被判处十年有期徒刑。案件结束后，斯伟江律师向全国人大常委会法工委提出申请，认为《最高人民法院关于审理破坏野生动物资源刑事案件具体应用法律若干问题的解释》第一条将驯养的野生动物等同于野生动物，司法解释违背刑法，要求审查修改该司法解释。2022 年 4 月 7 日，最高人民法院、最高人民检察院联合发布了《关于办理破坏野生动物资源刑事案件适用法律若干问题的解释》，其中明确，在刑事追究上，不宜将涉人工繁育野生动物的案件与涉野外环境自然生长繁殖野生动物的案件同等对待。此外，北京律师林峰向国务院上书，要求文件失效；四川律师向最高院上书，要求同命同价等。

▶ 二、国家治理立法中我国律师功能发挥的缺陷

法律是否真正是人民意志的充分表达，在相当程度上取决于立法程序的民主化程度，而立法民主化的程度和效果取决于公民参与的程度和效果，即立法民主的可参与性。可参与性的程序，是指它能够为民众参与立法过程的每一个环节提供一种可能性，从而使立法的各个步骤都能够满足人民的参与意愿，并充分体现人民的利益诉求和意志。[①] 笔者近期对 194 名律师开展了问卷调查，在问到您认为律师参与立法的最主要不足的时候，138 名律师认为"参与立法方式有限"，占 71.13%；105 名律师认为"参与立法的作用发挥不够"，占 54.12%；92 名律师认为"参与立法范围狭窄"，占 47.42%；80 名律师认为"参与立法热情不高"，占 41.24%；39 名律师认为"参与立法不够规范"，占 20.1%；有 5 名律师认为存在其他不足，诸如参与立法宣传度不够、根本参与不了、政府缺乏让律师参与立法的意愿。从图 4-1 可以看出，由于我国立法体制的一些缺陷，我国律师参与立法的

---

① 江国华. 立法：理想与变革 [M]. 济南：山东人民出版社，2007：274.

可参与性不高，主要存在以下缺陷：

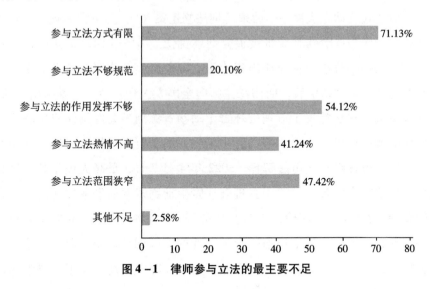

图 4 - 1 律师参与立法的最主要不足

（一）参与立法的方式有限且便利性不足

到目前为止，我国已经探索多种公众参与立法的途径，并且喜欢采用以下几种方式，具体而言包括立法调研、座谈会、论证会和听证会，上述方式都存在不同程度的走过场现象。我国的立法听证会在实质和功能方面更加接近论证会。考虑到法律制度的出台或多或少都会涉及、触动一些群体的既得利益或预期利益，为减少法律在实施过程中可能遭遇的阻力，立法机关才会视情况组织召开立法听证。[①] 当前绝大部分的论证会、座谈会、听证会均在工作日召开，地点也多半选在政府或政府部门的会议室。考虑到我国律师是自由职业者，是通过为他人提供法律服务而生存的，一名自愿报名参加立法的律师想要在指定时间、指定地点出现在会议上，他需要放弃有偿活动，并非易事。

（二）参与立法的作用发挥不够

在我国当前政治体制下，律师直接参与的形式主要是通过当选人大代表提出法律议案，审议法律议案时行使表决权，或者当选政协委员行使参

---

① 王怡. 认真对待公众舆论：从公众参与走向立法商谈 [J]. 政法论坛，2019，37（6）：83.

政议政职能、政治协商、民主监督影响国家立法。根据笔者对194名律师的调查，其中没有一位人大代表，只有一位是政协委员。虽然2018年全国两会上有22名律师当选全国人大代表，但第十三届全国人大代表由2980名成员组成，总体上所占比重为0.73%。据统计，2022年全国共有4219名律师担任各级人大代表，7067人担任各级政协委员。但问题在于，我国共有300多个地级市，2800多个县市，平均下来，律师参与的总体比例较小。笔者通过实地调研，了解到东莞市2021年人大代表总数为447人，其中6名社会律师和3名公职律师是人大代表。以上数据说明，虽然通过特定身份参与立法的权利有保障，在参与立法时所发表的意见或提的草案议案能够更多地得到立法机关的认可和反馈，但是能够获得这种身份的律师很少，占总数的比例低。大部分律师通过其他方式参与，诸如担任立法咨询委员会委员、参加座谈会、论证会等方式参与立法。律师的意见对立法者仅起参考、建议的作用，比较少起决定性作用，不具有强制力，是否采纳完全取决于立法机关。之所以律师被推选为人大代表的人员少，是因为我国人大代表制度存在一些不足。如有律师在接受访谈中说："现在律师以律师身份担任人大代表的比较少，都通过其他途径获得人大代表的身份。因为我国人大代表实行分配，会分配部分名额到政法系统，由于律师在政法系统中处于相对弱势的地位，实际中分给律师的人大代表名额少。"①

（三）参与立法范围狭窄

由于我国理论界和立法实践中，通常把立法程序视为由法律案的提出到法律的公布这一过程，所以律师参与立法主要限于立法草案的起草和审议，其他阶段很少参与，基本上被排除在参与范围之外。但是立法准备阶段在立法活动过程中实际上具有决定某一法案未来命运的作用，这一阶段也是非常重要的，不应把律师的参与局限于法律草案的意见征集，立法机关在立法之前就应广泛宣传，让公众知晓在哪个领域要立什么法，立法的背景是什么，会对社会不同群体造成哪些积极或消极的影响。此外，在法律出台以后不应将其搁置一边不再关注，立法质量也像商品质量一样，需

---

① 被访谈人：李某，某市律师；时间：2021年11月8日；地点：某市律师事务所。

要对其质量进行检测评估，立法机关应组织实施立法后的评估，即法律实施一段时间后评估其有没有实现当初立法的目的，律师应该广泛参与立法前评估和立法后评估。

（四）参与立法热情不高

经济原因是律师参与立法积极性不高的重要原因之一。参与立法需要付出一定的时间、精力和金钱等成本，律师是理性经济人，在权衡参与立法的成本和收益之后可能会选择消极方式应对。因为在实践中律师参与立法所获得的报酬很少，甚至会产生实际经济损失。重庆市索通律师事务所是中国第一个律师接受委托立法的律师事务所，省级权力机关给律师的立法经费是 8000 元，据该律师事务所负责人说参与立法的 12 位律师从国家领到的补贴平均每天不到 3 元，而该地出租车起步价是 5 元，据说律所为此次立法付出了 10 万元的成本。10 万元与 8000 元相去甚远，如果算经济账的话，是很不划算的。全国律协和地方律协都设立了种类繁多的专业委员会，但目前尚未发现有律协成立"立法专业委员会"的。律协是律师的行业组织，律协成立了相关专业委员会是特定法律服务细分领域形成了成熟供应端的体现。① 如果律协没有相关专业委员会的成立，一般认为相应法律服务还停留在个人单打独斗的状态。

（五）参与立法的规范化欠缺

近年来，社会实践中虽然有不少律师协会、律师事务所和律师个体参与立法，例如以第三方接受委托立法，或者各级人大常委会聘任律师担任立法专家顾问、立法咨询委员、立法助理等，但是"律师参与立法模式"并没有规范化和制度化，相关部门没有对此进行详细规定，带有较大的随意性。例如具备什么资格的律师可以得到聘用、获聘律师如何参与立法、律师参与立法事项的范围、律师所提交的立法方案和草案能否得到接受、不接受的理由、通过什么方式回应、律师参与立法是否有报酬、立法经费的标准和来源等一系列问题，目前都没有相关的制度安排或者统一的法律规定。

---

① 刘文华. 中国律师参与立法研究［D］. 上海：华东政法大学，2021：149.

第二节　政府治理中我国律师功能发挥的缺陷

▶ 一、政府治理中我国律师功能发挥的现状

党中央和国务院特别重视发挥律师在法治政府建设中的作用，党的十八届四中全会通过的《中共中央关于全面推进依法治国若干重大问题的决定》明确提出积极推行由律师参加的政府法律顾问制度，保障法律顾问在依法行政中发挥积极作用。中共中央办公厅、国务院办公厅于 2016 年印发了《关于推行法律顾问制度和公职律师公司律师制度的意见》，对推进普遍的政府法律顾问制度做出全面部署，也为律师参与法治政府建设提供平台。以这两个文件为背景，律师主要通过被选聘为政府法律顾问或担任公职律师而参与到政府治理过程中。

（一）参与政府规范性文件的起草和论证

政府规章和规范性文件作为政府治理的重要依据，适用范围广，对社会公众的影响最直接，因此提高政府部门依法治理的水平和效率，就需要规范政府规章和规范性文件的制度。律师作为公权力之外的第三方，在一定程度上代表私权力对公权力的监督，参与规范性文件起草和制定工作，可以实现对政府决策和立法的监督。同时，律师常年接触社会实践，对社情民意较为了解，可将社情民意带入政府决策和立法过程中，从而增强其民主性。中国的现代法律体系庞大，层次复杂，有些规范相互冲突，让具体的执法部门和人民群众无所适从。如上海浦东新区于 1996 年聘用了首批政府律师，政府律师在受聘的第一年向市人大、市政府和有关部门提出了近 500 条法律意见，同时，政府律师还参与审核了新区管委会及其职能部门起草的规范性文件 30 件。山东省济宁市顾问律师参与济宁市《燃气管理办法》《城区保障性住房管理办法》《执法人员监督管理办法》等文件的合法性论证。2017 年杭州市顾问律师参与深化客运出租车行业管理体制改革工

作，会同职能部门研究制定网约出租汽车管理、共享单车相关管理制度和措施，提出意见建议供市政府决策参考。

（二）为政府决策提供合法性审查

根据党的十八届四中全会关于"健全依法决策机制"和《重大行政决策程序暂行条例》（2019 年 5 月颁布）的要求，政府重大行政决策必须遵守合法性审查这一法定步骤，律师作为政府的法律参谋参与政府重大行政决策，提供独立的法律意见，对其合法性进行审查的环节不可或缺。针对政府治理过程中做出的重大决策合法性审查主要是对决策事项的依据进行审查，没有法律依据的不得作出；对决策程序进行审查，不符合法定程序的要及时补正；对决策内容进行合法审查，不符合法律规定和国家政策的，应当予以重新作出决定或予以废止。2017 年杭州市顾问律师对涉及杭州城市建设与管理、民生与保障、社会综合治理等领域的《杭州市环境保护督察方案（试行)》《关于建立健全行政规范性文件合法性审查"府院衔接"工作机制的若干意见（征求意见稿)》《2017 年杭州市"信用杭州"建设市直部门工作考核办法》《关于杭州市加快推进钱塘江金融港湾建设的实施意见》等 30 余件省、市政府及市各有关部门的政策文件征求意见稿出具书面回复意见。2018 年 9 月，由中国政法大学法治政府研究院发布的《中国法治政府评估报告（2018)》指出，广州、南宁、宁波、北京、昆明、海口等城市的政府法制机构多领域进行重大决策合法性审查，经审查提出意见的比例较高，涉及的财政金额较多，且多有法制机构以外的法律顾问参与重大决策合法性审查，较好地保障了行政决策的合法性。

（三）参与重大行政执法决定法制审核

重大执法决定法制审核制度是一种内部监督制度，该制度对规范行政执法保障公民权益、完善工作流程提供行政执法质量具有重要意义。2019 年 1 月，国务院办公厅发布《关于全面推行行政执法公示制度执法全过程记录制度重大执法决定法制审核制度的指导意见》，要求各级行政执法机关全面推行重大执法决定法制审核制度，实现重大执法决定法制审核全覆盖。该意见规定由法制机构人员和政府法律顾问对重大行政执法决定法制审核共同把关，促进公正规范执法的实现。法制机构人员发挥熟悉行业执法一般做法的优势，政府法律顾问特别是外聘律师则可以发挥熟悉行政执法原理、了解涉诉纠纷面上规律的优势，共同做好重大行政执法决定法制审核工作。

（四）参与政府重大项目合同审查

中国正在日益步入一个公共供给型的社会，人民对政府的期待已经不再是简单的依法行政，而是要求政府更加积极作为，创造更多的公共物品，提供更多充分、优质的公共服务。律师参与政府重大合作项目的洽谈，提供法律风险评估，对政府合同进行严格把关。律师对合作对象进行尽职调查后，出具一份完整的项目法律风险评估书，对政府参与的重大投资项目可能面临的法律风险程度予以预测，对相关的法律风险提出一些预防措施，有利于政府防范法律风险，作出科学的决策。对重大项目合同合法性审查主要从合同主体资格、合同订立程序、合同内容、合同效力等方面开展，审查其是否符合民法典有关合同的法律规定，避免合同签订后产生不必要的纠葛和纠纷。山东省济宁市顾问律师审查了济宁市棚户区改造协议、软通动力信息产业生态圈项目战略合作协议、市政府与省证监局共同促进济宁市资本市场健康发展的合作备忘录等 20 多件政府合同。

（五）参与政府涉诉纠纷和信访事件的调处

政府社会治理，面临的风险是多重的，有的是自然风险，有的是技术风险，有的则是制度风险。不管是哪种风险，都有可能引起社会矛盾。在法治政府建设进程中，律师不仅通过决策咨询、合法性审查与风险评估在政府决策之前的防范法律风险中发挥了积极作用，而且在政府行为的事后法律纠纷处理中也扮演了重要的角色。主要表现为：一是当政府面临行政复议与诉讼时代理其参加；二是协助政府调处大型信访事件和群体性事件。律师参与政府信访案件处理，以中立、旁观者身份为信访群众提供法律咨询，答疑解惑，并引导信访群众对涉法事项采用正常法律渠道解决矛盾纠纷，切实避免缠访闹访现象。律师参与政府信访案件处置，在信访群众与政府之间搭建沟通桥梁，能够有效缓解社会矛盾。笔者通过调研了解到，2016 ~ 2020 年，广东省某市共有 2118 余名律师参与市政府、市总工会信访值班接待工作，接待涉法信访群众 1674 批 8974 余人次；到总工会、基层工会值班 1010 余人次，接待来访职工 593 余人次，解答来电咨询 354 余人次。有效缓解了信访压力，帮助企业工会规范运作，引导职工群众通过法律途径维护正当权益。

（六）办理政府治理的其他法律

随着我国政府职能从全能向有限转变，由管理者角色向服务者角色蜕变，政府职能除军事和外交外，出现与社会分享的趋势，政府治理中行政规范文件的立法、执法、纠纷解决活动既是一种职能行为，也是为社会提供法律服务的行为。由于大量法律、法规、政策的颁布施行对政府治理行为的合法性提出了更高的要求，各级政府仅依靠内部法制部门工作人员无法解决日益复杂的法律服务，政府利用财政资金面向具有专业资质的社会力量购买法律服务回应社会的需求。政府把某些服务包括法律服务外包给其他社会主体来完成，能够降低服务的供给成本，从而提高服务和产品的供给质量和效率。实践中政府与律师事务所或者律师协会签订合同，由律师提供法律援助、人民调解、法治宣传、法治文化活动、基层法律服务、政府法律咨询等法律服务，参与一些重大安全事故、重大交通事故、公共突发事件、群体性事件等的处理和善后工作。① 如 2019 年东莞市全面推进警调对接工作机制，通过购买律师事务所调解服务，将 514 名专职人民调解员派驻全市各个派出所，为群众提供 7×24 小时全天候的调解服务。法律制度的本质是公正，失去公正的法律制度是不可持续的。② 随着经济发展和社会结构调整，不可避免地在社会发展过程中出现老、幼、病、残、困等社会弱势群体，为他们提供社会保障，可以最大限度地减少不稳定因素。政府和社会主体应当对低收入群体、残疾人、农民工、老年人、青少年、单亲困难母亲等特殊群体合法权益的保障给予特殊救助。由于律师比普通社会公众更具有法律专业知识，同时经济上更宽裕和时间上比较自由，其在维护社会特殊群体合法权益中具有不可取代的作用。律师们积极参与为老

---

① 如 2019~2020 年，广东某市律师为政府依法处理各类群体性、敏感事件 395 宗，为维护群众合法权益提供强有力的法律保障。

② 刘晓兵. 律师的职业属性与社会责任［M］//许身健. 法律职业伦理论丛（第 2 卷）. 北京：知识产权出版社，2015：38.

年人、残疾人、未成年人等特殊群体提供公益法律服务和法律援助服务，还积极参与其他社会公益事业，比如扶贫济困、捐资助学、热心保护，等等。2020 年新冠疫情发生后，全国律师行业踊跃捐款捐物，金额超过 5200 万元，除了捐款捐物之外，对涉疫情防控工作的规范性文件及相关政策的审查，推动防控工作在法治轨道上进行。

▶ 二、政府治理中我国律师功能发挥的缺陷

为了全面了解律师参与政府治理的不足，笔者对 194 名律师进行了问卷调查。77 名律师认为"独立性不够"，占 39.69%；137 名律师认为"参与力度和作用有限"，占 70.62%；25 名律师认为"律师的专业能力不足"，占 12.89%；120 名律师认为"政府不够重视律师的作用"，占 61.86%；86 名律师认为"选聘机制不够规范"，占 44.33%；45 名律师认为"工作考核机制缺乏"，占 23.2%；4 位律师认为存在其他不足。具体见图 4 - 2。总体来看，现有的律师参与政府治理的制度不完善，无法保证律师深入、充分和高质量参与政府治理，具体表现在以下几个方面：

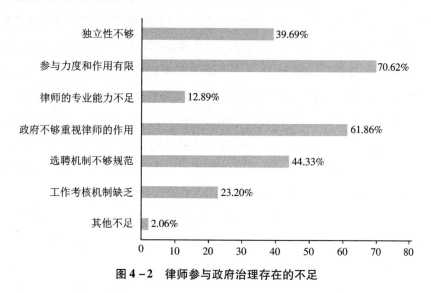

图 4 - 2　律师参与政府治理存在的不足

（一）独立性不强

律师参与政府治理的功能在于以独立的身份对政府治理的行为进行监

督，以制约其公权力从而实现依法行政的法治要求，但现行的管理机制无法保证律师的独立性。目前，我国律师以公职律师和外聘顾问律师身份参与政府治理。公职律师是供职于国家公权力机关并具有律师资格的人员。关于公职律师的管理机制，根据 2018 年 12 月司法部印发的《公职律师管理规定》，公职律师实行由所在单位日常管理，司法行政机关资质、业务、监督管理和律师协会自律三重管理，所在单位人事部门对公职律师进行遴选、聘任、培训、考核、奖惩，以及对本单位申请公职律师证书的工作人员进行审核，这种公职律师与所在单位的隶属关系，很难保证其独立、自主地从事相关活动。而就外聘顾问律师而言，由于选聘外聘律师的机制大多缺乏竞争性，采用由政府法制机构或司法行政部门推荐、政府批准的方式产生，一些律师为了能够获得被聘请进政府担任法律顾问的机会，往往在参与政府治理时失去独立性、专业性，变成了苦钻法律空子、游走于违法边缘的意见"屈从者"。

（二）律师的专业能力不足

一方面由于顾问律师的遴选机制不规范，导致部分律师专业素质差，另一方面公职律师的准入规定存在问题，公职律师的选任更多表现为盘活体制内的既有存量。顾问律师的聘任机制指的是政府聘任顾问律师的对象、选聘方式及选聘程序等方面的规定，涉及顾问律师的产生问题，其意义重大，关系到政府能否遴选出个人素质高、专业水平、业务能力强的律师，关系到政府能否享受到高质量的法律服务。《关于推行法律顾问制度和公职律师公司律师制度的意见》中规定外聘法律顾问以律师个人为对象，选聘程序是公开、公平和公正，对律师的条件是从政治素质、职业道德、专业知识、实践经验等方面提出要求，但是都比较笼统和模糊。纵观我国各级地方政府选聘顾问律师的实践探索，发现选聘制度存在着诸多不尽如人意的问题：第一，政府选聘的顾问律师以个人为主、事务所为辅。[①] 第二，各级政府选聘顾问的条件不一，有一些条件模糊，有一些要求明确，总体上侧重律师的社会知名度和影响力，较少考虑律师的专业能力。第三，各地政府选聘顾问律师的程序不相同，随意性大。有些地方由律师协会推荐，

---

① 吕立秋. 政府法律顾问制度建设分析和展望 ［J］. 中国法律评论，2015（2）：57.

政府审定，以政府名义发文并颁发聘书；有些地方由政府预先确定条件，由司法局推荐或者律师自愿报名，政府采取公开招聘、定向邀请等方式选择律师和律师事务所；近年来一些政府探索采用公开招标的方式遴选律师事务所担任政府顾问律师，通过这种方式选聘顾问律师的比较少；以上实践由此带来的问题是，政府选聘顾问律师的自由裁量权被无限扩大，或者部分律师压价竞争、低价抢标造成法律服务市场不正当竞争行为现象，最终发生权力寻租、择人不当等种种社会不良现象。

（三）参与力度和作用有限

依据《关于推行法律顾问制度和公职律师公司律师制度的意见》，2017年底前我国县级以上地方政府普遍设立政府法律顾问。政府行政机关实际工作中仍然局限于将诸如参加复议、诉讼、重大突发事件等事后法律服务救济提供给顾问律师，律师仍然没有参与到某些政府法律事务中。2018年9月，由中国政法大学法治政府研究院发布的《中国法治政府评估报告（2018）》，通过对100个城市观测评估，发现所有城市政府普遍设立法律顾问。但就其实际履职情况而言，仅有四分之一的城市得到满分。有40个城市，网络检索未能发现其政府法律顾问在重大事项决定、规章等文件起草等过程中发挥实质性作用。另外，有35个城市的政府法律顾问，网络检索发现其仅履行了部分职责，只是把法律顾问当作形象工程，实际决策未能让其参与、过问，让顾问处于"顾而不问"的尴尬境地，律师只能被动或者局部介入政府日常工作之中，没有发挥律师应有的重要作用。此外，律师的作用主要体现在"预防为主"，但实践中律师更多的是充当了"消防员"的角色，出现了行政复议、行政诉讼、信访事件之后，才开始让顾问介入。

（四）工作考评机制缺乏

顾问律师作用的发挥，既依赖于接受方的立场和态度，也依赖于供给方的能力和工作态度。当前对顾问律师工作绩效评价的规定制度缺位，《关于推行法律顾问制度和公职律师公司律师制度的意见》中的第三十二条只概括性地规定各级党政机关要将法律顾问工作纳入党政机关目标责任制考核，推动法律顾问日常管理、业务培训、考评奖惩等工作机制和管理办法的完善，如何考评没有具体规定。由于该意见并未就顾问律师的工作绩效评价做出具体规定，存在模式缺陷、体系缺失等诸多现实困境。目前许多地方各级政府没有完善的顾问律师考核制度，或是采取不符合实际的考核方式，会使顾问律师在工作中缺乏积极参与的广度和提出建议的深度；也会导致无法量化顾问律师的工作成果，不能够对其进行相应的物质激励和精神嘉奖；会导致不能对顾问律师的工作进行客观评价，难以调动顾问律师的积极性。

第三节　社会依法自治中我国律师功能发挥的缺陷

▷ 一、社会依法自治中我国律师功能发挥的现状

（一）以法律顾问身份协助公民处理法律事务

法律顾问目前划分成五种类别，即企业法律顾问、事业单位法律顾问、政府法律顾问、社会组织法律顾问和公民法律顾问。律师可以通过法律顾问的形式为社会个体提供法律服务。公民个人依法自治，表现为行为上普遍守法，观念上普遍信法。我国律师法规定律师可以接受公民个人的委托担任其法律顾问，以法律顾问身份为公民个人提供法律服务内容通常由委托合同来约定，服务范围非常广泛，通常有为公民个人提供法律意见，草拟、审查合同，代理参加诉讼、调解或仲裁等。律师通过担任公民个人法律顾问，不仅有效维护当事人的人身权利和财产权利，而且对提高公民法治意识，推动社会法治进步影响深远。

社会生活中不可避免地会发生的利害对立或者社会关系破绽等期待法律制度的功能来加以调整的现象，这是要求律师提供法律服务的源泉。"从这个意义上讲，对律师的需求应该随经济活动的高度增加、社会生活的复杂化等社会发展而增大。"① 正如马克思经典作品中所讲到的，经济基础决

---

① 棚瀬孝雄. 纠纷的解决与审判制度 [M]. 王亚新，译. 北京：中国政法大学出版社，2004：298－299.

定上层建筑，社会存在决定社会意识。随着社会经济发展，人民越来越富裕，人们之间的经济交往越来越多，人们之间的纠纷也增多，人民群众运用法律手段解决问题的需求也越来越普遍。

（二）担任村（居）法律顾问协助基层依法自治

目前，基层法治基础较为薄弱，强化基层依法自治，预防和化解矛盾纠纷，无疑是社会治理法治化的重要一环，对推进法治社会建设具有战略性意义。为了提升村居依法治理能力，早在 2009 年，广州的萝岗区就陆续在该区 10 个村建立"聘用律师担任乡村法律顾问"试点，2018 年司法部通过了《关于加强和规范村（居）法律顾问工作的意见》，以引导各地相关村（居）法律顾问制度的地方立法。数据显示，2018 年底我国已有 17 个省、自治区、直辖市，近 50 个地、市颁行了本地村（居）法律顾问制度实施办法、实施细则。[①] 截至 2019 年 2 月，全国有 69 万个村（居）配备了法律顾问，基本实现村（居）法律顾问全覆盖。据笔者了解，广东某市全部村（社区）都配有律师作为村（居）法律顾问，2016～2020 年，全市驻村（居）律师共接访咨询 66656 余次，为村（居）出具法律意见书 2740 余件，为群众办理法律援助案件 246 余件，参与调处纠纷 1767 余件，累计为所在村（居）追回拖欠款 44922.54 余万元，有效促进了基层治理法治化。广西某市 2019 年，法律顾问共参与化解矛盾纠纷调解 1600 多件，举办法制讲座 400 多场，帮助审查合同 300 多份，开展法律宣传和法律咨询活动 1000 多次，发放便民联系卡 1 万多张、法治宣传资料 3 万多份，提供法律援助 400 多次。

村（居）法律顾问的职责主要有：完善村（居）制度规范，引导村（居）委会依法管理，为村（居）委会重大工作提供法律意见，开展法治宣传，参与调处涉及村（居）的重大群体事件，等等。律师通过担任村居法律顾问，促进村（居）各类工作管理制度建设、村（居）日常自治事务管理纳入法治化轨道，推动基层社会依法自治。

---

① 杜承秀，张聪锐. 村居法律顾问制度及其配套制度构建研究［J］. 郑州航空工业管理学院学报（社会科学版），2019（6）：39.

（三）进驻公共法律服务平台为社会民众提供法律服务

公共法律服务是政府公共服务的重要组成部分，由政府主导、公共财政支持、在一定地域范围内面向社会公众提供的满足基本生存和发展需求的法律服务，涵盖律师、公证、司法鉴定、人民调解、法律援助、普法宣传等内容。党的十八大以来，以习近平同志为核心的党中央高度重视、积极推进公共法律服务体系建设。截至2019年2月，全国各地已经建成2900多个县级公共法律服务中心，3.9万多个乡镇（街道）公共法律服务站。2018年5月20日，中国法律服务网正式上线运营，同时各省（区、市）均已建成"12348"公共法律服务热线平台，实体平台须具备法律援助、人民调解、法律咨询等基本职能。

律师依托各级公共法律服务站（点）、服务热线、服务网络等平台，通过积极参与法律援助为经济上困难的弱势群体提供法律服务；通过参与人民调解、行政调解、商事调解、律师调解等各种调解方式，有效化解纠纷；通过参与到中小学、民营企业和基层社区开展普法宣传，为人民群众提供法律知识普及和法治文化活动；通过积极参与公共及公益性事务工作，提供法律咨询，解答法律疑惑，让人民群众接触法、了解法、运用法。

（四）以公司律师身份参与企业依法经营

随着市场竞争日趋加剧，企业所面临的法律风险急剧增加，如何防范和化解法律风险，已成为所有企业在经营管理中面临的重大课题。我国历史上为企业提供法律服务的曾有企业法律顾问、社会律师、公司律师三种存在形态。企业法律顾问是指由国有企业聘任并由国资委授予职业资格的从事企业法律事务工作的国有企业内部专业人员。他们属于该国有企业的员工，进入门槛低，没有律师那样严格的从业资格，以前企业法律顾问不需要取得国家统一法律职业资格证，2014年7月国务院发布《关于取消和调整一批行政审批项目等事项的决定》，取消了企业法律顾问准入类职业资格。第二种形态由企业公司与社会律师签订法律服务合同，律师就职于律师事务所，不是企业公司的员工，律师不参与经营管理，当企业公司遇到法律纠纷需要执业律师为其提供法律服务，帮助解决诉讼问题时才会到企业公司办公。第三种形态的公司律师是具有律师资格同时与公司存在劳动合同关系，他们从事企业法律事务工作，能够在诉讼中代表该公司参加诉讼或者参与仲裁等工作。

我国企业按照出资的主体大致分为三种类型：外资企业、民营企业和国有企业。外资企业和大型民营企业借鉴发达国家做法，设立法律事务部，招聘具有法律职业资格的人员；微小企业通常是外聘社会律师作为法律顾问打理企业法务；而国企的法务管理采用企业法律顾问制度或者公司律师两种形态，相对于企业法律顾问，公司律师具有准入条件更加严格、享有律师执业特权、与企业的关系具有独立性等优势，能够提供更加优质的法律服务。公司律师通过对公司重大经营决策出具法律意见、对公司企业日常合同事务的管理、对企业违反法律法规的行为提出纠正建议、参与起草公司的内部规章制度、对公司员工进行法制宣传教育、处理与公司有关的诉讼事务和非诉讼业务等，为企业公司的经营决策提供法律依据、确保企业公司的权益最大化、帮助企业公司的负责人远离刑事犯罪风险、树立良好企业形象、建立有效的法律风险防范体系、解决法律纠纷、协助企业进行商务谈判和完善企业内部治理结构，促进企业公司治理的法治化。

（五）以法律顾问身份参与事业单位的依法自治

2003 年我国已经开始重视事业单位的依法治理的问题，教育部颁布《关于加强依法治校工作的若干意见》，提出实行依法治校，学校依法处理各种关系，把教育管理和办学活动纳入法治轨道，并从政策层面确认学校要通过聘请法律顾问或建立法制工作机构等形式，加强学校法制教育和法律服务。2016 年，中共中央办公厅、国务院办公厅《关于推行法律顾问制度和公职律师公司律师制度的意见》进一步要求"事业单位探索设立法律顾问制度"。推进事业单位建立法律顾问制度对于推进事业单位法治化、完善事业单位治理体系具有重要意义。当下，事业单位面对的法律问题复杂和法律风险增多，实践中很多公立中小学、医院、广播影视等事业单位通过外聘律师为其提供法律顾问工作，律师为事业单位提供法律顾问工作主要集中在以下方面：参与事业单位的重大决策事项的论证和谈判；参与事业单位内部制度立、改、废过程中的论证、起草和修订工作；对事业单位签订的各类合同进行合法性审查；接受事业单位委托代理其参加调解、仲裁、诉讼和其他非诉讼活动；对事业单位的员工开展普法教育；为事业处理各类纠纷提供法律意见等。律师以法律顾问身份介入事业单位事务处理，不仅能够及时处理事业单位面临的纠纷，提高事业单位涉法事务处理能力，还能促进事业单位做到决策部署遵循法律，问题解决依照法律，行动言语符合法律，提升其治理效率和治理能力。

▶ 二、社会依法自治中我国律师功能发挥的缺陷

根据笔者对 194 名律师的调查，在问到律师在担任村（居）、企事业单位法律顾问发挥作用不足主要表现的时候，83 名律师认为"服务范围有限"，占 42.78%；85 名律师认为"服务事项以事后补救为主"，占 43.81%；104 名律师认为"实质影响力有限"，占 53.61%；82 名律师认为"社会效果未能凸显"，占 42.27%；89 名律师认为"制定内部管理规范时没有律师参与"，占 45.88%；3 名律师认为存在其他不足（详见图 4-3）。可以看出，律师在参与社会依法自治方面相对其他领域存在更多问题，主要有以下五个方面的不足。

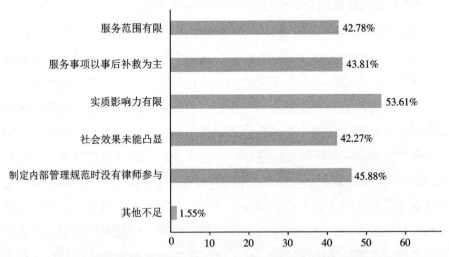

图 4-3　律师在担任村（居）、企事业单位法律顾问作用发挥不足

（一）服务范围有限

法律顾问是指具有法律专业知识，接受公民、法人或其他组织的聘请

为其提供法律服务的人员，以及法人或者其他组织内部设置的法律事务机构中的人员。2013 年 11 月十八届三中全会作出的《中共中央关于全面深化改革若干重大问题的决定》中强调"普遍建立法律顾问制度"，2016 年 6 月中共中央办公厅、国务院办公厅印发了《关于推行法律顾问制度和公职律师公司律师制度的意见》（以下简称《意见》），要求所有的党政机关、人民团体、国有企事业单位分类推行法律顾问制度和公职律师、公司律师制度，同时社会团体可以建立法律顾问制度。自《意见》出台后，地方各级党政机关和村（居）开展聘请律师为法律顾问参与党政机关的社会治理和村（居）社会自治，但是社会自治的主体是广泛的，特别是社会组织，在社会自治中具有举足轻重的作用。而法治意识淡薄是不少社会组织普遍存在的问题，社会组织聘请法律顾问的寥寥无几。此外，律师在担任村（居）法律顾问实践中提供的服务内容明确，为最基本的服务，无法满足村（居）更高的法律需要，出现供需矛盾。如以笔者所居住的市为例，村（居）与派驻律师签订顾问服务协议时，明确服务内容为"四个一"，即每周至少与村（居）进行电话沟通 1 次，每月至少提供现场咨询 1 天，每季度至少举办 1 次法律讲座，每年至少为村（居）人民调解员开展 1 次法律培训。如有司法局工作人员接受笔者的个别访谈时说："村居可能有更多个性化需求，而律师按照合同只提供四项服务，提供合同之外的法律服务需要另外收费，这样就出现需求与供应不匹配。"[①]

（二）服务事项以事后补救为主

当下社会民众的法律观念在不断增强，但是我国过去长期受封建思想和人治文化等因素的影响，无论是村（居）还是企业公司负责人对律师的法律服务工作认识不足、重视不够、参与度和配合度较低。绝大多数企业在发展过程中，忽视法律知识的积累和普及，法律意识不强，领导层对于企业法律顾问人才的吸收不够重视。很多企业公司负责人对预防法律风险意识不够，为了"打官司"聘请律师，只有在涉诉时才求助律师来"灭

[①]　被访谈人：陈某，某市司法局工作人员；时间：2021 年 11 月 10 日；地点：某市司法局。

火"。有的村（居）干部对法律顾问的角色定位、职能作用缺乏必要的认识，认为法律顾问介入后，事事依法会被框死，觉得是"政府要我请"，积极性不高；有的村（居）重"救火"轻"防火"，有了问题才想到法律顾问，风险防范意识不强。

（三）服务流于形式且实质影响力有限

虽然我国民众的法律意识有所增强，但不少管理人员在工作中出现问题，想到的不是靠制度和法律来解决，而是靠某种关系，"人治"思想严重，认为律师不过就是审核合同，或者是处理诉讼，实际作用不是很大。现有资料反映，在一些国家，公司，尤其是一些大型集团公司都建立了法律顾问机构，他们在公司治理中发挥举足轻重的作用，参与制定工作计划，为公司政策发表声明（代言人角色）。如美国大概有50%以上的公司，其首席法务官已经进入董事会并成为核心成员，是公司董事会决策的高参和智囊。① 我国首席法务官进入高管的比例在5%左右，调查显示，村民会议、党支部会议、股东代表大会等经常邀请顾问律师参加的比例仅为20%，近60%的群众不了解顾问律师坐班时间，26.8%的群众在过往一年里从未享受过该项服务。②

（四）社会效果未能凸显

律师通过担任村（居）法律顾问，在一定程度上增强了居民的法治意识、社会意识和国家意识，在减少和及时化解纠纷以及维护基层和谐稳定，促进基层依法治理有一定成效，但是由于法律服务资源匮乏，服务经费补贴偏低和自身的时间、精力有限，有些地区人治思想严重、法治化程度低，律师动机不纯、工作积极性不高，缺失村（居）法律顾问配套制度等方面的因素，律师参与基层社会自治的效果大打折扣，在基层法治意识较高的地区，村（居）律师一定程度上具备了作为国家法制与基层生活之间媒介的功能，促进基层依法自治，但在一些地区则任重道远。

---

① 江平. 公司律师兴则公司兴，公司兴则国家兴 [J]. 法人，2017 (3)：66.
② 刘玉裕，文珍兵. 对一村（社区）一法律顾问工作的实践与思考 [J]. 中国司法，2019 (11)：33.

公司律师作为公司内部的专门履行公司法务的人员，在防范风险、完善内控机制、减少企业损失等方面发挥作用，但是由于公司法务在日常工作中会面临方方面面的诉讼、非诉法律事务，内部法务很少能够对各个领域都做到面面俱到、处处精专。社会律师与公司律师相比，虽然在参与公司社会自治时有更多优势，如地位超然独立性、系统的知识结构、丰富的经验积累等。然而社会律师因缺乏企业经营知识和工作经验，无法把握企业日常经营和管理流程，再加上社会律师是社会服务者，服务对象广泛，要面对不同的客户，无法把精力全部集中在某一特定客户，所以不能完全满足企业的服务需要。

（五）在"软法之治"中的缺位

国家法律不是万能的，社会生活的方方面面不能完全依靠国家法律解决。此外，当今社会处于急剧的变革和转型过程，在短时间内产生大量的新行为、新关系、新问题，而人的认识能力是有限的，国家立法跟不上时代发展的步伐，往往会大面积地出现立法空白，更多的要依赖软法。软法广泛存在于社会共同体形成的规则之中，如行业自治组织、职业自治组织、社区自治组织、企业公司等社会主体规范其自身的组织、活动及组织成员行为的章程、自律规约、纲领、原则。软法多在社会主体内部事务的处理、纠纷的解决、成员的管理等方面发挥着重要功能。软法虽然不依靠国家强制力保障实施，但是也是法，它有约束力，会影响我们的生活，影响公民、法人和其他组织的权利和自由，因此它的制定和实施都需遵循法治原则。实践中社会各主体不太重视内部事务管理的规范化，不太愿意请律师为其内部的管理提供法律服务和帮助，认为律师的作用只是帮他们打官司。现实生活中不少软法规范存在违背法律精神、不符合法治基本原则的情况。社会主体内部自制规范不完善，存在诸多弊端，会使社会主体的自治能力下降，而且会降低其公众信任度，甚至可能会使其社会权力滥用，滋生腐败，让社会主体偏离最初的成立目的。

第四节　多元纠纷化解中我国律师功能发挥的缺陷

▶▶ 一、诉讼纠纷化解中我国律师功能发挥的缺陷

（一）诉讼纠纷化解中我国律师功能发挥的现状

在人类历史上，救治被侵害的权利或者权益冲突的解决，经历了由"自力救助"到"公力救助"的发展过程。在公力救助的诸种方式中，司法救助，即诉讼，最为规范，形式效力最为明显。诉讼是当事人之间发生纠纷，通过自己无法解决，而寻求国家公权力即法院介入居中处理。诉讼中当事人往往寻求其他人的帮助，律师是帮助当事人救治法律权利的重要角色。律师制度从古罗马产生到现在都与救济法律权利相伴而随，代理当事人出席法庭审判，发表辩论，是律师的首要角色和功能。由于诉讼解决纠纷具有更强的专业性、不得已性以及终局性，在现代社会中，律师成为救治法律权利的诉讼中不可或缺的重要成员。我国律师法规定律师可以接受委托作为代理人或者辩护人参加民事诉讼、行政诉讼和刑事诉讼，站在当事人一方，协助其进行诉讼活动，司法实践表明，我国律师在诉讼中发挥的重要作用逐步提高，在诉讼中的影响逐渐广泛和深远。有学者统计1981—2011 年间，律师的诉讼业务量增长了 30.58 倍，年均增长率超过100%①。2015 年成都市开展的庭审实质化改革示范案件中，律师参与率100%，所涉 405 名被告人中，获得律师辩护的比例为 94.23%。另据司法部 2022 年度律师服务工作统计，2022 年全国律师办理各类法律事务 1274.4万多件。其中，办理诉讼案件 824.4 万多件，办理非诉讼法律事务 141.6 万多件，其中刑事诉讼辩护及代理 99 万多件，占诉讼案件的 12.01%；民事

---

① 朱景文．中国法律职业：成就、问题和反思——数据分析的视角 ［J］．中国高校社会科学，2013 (7)：121.

诉讼代理 697.5 万多件，占诉讼案件的 84.61%；行政诉讼代理 25.4 万多件，占诉讼案件的 3.09%，代理申诉近 2.3 万多件，占诉讼案件的 0.29%。① 从全国来看，在律师所办理的业务中诉讼业务比非诉讼业务还是多一些。

（二）诉讼纠纷化解中我国律师功能发挥的缺陷

根据笔者对 194 名律师的调查，在问到您认为律师在代理当事人参加诉讼中存在的最突出问题时，50 名律师认为"参与率不高"，占 25.77%；105 名律师认为"律师对裁判结果产生的影响有限"，占 54.12%；114 名律师认为"执业权利保障不够"，占 58.76%；有 10 名律师认为存在其他问题，占 5.15%（详见图 4 - 4）。虽然律师参与各类诉讼活动维护当事人合法权益的作用有目共睹，就目前而言律师参与诉讼仍存在不少问题，最突出表现在以下两个方面。

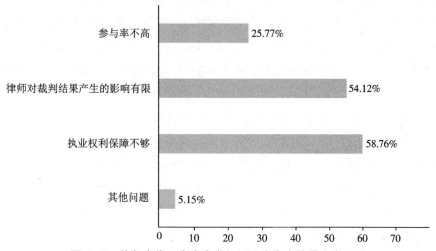

图 4 - 4　律师在代理当事人参加诉讼中存在的最突出问题

首先，律师参与诉讼比率不高，尤其是刑事和行政诉讼中参与率偏低。我国律师参与诉讼的比率一直缺乏官方全面、权威的统计。有研究者对 S 市 Y 区基层法院 2006~2015 年行政审判的数据分析：行政案件 852 件，律师

---

① 司法部政府网. 2022 年度律师、基层法律服务工作统计分析［EB/OL］.（2022 - 08 - 15）［2024 - 03 - 25］. http：//www. legaldaily. com. cn/index/content/2023 - 06/14/content_ 8865294. html.

代理案件 369 件，平均律师参与率（律师代理案件数/行政案件结案数）为 43.31%。① 按照刑事诉讼的一般原理，嫌疑人/被告人是否有律师辩护人是落实平等对抗原则的根本所在。党的十八大以来，在推进司法改革中，从党中央高层设计、决策到中央政法部门推进实施改革方案，都非常重视刑事诉讼中律师的参与，我国刑事案件律师辩护率有所变化，王禄生教授团队开发了专用工具进行大数据实证研究，对超过 303 万份一审刑事文书进行分析，2013 年至 2017 年五年间，律师辩护率（有律师辩护的被告人总数÷刑事案件被告人总数）有所改善，从 19.07% 提升到 22.13%，律师辩护率中包含了法律援助律师提供的辩护，该团队引入了"委托律师辩护率"，委托律师辩护率（委托律师辩护的被告人总数÷刑事案件被告人总数）有所提升，从 16.07% 上升到 19.41%，增幅 20.78%。② 最高院和司法部于 2017 年 10 月决定在部分地区试点刑事案件律师辩护全覆盖工作，2018 年又将试点地区扩大到全国 31 个省，律师辩护率和委托律师辩护率都有所提高，达到 92.8%，但是在全国范围实现律师辩护 100% 是一项艰巨的任务。此外，笔者在中国裁判文书网上检索了广西壮族自治区玉林市基层法院 2018 年 1 月至 2021 年 1 月年发布的刑事、民事和行政一审判决书，律师参与率分别为 19.09%、61.71%、17.61%。

其次，律师辩护的实质作用有限。现代诉讼程序是由法律规定的一系列程序行为构成的活动和过程，当事人缺乏专业素养和法律知识，不能正确填写诉讼文书，不了解证据规则，不清楚法庭审理的程序，律师角色缺位会导致举证混乱、庭审延宕，法庭庭审秩序混乱，这根本上影响了审判中心制和合议庭审判职能的发挥。在刑事诉讼中由于犯罪嫌疑人或被告人的人身自由受到限制，诉讼活动的进程和效果更依赖于律师的作用。近年来，虽然我国律师的辩护率有所提高，似乎已为被告人抗辩提供了专业保障，但不少还是表现为"形式审判""形式辩护"的状况，③ 同时"死磕

---

① 周圣，张玙. 律师参与行政案件实证研究 [J]. 法治社会，2017 (5)：58.
② 王禄生. 论刑事诉讼的象征性立法及其后果：基于 303 万判决书大数据的自然语义挖掘 [J]. 清华法学，2018 (6)：135.
③ 顾永忠. 刑事辩护制度改革实证研究 [J]. 中国刑事法杂志，2019 (5)：135.

式"辩护和"表演性"辩护的律师也屡见不鲜,① 律师辩护对裁判结果产生的实质性影响有限,有研究者以 C 市 Y 中院近 3 年 198 名被告人的律师辩护为样本,开展了律师辩护对刑事裁判结果影响力的实证研究,在律师提出的 672 个辩护意见中,法院最终采纳 302 个,采纳率为 44.94%。② 当然造成此结果有多方面原因,最主要有两点:一是当前我国刑事诉讼结构由于受"惯性程序"的影响,仍然表现为线型诉讼结构,职权主义色彩比较浓,刑事诉讼中公诉方占主导地位,法院并非完全居中裁判,被告人沦为诉讼客体,律师辩护权没有得到切实保障;二是由于律师刑事诉讼执业能力良莠不齐,对律师执业水平缺乏约束和管控,律师辩护准备不充分,不遵守律师职业伦理规范,执业行为不规范等现象,从而无法有效担当辩护人角色,辩护针对性差,不能准确把握指控意见的焦点。

▶ 二、非诉讼纠纷化解中我国律师功能发挥的缺陷

(一)非诉讼纠纷化解中我国律师功能发挥的现状

我国目前社会关系纷繁复杂,社会矛盾多元化而解决社会矛盾资源有限,化解社会矛盾需要更多的法律人才。当代世界各国的经验表明,律师群体在非诉讼解纷机制中的态度和作用是非诉讼解纷机制发展的重要条件,因此很多国家大力鼓励律师的参与,已经出现了专门从事调解等非诉讼纠纷解决的律师事务所。近年来,我国律师群体也在积极以非诉讼方式解决纠纷,并取得了较好的社会效果、法律效果和经济效果,2022 年全国律师参与接待和处理信访案件 21.6 万多件,律师调解 20.9 万多件。③ 从律师参与诉讼外纠纷解决机制较为成型的方式来看,律师调解、接待信访和主持仲裁三种形式无疑是具有代表性的。

---

① 如贵州小河案、北海律师案、重庆李庄案、汉中张扣扣案等引发了各界对律师职业伦理的关注。

② 欧明艳,黄晨.从形式到实质:刑事辩护对裁判结果影响力研究——以 C 市 Y 中院近 3 年 198 名被告人的律师辩护为样本 [J].法律适用,2016(1):12.

③ 司法部政府网.2022 年度律师、基层法律服务工作统计分析 [EB/OL].(2022 - 08 - 15)[2024 - 03 - 25]. http://www.legaldaily.com.cn/index/content/2023 - 06/14/content_ 8865294.html.

1. 律师调解

调解制度在中国具有悠久的历史传统，调解人具有半官方、非专业身份。以往律师个体以调解员身份参与，最近几年律师调解有所发展，出现了专业性律师调解机构，如律师协会下面设立律师调解中心，在大型的律师事务所内部设立"非诉讼纠纷解决部"。2005 年，上海市新闵律师事务所在上海市闵行区民政局登记注册设立了上海新闵调解事务所，这是全国首家以专业律师为主体的调解组织。① 党和政府也非常重视律师在调解中的作用，2017 年 10 月，最高人民法院和司法部共同发布《关于开展律师调解试点工作的意见》，在北京等 11 个省（直辖市）进行试点，建立人民法院、公共法律服务中心（站）、律师协会和律师事务所律师调解工作模式。经过 1 年的试点工作，律师调解取得了明显效果，2018 年 12 月，最高人民法院、司法部决定将试点工作扩大至全国范围。律师调解在律师参与诉讼外纠纷解决的实践中占据优势地位，被各个地区、各个领域公认为是律师参与非诉讼纠纷解决机制中一种最有效的形式。我国律师已经成为调解员队伍中的一支主力军，律师加入调解员队伍，是多元化纠纷解决机制改革中新的增长点。据笔者调研了解，广东某市设立律师调解中心和律师调解工作室参与诉调对接工作，29 家律师事务所承接基层法院指派的调解案件 7818 宗，成功调解案件 7818 件，调解成功率 100%，有效缓解了有限的司法资源与持续增长的诉讼案件量之间的矛盾。

2. 接待信访

信访作为中国独具特色的民意表达和纠纷解决机制，在公民参与国家及社会治理、反映相关意见建议、维护自身合法权益等方面发挥着重要作用。但随着社会的发展，信访所涉内容的泛化、信访乱象的凸显等问题不同程度地存在，信访须进行法治化转型。实践中很多地方政府对律师化解代理信访案件优势地位的认识由来已久，律师接待信访成为地方治理的一项常态化工作机制。尽管各地律师介入信访的具体工作方式不同，但大体上以 2004 年 10 月司法部、国家信访局联合发布的《关于进一步加强律师参

---

① 江净，陆俐莎. 从社会治理角度探索律师信访 ADR 的五全机制 [J]. 信访与社会矛盾问题研究，2019（2）：68.

与涉法信访工作的意见》为依据展开实践，主要采用律师现场接访、律师参与信访联席会议制、陪同党政干部下访为主要形式。律师参与涉法涉诉信访案件对于解决当前信访问题居高不下，特别是涉法涉诉信访案件持续攀升意义重大。如近年来，检察机关在办理涉法涉诉信访案件和矛盾化解中积极邀请第三方如律师深度参与案件审查、评议，推动一大批信访矛盾纠纷的有效化解。最高人民检察院的数据显示，2021 年上半年 48 名律师驻点最高人民检察院参与接待信访案件 195 件，较 2019 年同期分别增长 15.3%、12.1%，律师驻点全国检察机关来访接待窗口接待 21048 人次，参与开展释法说理和矛盾化解工作 33295 件 45763 人，较 2019 年同期增长近 4 百分点。

3. 主持仲裁

近些年来，我国"法治中国"的构想推动了社会的法制化进程进一步加速。而社会的过度法治化或者畸形法治化会导致"治理的三重困境"，为了跳出社会治理的三重困境，国家必须由直接管制转向间接管制，充分借助社会的自治机制来形成和维护秩序，因此在具体操作层面有必要鼓励纠纷解决机制的自主化和多元化。仲裁是指依照当事人的约定和法律规定，自愿将纠纷交给仲裁机构处理。仲裁作为一种民间性质的古老解纷方式吸引越来越多的个人、企业选择其作为解决纠纷的方式。仲裁效果的好坏取决于仲裁员，仲裁员在仲裁中发挥举足轻重的作用，而仲裁员一般是各行各业的专家。我国仲裁法规定法官、律师、学者和经济贸易专家具备丰富工作经验，可以担任仲裁员，作为拥有法律专业知识和娴熟的法律技能的律师，成为仲裁员的最优人选。律师接受仲裁委员会的聘请，被列入仲裁员名单，在特定纠纷中由当事人选择或者指定后居中处理纠纷。律师担任仲裁员是我国当前缓解法律资源紧张，充分调动和发挥律师为社会矛盾化解贡献自己力量的意愿的最优选择。广州仲裁委员 2018 年统计的数据显示，中山地区仲裁员 134 人，律师仲裁员 100 人，占仲裁员人数的三分之二。

（二）非诉讼纠纷化解中我国律师角色功能发挥的缺陷

根据笔者对 194 名律师的调查，在问到您认为律师以主持者身份解决纠纷过程中最突出的实践问题时，69 名律师认为"地位不够中立"，占

35.57%；46 名律师认为"难以适应服务工作"，占 23.71%；140 名律师认为"由于收益低，积极性不高"，占 72.16%；有 9 名律师认为存在作用受限、不受重视、调解所需时间长等不足，占 4.64%（详见图 4-5）。虽然我国律师参与纠纷解决特别是介入信访、调解的时间不长，开展的地域范围也有一定的局限性，发挥的作用不容小觑，但从图 4-5 可以看出律师主持纠纷解决也存在不健全的地方，主要是三个方面的缺陷。

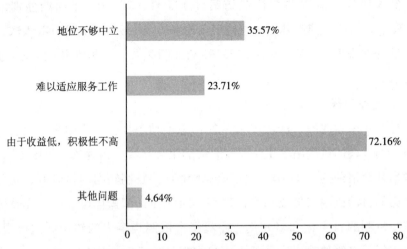

图 4-5 律师以主持者身份解决纠纷过程中最突出的实践问题

1. "角色错位"难以适应服务工作

"角色错位"表现为律师由于其职业角色的缘故，在主持仲裁、调解案件中可能会将自己不自觉地设置于代理人的位置。律师主持调解、担任仲裁员、参与化解信访案件与律师代理一方参与纠纷解决，两个角色之间的区别也是非常明显的。其一，工作职责不同。前者的职责是公正而中立地裁决案件是非；后者的职责在于尽量维护委托方的合法权益。其二，工作重心不同。前者的工作重心是如何居中化解纠纷，寻求皆大欢喜的结果；后者的工作重心是如何实现委托方利益最大化。其三，工作原则不同。如调解中对"不违背法律、法规和国家政策"这样的消极性条件的设定，诉讼裁判中对"以事实为依据，以法律为准绳"原则的坚持。其四，思维模式不同。律师居中化解纠纷是运用利益共同体理念、动态利益观、综合性思维与向前看思维，而代理人是运用利益对抗体理念、静态利益观、切片式思维与向后看思维。律师在主持仲裁、调解和信访案件中可能会将自己不自觉地设置于代理人的位置，从而导致"角色错位"的问题，难以适应服务工作。这一问题可从对律师（律师调解室负责人）的访谈中得到印证："律师调解时，更多的应该是从情感、道德出发，做到化解矛盾纠纷，如果有心理学知识或者更强亲和力的人更适合调解。主持调解中，由于律师习惯了诉讼纠纷的思维模式，会妨碍律师更好地主持调解。律师认为调不成拉倒，交给法院裁判。"①

2. "身份冲突"影响中立性地位

律师作为中间人参加非诉讼纠纷解决时，应保持中立原则，不得偏向任何一方当事人，才能确保结果的客观性、公正性和可接受性。身份冲突有两种情形，第一种是身份重合引起的冲突，第二种是身份接替引起的冲突。无论哪一种情形都会导致当事人的权利受到侵害或者可能受到侵害，因为可能存在先入为主的印象，从而可能损害处理的公正性，那么，这种程序就不是一种合适的程序。律师调解是律师、依法成立的律师调解工作室或者律师调解中心作为中立第三方主持调解，它本质上不是一种单独的调解方式，而是律师参与到调解组织中以调解员身份调解案件。律师作为中立的调解员，在美国、英国、日本等域外法治发达国家早已存在。在我国律师调解的实践于 2005 年起步，为了规范在实践层面积累的成功经验，2017 年 10 月最高人民法院与司法部联合出台《关于开展律师调解试点工作的意见》，该意见第十三条虽然有事前回避与事后禁止规则的规定，但一方面由于规定不严格，另一方面没有严格执行和有效落实，导致律师调解有失公允。仲裁实践中，各仲裁委纷纷在仲裁规则中对回避事由进行明确仲裁。为了确保仲裁员的公正性与独立性，以免其以律师身份为代理方谋求利益而影响裁判结果，我国仲裁法第三十四条规定了仲裁员的必须回避的情形，但是这些规定过于弹性，缺乏适用的确定性。

律师参与信访时具有独立、监督、服务的功能。由于其不属于公家人，是独立第三方，更容易取得信访者的信任，有利于案件的沟通与交流，引

---

① 被访谈人：欧某，某市律师；时间：2021 年 11 月 3 日；地点：欧某调解室。

导信访人理性表达诉求、依法维护权益，实现息诉息访。但是律师参与信访时，接受政法机关聘请，以现场接访、陪同下访和参与信访联席工作会议等工作机制参与案件。由于是律师接受政法委或者政法机关的委托参与信访，一方面很容易让信访人产生律师是"公家人"的错误联想，从而引发不合理怀疑甚至抵触情绪，息诉罢访更为困难，另一方面从法律关系来看进一步加剧了政法机关与信访人之间的地位不平衡。此外，2015 年中央政法委印发的《关于建立律师参与化解和代理涉法涉诉信访案件制度的意见》中规定"与案件有利害关系的律师，应当回避相关信访案件的化解和代理工作"，只做出原则性规定，欠缺操作性。

3. 解纷动力不足导致人才缺乏

根据笔者的调研，广东某市基层法院指派给律师承接的案件成功 1 宗为 600 元，当事人到律师个人调解室委托律师调解，收费也比较低。由于担心经济上的损失，律师会更喜欢以代理人身份参与纠纷解决，因此在社会实践中经验丰富的执业律师越来越少做律师调解，更多的是实习律师或者执业年限不长的律师主持调解。此外受到传统律师执业习惯的影响，我国多数律师目前的思维定式仍停留在商业性质强的代理业务，大多数律师习惯于作为代理人或者辩护人参加纠纷解决，认为主持调解、参与信访是低端业务。

无论是主张律师"职业主义"还是主张律师"商业主义"的学者，它们都肯定律师业的营业性，因为法律服务市场与一般商品交换市场一致，二者都受经济利益最大化的市场经济机制控制。律师既不是天使，也不是魔鬼，而是经济人[1]，追逐经济利益最大化。在以代理人角色参与纠纷解决时，胜诉酬金、风险代理制使律师获得巨大利益和最大数额的报酬。而律师主持调解和参与信访主要采取"政府购买法律服务，律师公益无偿化解案件"的方式。财政保障的律师付费标准总体偏低，远不能与律师代理人业务相比，从而影响了律师参与化解纠纷的可持续发展。实践中参与调解的律师人数较少也可佐证律师对调解工作存在偏见，如杭州市两级法院聘

---

① 黄文艺，宋湘琦. 法律商业主义解析［J］. 法商研究，2014（1）：4.

请律师调解员 584 名，仅占全市执业律师数量的 8%。有实证调研显示，在向杭州市律师群体发放的 263 份调查问卷中，有近 150 人尚未参与过律师调解，占 50% 以上。① 2016 年吉林省专职律师 3043 人中，有 600 余人直接或间接从事参与化解涉法涉诉信访案件工作，占总数的 19.7%。根据笔者对194 名律师的调查问卷，在问到您是否以调解员、仲裁员身份主持过纠纷和您是否参与过政府有关部门处理的涉法信访事件时，前者有 138 人回答没有参与过，占 71.13%；后者有 128 人回答没有参与过，占 65.98%。

---

① 赵毅宇，廖永安. 我国律师调解制度中的角色冲突及其化解路径［J］. 湘潭大学学报（哲学社会科学版），2019（4）：91－94.

第五章 国家治理现代化进程中我国律师角色的理性定位与重塑

在现代社会中，无论是何种法系，还是同一国家的不同法域；不论是法律学术界还是社会生活实践领域，都是将律师置于万花筒中，居于公正与自私、神圣与邪恶、高尚与贪婪之间，呈现出多样的迷幻色彩。社会有序结构的运行是通过社会网络结构中的角色功能正常发挥实现的，为了保证这种有序性，欲使律师实现其应有功能价值，就必须厘清律师角色误区，理性认识国家治理现代化中我国律师的角色以及功效，并予以适当的调适和改变。律师职业属于多元因素控制下的人物，本章拟在上面各章的研究基础上，从制度自身及其运行的社会环境多维视角出发，提出能够让律师功能充分发挥的方案。

第一节 国家治理现代化进程中我国律师角色的理性定位

人们对律师的评价褒贬不一，既有尊敬、赞美、歌颂之词，又有蔑视、嘲弄、歧视的言说，人世间可能再难找出另一种职业使人们产生如此强烈的"爱恨交织"的复杂情感。严格地说，这些描述多少缺乏一些理性，更多表达的是人们的美好愿望而已。从我国目前的国情进行考察，既不能过分夸大也不能低估律师的重要性，需要用一种平常的心态看待他们。我国律师既非精英主义话语系统下的"天使"，也非民粹主义话语系统下的"魔鬼"，而是在法律的框架下的热心公共利益的法律职业者。

▶▶ 一、两种非理性的律师系统

在生活中我们常常会听到"精英"这个词语，认为是有才有权的人，少数处于社会上层的人。精英主义作为一种从现实主义出发理解和阐释政治与社会的结构及其发展的基础理论，其基本观点是少数精英占据着社会的顶层位置。帕累托认为：精英就是坚强果敢、精力旺盛、能力超群的人，是强者，是权势的代表，而出身、财富和知识构成精英产生的基础，并认为"精英"的含义有广义和狭义之分。广义的精英是指那些在人类活动的各个领域里取得突出成绩的人，如君主、律师、高级知识分子等。狭义的精英指成功者中执行政治或社会领导职能的少部分人，这些少数的统治者就是精英，如部长、参议员、众议员等。法律职业研究领域精英主义话语把法律职业阶层理解为现代社会结构中的精英群体，强调法律职业阶层对现代法治的形成，以至在现代文明的型构中发挥着不可或缺的重要作用。[①]在西方律师制度形成过程中，精英阶层与律师界的结合关系是很复杂的，一言难尽。不过，两者很明显确实发生了紧密的结合，律师之所以能成为精英群体，是因为他们不仅出身于上流社会，饱受人文教育，不为自己的服务领取报酬，其兴趣从法学延至进入政府工作。[②] 法国和美国的两位法律社会学家德扎雷和加茨在《作为再生产与革命的法律：一部相关联的历史》一书中，讲述了各国的法律精英群体，在帝国主义的潮起潮落里，他们始终占据了举足轻重的地位，在政治、经济与社会生活里都影响深远，即使在革命的腥风血雨中，也总会涅槃重生。[③]

律师具备精英主义特征首先体现在律师出身高贵，往往与贵族阶层联系密切，一方面早期的律师往往出身于贵族和绅士等社会上层阶级。好几个世纪以来，西方国家的律师行业一直采用这种贵族式的构成方式。在15

---

① 黄文艺. 法律职业话语的解析［J］. 法律科学（西北政法学院学报），2005（4）：7.
② 李学尧. 法律职业主义［M］. 北京：中国政法大学出版社，2007：34.
③ 刘思达. 法律帝国主义的末日之歌［J］. 读书，2023（3）：12.

世纪至 16 世纪的英格兰，从事律师职业的为数不多，但他们中的大部分人是绅士子弟或名门望族的后代，而且常常是长子。在 17 世纪的苏格兰社会也出现越来越多的中上阶层加入律师行业，据当时的学者 N. P. 菲利普森著作中的记载，从 1705 年前 15 年内 126 个被律师协会吸收为会员的律师来看，68 个具有优越的背景，48 个来自中上阶层。另一方面现代西方社会中的律师虽然不是贵族身份，但常常作为"学识贵族"享有与"血统贵族"同等的地位。在法国大革命前的律师，虽然没有像英国那样出身于贵族和绅士家庭，但受过法律专业训练并且具有资产阶级背景的出庭律师已经取代了教士、男爵以及贵族。达维德的说法也验证了这一事实，他曾指出，在法国，学法律的学生大体都出身于资产阶级；平民的子弟即使上了大学也倾向于学习自然科学或文学，而通常不愿进修法学，尤其是不考虑走律师之路。① 律师地位也受人尊敬，并且享有个人非世袭的高贵身份和特权，被穆斯利尔教授称为"上流社会"。② 德国律师虽然没有贵族身份，但学习法律的学生也多为上流或中产阶层的子弟，这一点在 1869 年以前普鲁士法律对参加国家法律家考试的报考资格的规定——要求报考者"出身良家品行优良者"、并应拥有"一定的生活费用"——中略见一斑。

律师具备精英主义特征其次则体现在律师的智力、知识、技能等方面都优于常人。为了能够培养出这种高素质的法律人才，建立了一套通过学费、考试等机制排除劣势群体，甄别、录取和培养出第一流人才的专门的、发达的法学教育体系。西方历史悠久而又发达的法学教育，无疑是名垂青史的法律精英层出不穷的基础性条件。在英国，从中世纪至今，律师学院都是律师的培训和教育的主要承担者。为了培养精英法律人才，律师学院对入学者的身份要求是学生应是"英格兰各地区的最上等或上等绅士之子弟"，而且"应是绅士及至少三代以内为绅士者"。律师学院的培养方式与大学的教育也截然不同，不仅传授法律知识和技能，而且对学生的生活指导，严格传授礼仪举止和上流阶层的行为方式，甚至与人格教育紧密相连，

---

① 大木雅夫. 比较法 [M]. 范愉，译. 北京：法律出版社，1999：280.
② 威尔弗雷德·波雷斯特. 欧美早期的律师界 [M]. 傅再明，张文彪，译. 北京：中国人民大学出版社，1992：119.

赋予学生充分自由，既可以接受舞蹈指导，也可以演出戏剧。日本学者大木雅夫曾发出由衷感叹："在英国，法律家之所以备受尊敬，或许与这种教育方式不无关系。"① 在美国，早期对律师的培训主要是通过学徒制进行的，但 19 世纪开始一些大学兴起法律教育，当时法律教育水平被公认是很低的。但 19 世纪末，兰德尔进行了一系列改革，包括创设了"判例教学法"、将法学院提高到研究生院水平、扩大教师队伍、创办法学杂志，这样大大提高了法学院毕业生的法学知识水平和实践操作能力，从而保障了律师和法律人才像金字塔般的精英化的发展趋势。同属东亚、文化传统上与我国有密切关联的日本，在法制现代化过程中，借鉴西方经验的基础上，建立了精英化的法律职业教育体制，也是一个很成功的例子。

精英主义论者认为财富是构成精英产生的基础，律师职业本身容易为律师职业带来较为丰裕的财富，有助于他们获得更高的社会地位。律师具备精英主义的特征最后体现为：从事律师职业一般来说有丰厚收益，能在短短几年间，继续维持和保障其体面生活。在西方社会，律师职业作为一种有身份、高报酬的职业，历来是众多人士趋之若鹜的抢手行业。例如早在法国大革命前夕，大多数公众还处于远不能满足基本需要的状况，虽然出庭律师和代理人大抵没有贵族们那样多的财富，但在绝大部分较大城市里，律师能担负得起称心如意的开销，或少许奢侈，但不能过度。18 世纪出庭律师在法国贝桑森、图卢兹和里昂三地的平均财产分别为 35042、43100 和 37600 利文。② 虽然美国殖民地时期不允许律师收费，但是，到了19 世纪中期，律师业已经成为一个很赚钱的行业了。

由于一部分律师具备社会所推崇的先天禀赋和后天条件，其以超群的才能而脱颖而出，他们代替大众统治整个社会，不仅能够对社会的发展产生重要的影响，还能决定社会政治性质及发展方向。16 世纪和 17 世纪初英国律师不仅通过各种途径促进英国社会特点的形成，他们涉及商业、农村信贷的延期、地主和佃户的关系以及地方政府，也包括司法，而且对普通

---

① 大木雅夫. 比较法 [M]. 范愉，译. 北京：法律出版社，1999：314.
② 威尔弗雷德·波雷斯特. 欧美早期的律师界 [M]. 傅再明，张文彪，译. 北京：中国人民大学出版社，1992：124.

法做出很大贡献。在法国，大革命以前律师已经参与到地方机构的日常事务中去了，在市政府和地方行政机构里担任职务，管理着城市的生活。通过参与1789年法国大革命和1830年"七月"革命，法国律师意识到为个人权利而进行斗争的场所并非书斋和课堂而是公共论坛、议会讲席以及司法殿堂。这种革命精神在律师界存续了200年，在相当一段时间里，可以不夸张地说，法国议会的组成一半是市长，一半是辩护律师。①

正因为律师们是统御和创造力的领导者，他们对社会发展起着关键或决定作用，所以人们认为律师们拥有圣人般的道德品质，正所谓"仓廪实而知礼节"。精英主义话语系统中有许多人用浓烈的贵族风格的语言描绘律师的天使形象，人们尊称律师为"真理之声""正义之手""社会正义的斗士""民众的保护神"，把出庭律师的工作形容为是有绅士般香味——既无私又充满智慧——缠绕着的高贵职业等，这一话语系统中托马斯·卡斯特罗·阿奎那的观点最具代表性，他把所有在安达卢西亚城开业的辩护律师比作战士："辩护律师以文字捍卫共和国，战士手执武器保卫共和国……所以，辩护律师应该享有与贵族一样的殊荣。"②

从国内外的历史经验来看，律师的精英主义话语并不是一贯而之的普遍现象，我们往往发现也有律师的批评性话语系统。民粹主义作为一种主张崇尚平民、反对精英，具有批判性与斗争性的意识形态，它把平民大众的意志、利益和情感视为合法性的唯一判准，并把平民化、大众化作为社会变革和发展的终极目标。法律职业的民粹主义意识形态是站在大众的位置上对作为社会权势阶层或贵族阶层的法律职业充满着深刻的怀疑、批判，甚至敌视的情绪。由于律师有唯利是图、歪曲法律、颠倒是非的一面，人们对他们的负面评价也广泛存在。甚至律师职业的主要维护者之一蒂莫西·沃克在1837年也不得不承认："律师被认为善于玩弄诡计、施展计谋和使用诈骗伎俩。他们热衷于颠倒是非、混淆黑白……他们向任何一个愿意

① K. 茨威格特，H. 克茨. 比较法总论 [M]. 潘汉典，米健，高鸿钧，等译. 北京：法律出版社，2003：198.
② 威尔弗雷德·波雷斯特. 欧美早期的律师界 [M]. 傅再明，张文彪，译. 北京：中国人民大学出版社，1992：155－156.

给钱的当事人出卖他们的良心和技能。"① 民粹主义法律话语系统在两千多年前古希腊社会生活中就已经出现，塞涅卡就曾指出辩护律师是社会不正义的帮凶，他们猖狂地扼杀社会正义。柏拉图则谴责律师是卑微恶毒的小人。②

出于对精英律师的财富的嫉妒，对他们神秘专业技能的怀疑，对他们显然有意使公共正义服从于程序规则的愤恨，人们对律师的评价不总是高唱赞歌，也有大量的蔑视和攻击的语言，这就是法律职业的民粹主义话语系统。法律职业的民粹主义话语系统首先表现在反对律师职业的商业化，诘难律师的贪婪成性，宣称律师不再有昔日的尊贵与荣耀，而是浑身沾满铜臭。在西方，律师作为一种古老的"职业"，作为一门"绅士"的职业，为了避免律师追求私人利益，成为法律的耍弄者和金钱的攫取者，在有英国法律传统的很多国家，律师们通过为他人提供服务获得的只是馈赠和赠礼，出庭律师不得与委托人直接接触商谈费用，也不得为收取费用问题提起诉讼，任何商业化运作都应当遭到谴责。19世纪末，随着工业主义战胜农业主义，商业主义如草原野火般横扫各个领域，一些西方国家特别是美国的律师出现了商业化倾向，在以后的若干年整个律师职业都朝着商业主义方向发展，表现为律师和律师事务所以追求利润最大化为最高目标。律师们成为为自己利益随风倒的人。在素有律师权高位重传统的美国也有人曾评论说，法律职业是"拿天资去卖钱……是一个为了金钱将自己供任何一个男人任意玩弄的淫荡的妓女"；③ 律师界已经失去其优越的尊严感，并且已经为"商业的精神所玷污"。④

法律职业的民粹主义意识形态其次表现在反专业化、反职业化的情绪和立场，这种意识形态在许多国家都存在过，并且在一定时期占支配性地

---

① 伯纳德·施瓦茨. 美国法律史 [M]. 王军，等译. 北京：中国政法大学出版社，1990：89.

② 德博拉·L. 罗德. 为了司法/正义：法律职业改革 [M]. 张群，温珍奎，丁见民，译. 北京：中国政法大学出版社，2009：1.

③ 伯纳德·施瓦茨. 美国法律史 [M]. 王军，等译. 北京：中国政法大学出版社，1990：91.

④ 德博拉·L. 罗德，小杰弗瑞·C. 海泽德. 律师的职业责任与规制（第二版）[M]. 王进喜，等译. 北京：中国人民大学出版社，2013：2.

位。众所周知，法律和律师在美国的社会和政治中占据显赫地位，但如果认为他们自始至终都享有这种地位那是大错特错。事实恰恰相反，无论是早期殖民地或者杰克逊担任总统时期，还是现在，都有人持有民粹主义的态度和立场，他们对法律和律师抱有强烈的反感。在他们眼里，职业律师不仅是不受欢迎的，而且是不必要的，如果在打官司时一方需要帮助，往往求助于未受过法律训练的亲戚、朋友或商业代理人。他们厌恶律师，抱怨"几乎所有的律师都是品格恶劣可耻的人"，反对律师的职业垄断。一些州制定了法律，所有公民，只要没有受到刑事处分，都可以作为律师开业。这种规定在印第安纳州一直存续到 1933 年；在马萨诸塞州存续到 1935 年。① 1952 年 6 月开始到 1953 年 2 月结束我国司法改革运动，这次司法改革运动的主要内容是清除旧司法人员、批判旧法观点、纠正旧司法作风。通过司法改革运动，司法工作不是向专业化、法律化、理性化方向发展，而是向群众化、政策化和情绪化方向发展。黄文艺教授曾精辟指出这次司法改革就是在民粹主义话语支配下开展的一场反职业化的政治运动。② 随后，1957 年的反右运动使民粹精英主义话语越来越猛烈，当时社会主义法制的一些正确原则遭到批判，如法律面前人人平等原则、法院依法独立审判、被告人有权获得辩护原则等，辩护制度、律师制度被完全否定，律师被批判为"替坏人说话，敌我不分"，"为阶级敌人开脱、掩护"，许多律师被打成右派，有的被判刑劳教，前进中的律师职业戛然而止。

诉讼孕育了律师，律师滋长诉讼。这一谚语，前半句说明了诉讼对律师有着决定性影响，诉讼类型的改变对律师的组织和发展有着一种强大的影响，无数历史经验表明诉讼持续增加，律师的市场价值额就会增长，会促使律师行业的兴盛，为律师职业的崛起创造条件。在民粹主义话语系统下，重要的一面不是诉讼孕育了律师，而是律师孕育了诉讼。这一话语系统最极端的表述来自 17 世纪早期的讽刺文学，尤其是弗朗西斯科·奎维都·Y. 维勒加斯的著作，他大声疾呼律师应对大量的罪恶负责："没有律师，

---

① K. 茨威格特，H. 克茨. 比较法总论 [M]. 潘汉典，米健，高鸿钧，等译. 北京：法律出版社，2003：354.

② 黄文艺. 中国法律发展的法哲学反思 [M]. 北京：法律出版社，2010：147.

就没有争讼；没有争讼，就没有代理人；没有代理人，就没有欺骗……"①
他认为律师是诉讼增长的始作俑者，酿造了一串该死的麻烦，是罪恶之源。
20世纪下半叶以来，美国出现的诉讼爆炸，整个国家忍受着"疟疾病"的
诉讼倾向。在大众看来，法律职业界特别是律师应当对现代国家的诉讼爆
炸负责，人们指责律师利用繁文缛节的制度设计谋求经济上的好处，他们
为了赚取更多律师费而鼓动当事人打官司。四分之三的美国人相信美国有
太多的律师，律师提起太多的诉讼；律师界的领袖也把人们的好讼视为律
师行业的首要问题。②

▷ 二、律师是为公众服务的法律职业者：公共性法律职业主义话语系统下我国律师的角色定位

在职业主义话语系统下，律师既非大公无私的圣人，也非唯利是图的
小人，而是法律职业者。帕森斯从结构功能主义观点出发，认为职业是一
般行业的角色群体，其中的任职者发挥着社会所珍视的某种功能，并通过
其角色活动即职业活动来营生。在现代语境中职业往往与行业、工作相通
用，虽然一种职业意味着一种工作，但不能反过来说一种工作意味着一种
职业。职业不同于一般的工作，它们与主要社会制度和社会基本善之间存
在直接关联，③从事该工作的人必须通过专门的教育和学习获得非常深奥的
知识。法律职业是以法官、检察官和律师为代表的人员，作为法律职业者
之一的律师，美国律师协会在1996年的一份报告中提出他们是以一种为公
众服务的精神从事一门富有学问的艺术的法律专家，是把促进社会正义和
公众利益作为全部事业的共同使命的法律专家。④作为现代法律职业阶层自
我定位、自我理解和自我证成的话语系统，法律职业主义对法律职业应当
是一种什么样的职业进行了描述，法律职业需要具备哪些条件加以界定，

---

① 威尔弗雷德·波雷斯特. 欧美早期的律师界 [M]. 傅再明，张文彪，译. 北京：中国人民
大学出版社，1992：154.

② 德博拉·L. 罗德. 为了司法/正义：法律职业改革 [M]. 张群，温珍奎，丁见民，译. 北
京：中国政法大学出版社，2009：182.

③ 陈景辉. 法律的"职业"伦理：一个补强论证 [J]. 浙江社会科学，2021（1）：49.

④ 黄文艺. 中国法律发展的法哲学反思 [M]. 北京：法律出版社，2010：128.

现在就让我们考察一下法律职业的特征。

无论是大陆法系还是英美法系，尽管律师发挥作用的方向是大致相同的，都是公权力制衡者，私权利保障者，但历史和国情的差异使各国律师的地位和作用呈现不同的特点。我国律师制度是清末西学东渐、仿效西方典章的一个产物。中华人民共和国成立以来，我国律师职业在人数规模上飞跃式发展，近五年平均增速超 10%，在利润链条上稳步攀升。由于律师职业的过度商业化，很多律师认为其只是一个赚钱的行当，一味从自身利益角度考虑问题，结果是我国律师职业的社会地位和社会评价没有与其经济收入同步上升。在当前特定的发展阶段、动力机制和政治框架下，我们需要对律师职业重新定位，即为公众服务的法律职业者。作为为公众服务的法律职业需要具备以下五个方面的特征。

1. 公共服务性

无论我们是否接受这一事实，各种职业已经开始在我们的社会生活中扮演重要的角色：医生治疗我们的身体，建筑师装点我们的城市，工程师控制我们的机器，律师维护我们的权利……"职业"的概念在各种不同社会语境下的意蕴有着很大区别，在我国，不存在英美职业研究中常见的所谓"职业"与行业的区分，"职业"的概念涵盖了所有的行业群体，既包括医生、律师、建筑师、教师、记者等传统职业，也包含数据工程师、金融分析师、心理咨询师、房地产经纪人、动漫制作人、网络主播、外卖骑手等新兴职业。由于法律职业与社会基本善之间存在直接关联，所以从事该工作的人除了须通过专门的教育和学习获得非常高而深奥的知识外，还要具备为公众服务的精神。法律职业由于其本身固有的重要性使它比其他职业对公共利益有更大影响。作为法律职业者之一的律师，律师工作的一部分直接与公众福祉相关，与法律制度的廉正性相关，与规则的公平和执行相关，要求他们是以一种为公众服务的精神从事一门富有学问的艺术的法律专家，是把促进社会正义和公众利益作为全部事业的共同使命的法律专家。[①] 对于从事律师工作的人来说，最根本的价值是为公众服务的精神。把我国律师职业定位为公共利益的维护者，不仅使得律师能够获得内心伦理

---

① 黄文艺. 中国法律发展的法哲学反思 [M]. 北京：法律出版社，2010：128.

的正向评价，同时也能够获得更多的社会支持。① 在我国缺乏律师职业传统、各界不理解律师工作的特殊性的大背景下，律师们如果不采用一种为公共服务的姿态并为之行动，律师界只会使世人的偏见加深。各国的实践说明，律师只有走出法庭去服务公众，用自己的政治智慧，在公共决策中代表社会民众利益进行辩论，将职业代理提升到国家政治的层次，愿意为公众的利益付出任何的代价，做一个具有美德的积极公民，才能获得社会的尊重。

2. 渊博智识性

伴随近现代工商社会的高度分工，法律变得越来越相对地独立于其他社会领域，甚至走向自治，成为一门既具理论性又具有实践性的社会科学。首先，作为一门科学的法律，它按照科学的原理、思路和方法来分类、梳理、思考、理解，形成了自己的一套概念体系和法律理念，从而不具有高深的专业知识、未受过法律专业教育的人，是难以深入领悟和掌握现代法律的精神原理、制度体系和操作技术；其次法律是具体化的、情境化的，甚至个人化的知识，任何想从事某种法律职业的人，除了掌握一般化、抽象化的法律原理和知识外，还必须掌握与其职业实践相关的知识、规范、经验和技巧，需要通过学徒式学习或者参加法律实践掌握。此外现代意义上的法律乃是整个社会生活中的一部分，它绝不存在于真空之中，它与人类的其他分支学科如历史学、政治学、经济学等有着千丝万缕的关系，因而法律工作者的知识的学习很大程度上要放在非法律部分完成，这样才不会成为一个只知道审判程序规则和精通实在法的专门规则的法律工匠，正如博登海默所言，为了使法律工作者成为一个真正有用的公仆，成为一流的法律工作者，他们就必须首先是一个具有文化修养和广博知识的人士。

3. 同质一体性

律师作为民间法律工作者，既没有军权、财权，又不能支配社会的力量和财富，要获得社会权威，最根本的渊源在于其自身的力量，就其自身力量的源泉来讲，法治社会成功的经验表明，来自法律职业者内在的统一

---

① 宋远升．律师论［M］，北京：中国政法大学出版社，2014：34.

和内部的团结，① 即同质性。这种同质性以出生、政治、道德、宗教信仰、生活方式或者职业等社会因素为表现，而法律职业的同质性表现为从事同一法律职业的人们由于接受同样的教育背景而形成了以独立意识、规则意识、公正意识、权利意识、诚信观念等构成的共同法律职业意识；形成了以三段论推理为基础，法律普遍性和形式性的规则为依托的观察、思考和处理问题的相同思维方式；形成了由众多法律概念、术语所构成的独特的共同话语系统；追求一种以自由、民主、平等为价值的共同法治理念和法治精神。黄文艺教授认为正是这种职业的同质性有助于增强法律职业的凝聚力和战斗力，使分布在不同地区、具有不同个性的人们能够在心理上相互认同，共同归依于一种职业，形成一个特殊的社会阶层。② 一种职业如果缺乏必要的同质性，容易走向瓦解、崩溃。

4. 有效规范性

在经济学视角下，人是有理性、会计算并且追求个人利益最大化的经济人。虽然律师是法律职业者，但他们和其他人并没有什么两样，有着与常人相同的生活需求，是生活在社会中的一群理性经济人。理性经济人具有自私、自利的一面，理性在本质上仍然是一种自私的、对自己利益的算计。商业化职业主义论者认为由于律师是要依靠律师费用而获取物质生活的职业，他们是追求个人利益最大化的理性行为主体，他们具有内在的商业倾向以及追逐经济利益的天性，因而需要对律师职业行为加以管理。从监管主体来看，律师法律服务业的监管可以分为律师行业协会的自我管理和政府的外部管理。自我管理的权力和实践是区别一个专门职业和其他一般行业的标志之一。律师协会自我监管这种模式越来越受到民众的质疑和批判，主要原因是职业行为规范执行机制的不足，没有足够的约束力。为律师设计出一整套有效防范和惩治各种可能的违规行为的职业行为规范，并内化到他们行动当中，可以遏制律师的道德失范与沦丧。

① 贺卫方. 司法的理念与制度 ［M］. 北京：中国政法大学出版社，1998：7.
② 黄文艺. 中国法律发展的法哲学反思 ［M］. 北京：法律出版社，2010：134.

5. 独立自主性

在法律职业主义论者看来独立自主性是法律职业最重要的特征，是它同行业及其他一般职业、群体相区别的最起码条件。这种职业的独立性，不仅表现为它拥有一个独立的专业领域和活动空间，而且表现为具有相对独立的社会身份和地位，也表现为其从业人员能够自主地处理或管理职业领域内的事务。这种职业的独立自主性首先意味着律师工作的自主性，律师自主决定服务的对象、案件类型和服务的方式及服务的地点等；其次还在于律师在执业过程中必须在法律限度内全力以赴维护当事人合法权益，独立于国家公权力机关和当事人，不受外界干扰，不受任何侧面的影响；最后也是根本的即律师自治，律师协会对律师进行有效的管理，可以自主地管理律师内部的事务，规范律师的行为，维护律师们的合法权益。律师职业的独立性是法律制度形式的民主和公平的本质要求，是律师和当事人之间建立相互信任关系的前提，更是保证律师能提供有力服务、团结一致的坚强后盾。律师作为完全独立的社会力量，是公民连接国家的一座桥。在我们追溯律师产生的初始时期，我们也发现，律师在代表商人争取和维护私人利益的活动中，借助法律这一社会各阶层共享的合法性资源参与权力的角逐，培育和发展自己对抗国家权力侵袭的实力，最终把自己建构为一个具备一定自主性的共同体。

第二节　国家治理现代化进程中我国律师功能发挥的多维建构

自 1978 年中共十一届三中全会以来，我国律师职业从"失而复得"到"蓬勃发展"，律师在国家治理的各个领域各个方面发挥着举足轻重的作用，从为个人业务到为企业服务，从司法到立法、执法，从诉讼纠纷化解到非诉讼纠纷化解。虽然律师的社会地位已经有显著提高，但事实证明我国律师的功能还远未能得到充分的发挥。在已经将全面推进依法治国、加快建设法治中国、实现法治强国作为我国奋斗目标的前提下，正确认识律师的角色，充分了解律师所具有的各种功能，以扬其利抑其弊，进而准确判断、吸收并引导这一具有不可抵抗的、具有影响中国国家治理现代化进程的重要力量，应是我国在未来法治建设中构建和谐社会、实现法治中国梦的一个重点工作。所以加强对律师功能的理论和实践研究，以求提出充分发挥律师功能的对策很有必要。

》 一、健全国家治理立法中律师功能发挥的机制

在专门的政府管理领域中，有些立法活动要求立法者对存在于该特殊领域中的组织问题和技术问题完全熟悉，因此由一些专家来处理这些问题就比缺乏必要的专业知识的立法议会来处理这些问题要适当得多。[①] 智能互联网时代律师参与立法的这些问题，既有体制的因素，也有文化传统因素，还有社会发展和科学技术条件的制约，都需要我们冷静对待。

正如江国华教授所指，纵观我国改革开放 40 年的立法体制，就总体模式而言，仍然存在着较明显的追赶型立法的特征、比较浓厚的官僚型立法色彩和比较严重的管制型立法的性格，随着当今中国的政治、经济、文化、社会等方面发生巨大变化，尤其是信息技术和智能化的快速发展，我国社会将步入未来社会，因此立法模式向回应型、民主型和服务型立法模式转变也是必然趋势。[②] 真正意义上的"律师参政"理应是制度化的而非"点缀式"的，理应是律师可以主动参与，而非只能被"选秀"。党和政府深刻认识到律师对于科学立法、民主立法的重要性，2016 年中共中央办公厅印发的《从律师和法学专家中公开选拔立法工作者、法官、检察官办法》明确了可以从律师队伍中选拔立法工作者，从目前全国的实施情况来看，从律师中遴选立法者、法官和检察官的制度停留在立法层面，尚未成为"行动中的法"。办法实施到现在，目前没有报道一位律师被选拔为立法工作

---

① E. 博登海默. 法理学：法律哲学与法律方法 [M]. 邓正来，译. 北京：中国政法大学出版社，1999：420.

② 江国华. 立法：理想与变革 [M]. 济南：山东人民出版社，2007：285 – 316.

者，律师被选拔为法官或者检察官的也是寥寥无几。① 只有具有较高政治制度化水平和参与程度，才是发达而稳定的现代民主政治的基本标志。笔者认为需要改变参与立法只是少数精英律师专利的现状，从以下几个方面着手改善，让更多律师参与。

（一）赋予律师协会法律议案提议权

中国在改革开放之初，为了实现有法可依这个目标，采取的是追赶型立法模式。追赶型立法模式中，享有立法提案权的主体是特定的，局限于国家机关和特定人数的人大代表，公民和社会团体没有立法提议权。为适应社会发展变化，提升法律的权威性和实效性，我们走向回应型立法模式是十分重要而紧迫的。回应型立法是以立法和社会需求之间的有机契合为基本目标的立法模式。众所周知，提案往往是民意的表达，如果立法提案权行使范围过窄，势必损害民意表达的充分性。在大多数情况下，公民参与的动力通常来自获取公民接受政策的需求，公民的接受是决策成功实施的先决条件。立法资源应该取之于民，立法的动力和要求应从民众中来，民众的立法意图通过议员或者政府，或直接提上议会的议程。在法律上赋予公民法律提案权是很多国家的做法，如奥地利、意大利、瑞士、索马里等国家。建议我国可以开放起草资源，赋予律师协会提起议案的权利或者把律师协会规定为法律草案必须征询意见的主体。正如张志铭教授所言，因为与其他许多职业一样，律师业的行业化是分散运作的律师业为加强职业内部的联系和交流、形成一种整体的力量以强化自身对社会的交涉力和影响力而表现出的一种自我整合过程。②

（二）吸收更多律师担任人大代表或政协委员

学者们根据律师介入立法的不同程度，将律师参与立法分为直接参与立法和间接参与立法，直接参与立法是指律师直接参与法律法规的制定工

---

① 党十八届四中全会召开以来，至少已有上海、广东、江苏、浙江、北京、陕西、山东、吉林、河南等地落实这一选拔制度，累计组织过 10 次选拔，其中上海组织过 2 次，但最终选拔出的法官并不多，陕西一个也没有选出。参见李玉楼. 从律师中选法官：仍处于小规模试点阶段，跨过"凯旋门"者不多［N］. 南方周末，2022 – 04 – 07（01）.

② 张志铭. 当代中国的律师业［M］//夏勇. 走向权利的时代. 北京：中国政法大学出版社，2000：114.

作。在我国当前政治体制下，律师直接参与的形式主要是通过当选人大代表提出法律议案，审议法律议案时行使表决权，或者当选政协委员行使政治协商、民主监督、参政议政职能影响国家立法。通过特定身份参与立法的权利有保障，能够更多地得到立法机关的认可和反馈。现代化催生了律师等知识分子产生了政治效能感，要求以某种形式参加到政治体系中去。政治制度是律师政治功效发挥的舞台及居所，无论律师本身具有何等的天然的立法优势，如果没有政治制度的支持或者至少不予排斥的话，律师的立法角色也不过是幻影而已。为了充分发挥律师对立法的影响力，需要破除体制性障碍，让更多律师直接参与立法。我们需要对人民代表大会代表和人民政协委员的界别进行科学划分，从而提升人大代表和政协委员参政议政的能力和水平；允许律师协会拥有推荐正式代表候选人的权利，扩大律师人大代表候选人的范围；提高律师当选人大代表和人大常委会委员的比例；在完善人民政协制度，增设法律界别或律师界别等方面做出努力，吸收更多律师进入人大和政协，保障律师制度化参与立法的权利。

（三）构建律师参与立法前评估机制

立法准备阶段在立法活动过程中往往具有决定某一法案未来命运的作用，这一阶段也是非常重要的，所以为了提高立法质量，国际上很多国家如美国、加拿大、德国、日本等采用立法前评估。所谓立法前评估是指启动立法程序之前，对立法项目的立法必要性、可行性和法规中主要制度科学性、可操作性以及法规实施的预期效果、社会影响等进行分析、评价。它主要解决对某一事项是否立法、何时立法和如何立法等重要内容，对于提高立法的效果、减少试错成本都具有重要的意义。我国立法实践中采用的立法项目论证、立法调研、立法草案说明和立法听证等方式对立法法案加以评价不是正式的立法前评估。立法前评估可以由立法机关自行组织，也可以委托第三方进行。

回应型立法首先要准备的是一套科学有效的立法预备机制。这一机制包括立法需求信息的收集和归纳，立法的预测、规划和论证。只有在全面科学地掌握立法需求信息的前提下，才可能作出科学的立法预测和立法规划，只有经过充分立法论证的程序之后，立法规划才可以付诸实施。通过委托第三方在立法项目进入立法程序之前进行立法前评估，可以给公民提供合适的利益表达渠道，集中平衡不同人的利益，达到立法决策体现社会的客观立法需要的目的。

由于我国理论界和立法实践中，通常把立法程序视为由提案到公布法这一阶段，所以律师参与立法主要限于立法草案的起草和审议，立法前评估阶段很少参与。近年来，中央文件不断强调要进行立法前评估，国家立法和省级地方立法也越来越重视立法前评估，随着立法前评估备受国家和地方立法机关的青睐，律师事务所作为委托第三方展开立法前评估在实践中偶尔也会出现，但是概率不是很高。律师作为法律实务工作者基于准入资格、执业水准等要求和职业竞争的压力，专业日益精深，具有丰富的法律实务经验，对法律法规中存在的问题具有他人所不可及的深刻体会，作为第三方参与立法前评估将更具有可行性、权威性和即效性，在构建地方立法前评估机制时应当积极吸纳优秀律师和专业律师事务所参与。

（四）建立律师参与立法后评估机制

美国社会法学家庞德曾经说过，法律的生命在于它的适用和生效。法律出台以后不应将其搁置一边不再关注，立法质量好坏、适用情况如何，归根到底取决于特定的信息反馈机制，立法质量也像商品质量一样，需要对其质量检测评估，因之立法后评估成为首要的检测手段。立法后评估是指法律、法规实施一段时间后，相关主体对法律的实施情况进行分析和评价。立法后评估不仅是检验法律规范合法性、最佳性的核心手段，而且对于提高立法质量，及时对法律进行矫正和修缮具有其他相邻制度所不可替代的特殊作用。立法后评估的实践中，有以法律制定者或者执行者开展为主，但目前已有很多委托第三方评估进行。第三方立法评估机制是指中立的第三方组织接受法律法规的制度主体或实施主体的委托，通过科学客观的指标选择与程序设置，对特定法律实施过程中的各方面效果做出评测的机制。

律师具有先天的专业优势、职业优势和实践优势，相对于其他主体而言，更能发挥第三方立法评估机制的客观性、中立性、专业性和独立性，更能客观检视法律实施中面临的问题，了解立法效果，应该广泛参与立法后评估阶段，逐步成为压倒多数的主导性评估模式。当前律师参与立法后评估的模式仍处于起步阶段，由于存在观念偏差、评估机制缺失、律师资源不足等方面的障碍，我国律师参与地方立法后评估的实施效果很不理想，当前重点在于从律师转变观念、构建规范的地方立法后评估机制、整合律师资源三方面着手推进律师参与地方立法后评估工作。

（五）提高律师参与立法的意识和能力

目前我国律师参与立法热情普遍不高，除了经济方面的制约，另外一个原因是单个律师参与能力有限。在民众的参与过程中，由于单个律师的知识不足、参与能力有限，在公共决策中单枪匹马地参与，意见往往得不到重视。作为律师的自治性组织，律师协会对律师参与立法虽然有指导和规范，但是还不够重视。从全国律师协会和各省、市地方律师协会的门户网站公开的信息可知，北京、广东、上海、湖南、深圳等地方律师协会的章程规定律协的职责之一是促进律师参与立法工作，律师协会设立的专门委员会中有参政议政委员会，也有一些地方律师协会甚至全国律协没有设立参政议政委员会。参政议政委员会的职责主要是负责加强律师人大代表、政协委员的联系和沟通，为律师人大代表和政协委员参政议政提供智力支持和物质保障。组织化的利益团体在公众参与立法的过程中，可以事前私下交流有关意见，进行内部讨论、协商甚至争议，可促使内部成员提高认识并达成共识，为有效参与奠定基础，[①] 发挥律师协会政治交互功能，强化律师参与意识和能力。建议全国各级律师协会内部设立律师参与立法专业委员会，让参与立法工作的律师们通过专业委员会的平台进行立法工作的交流、沟通、总结和提升，发挥律师参与立法工作的积极性，整合律师参与立法的力量，优化和提升律师参与立法的水平。同时，律师协会以立法专业委员会为依托，开展律师参与立法工作的业务规范和指引的研究，在原《律师参与立法工作规则》的基础上，尽快修订完善律师参与立法工作的业务操作指引，以指导和规范全国律师有效参与立法。[②] 此外，律师各级

---

① 代水平. 我国公众参与立法的现状、问题与对策 [J]. 辽宁师范大学学报（社会科学版），2018，41（6）：31.

② 陈承帼. 律师参与立法的途径与方式 [J]. 广西政法管理干部学院学报，2018，33（5）：7.

协会特别是地方律师协会应该在律师的继续教育培训问题上有所作为，不仅要注重对律师业务技能的培训，而且要注重激发律师立法热情，提升律师的立法参与能力。

（六）完善律师参与立法的规范机制

、近年来，社会实践中虽然有不少律师协会、律师事务所和律师个体参与立法，例如以第三方接受委托立法，或者各级人大常委会聘任律师担任立法专家顾问、立法咨询委员、立法助理等，但是"律师参与立法模式"并没有制度化的保障，带有较大的随意性。例如什么时候什么样的法律草案、多少法律草案委托律师立法，对接受委托律师及其立法调研和起草上的要求，提交的立法草案是否受到重视、是否得以接受，接受多少，接受或者否定的事实和理由，受委托律师立法的报酬和支付方式，等等一系列问题都没有统一的法律规定。

为此，笔者建议统一规范立法机构委托第三方参与立法的行为，律师通常接受立法机关委托参与立法前评估、法律草案的起草、立法后评估等活动。对于可以委托的立法事项、第三方的资格条件、委托方式、委托期限、委托程序等关键问题，都应当作出科学明确的规定，以保障包括律师在内的第三方参与立法的制度能够真正发挥作用。对于律师参与立法的其他方式，也应分别进行规范。例如，对立法听证会进行规范，对立法听证的对象范围、立法听证参加人的数量、听证的程序、听证意见的处理等作出具体明确的规定，使律师参与立法听证会有章可循并发挥实效。

（七）创新律师应用科技手段常态化参与立法机制

到目前为止，我国立法制度已经探索多种公众参与的立法途径，并且喜欢采用以下几种方式，具体而言包括立法调研、座谈会、论证会和听证会，绝大部分的论证会、座谈会、听证会均在工作日召开，地点也多半选在政府或政府部门会议室。考虑到我国律师是自由职业者，一名自愿报名参加立法的律师想要在指定时间、指定地点出现在会议上，他需要放弃有偿活动，并非易事。

互联网技术革命正显著地改变着人类的生活方式和生产方式，同时带动着思想观念和生活观念更新，必将对法律制度和社会结构等产生影响。

随着 PC 端升级到移动端，人们得以随时在线，随时交换和分享信息，人们获取信息、交换信息的主要方式，也不再仅仅是文字，也包括图片、语音、图像、视频等，信息传递的时效性、完整性和准确性得以大大提高。在此基础上，网民的意见表达、观点争论也更加频繁和激烈。① 当我们在生活的其他方面享受着"快捷""即时"的同时，我们对于公众参与也有了新的要求。

立法公众参与方式、参与途径的创新本不在于形式的新颖程度，而在于是否便民，在于能否吸引更多的公众能以体面、舒心的状态"举手之劳"地为这个城市的发展进行自我决策、贡献智慧。② 充分利用智能互联网技术和新媒体技术的"脱域"特性，创造出新的参与机制，如视频会议、网络问政、电视辩论、微信微博等，应是值得期待并有望完成的目标任务。

▶▶ 二、完善政府治理中律师功能发挥的对策

当代中国律师参与政府治理的制约因素很多，既受经济发展水平、政治法治化水平、传统政治法律文化等客观因素的影响，又受政府行政人员的心态和行为选择、律师自身的参与意识和能力、普通民众的支持和认可程度等主观因素的影响。从总体来看，现有的相关制度不完善，无法充分满足政府的需要和律师不断增长的参与诉求，需要完善相关制度来保障律师参与政府治理的出勤履职，用制度来尊重律师的意见或建议，使律师的参与成为政府依法行政的必选项。结合当前的国情，笔者就完善律师参与政府治理提出以下几方面的设想：

（一）完善公职律师制度

在世界各地，越来越多的法律职业人员开始在政府机关工作——这已经有专门的称谓，"公职律师"。公职律师，顾名思义，是指既有国家公职身份又有律师资格的人员，指任职于党政机关、人民团体以及事业单位，依法取得法律职业资格或者律师资格，为所工作单位提供法律服务的律师。

---

① 王怡. 智能互联网能为民主立法贡献什么 [J]. 北方法学, 2019 (6): 118.
② 夏雨. 行政立法中公众参与的难题及其克服 [J]. 法治研究, 2019 (2): 78.

由于公职律师要以取得职业资格和律师资格为前提，因此他们都受过法律专业的学习和训练，与为政府提供法律服务的其他主体诸如在政府工作机构部门法规处等专门从事法律事务的公职人员相较而言，其专业性上更具优势，此外由于公职律师是国家公务员或公务员性质的人员，所以公职律师在保障政府依法行政，促进政府决策民主化、科学化、法治化方面具有不可替代的地位。

公职律师制度是律师制度的重要组成部分，某种程度上，公职律师制度发展是我国依法治国、依法行政建设进程的缩影。从政策层面看，我国公职律师探索始于1993年，但是其进程显得非常艰难。随着市场经济的迅速发展和政府工作的法治化，特别是中共中央十八届四中全会提出全面推进依法治国以来，公职律师改革全面铺开，中国特色的公职律师制度体系日趋成熟，公职律师在律师总数中所占的比例有很大提高，2017年年底全国公职律师人数为1.3万多人[①]，截至2022年底达到9.59万多人，占14.73%[②]。虽然我国公职律师制度框架已经渐趋成熟，公职律师在参与行政决策论证、提供法律意见、促进依法办事、防范法律风险等方面发挥了重要作用，但在政府治理过程中的公职律师作用发挥不够，仍然局限于参与诸如参加复议、诉讼、重大突发事件等具体行政行为的法律服务，对重大行政决策介入度依然不够，有必要进一步完善公职律师制度，确保公职律师更充分、更深入参与政府决策的核心和监督政府治理的全过程。主要从以下方面解决：

第一，赋予公职律师更多职务保障权利，如参会权、知情权和阅文权。为了保障公职律师能够充分行使其职能，《意见》中不仅赋予了公职律师在执业活动中享有律师法规定的执业权利，而且也明确了政府机关在决定重大决策事项，起草、论证法律法规规章和规范性文件，以及重要法律事项之前听取公职律师的意见，更确立了未听取公职律师法律意见的相关主体

---

① 赵颖．司法部律公证司司长权威发布：律师公证行业改革成绩单［EB/OL］．（2017－12－13）［2022－08－20］. http：//www. moj. gov. cn/pub/sfbgwapp/zxft/202105/t20210517_ 395309. html.

② 司法部政府网．2022年度律师、基层法律服务工作统计分析［EB/OL］．（2022－08－15）［2024－03－25］. http：//www. legaldaily. com. cn/index/content/2023－06/14/content_ 8865294. html.

的责任。但是《意见》并没有赋予公职律师提前参与的权利，现代工业社会要求政府在决策时首先得合法，要求相关的专业人士、法律人士参与，并将专业人士、法律人士的专业意见作为决策的前提和基础。为了保证公职律师深入参与，律师就必须全面了解各方面的情况，要了解重大决策的来龙去脉，必须赋予律师参加政府讨论重大问题涉及法律事务的重大会议权利、重大行政决策的论证阶段和重大项目的洽谈阶段参与权和能够阅读重要文件等提前参与的权利。如此，律师才能提出有实质性价值的专业意见，使公职律师从政府行为及政策合法性论证代言人的消极角色向政府政策合法性监督人的积极角色转变。

第二，建立直接从社会律师中选聘公职律师的机制。2016 年 6 月中共中央办公厅、国务院办公厅颁布了《关于推行法律顾问制度和公职律师公司律师制度的意见》（以下简称《意见》），要求在公职律师改革进程中，通过遴选具有法律知识背景和从事法律工作经验人员，设置专门的公职律师岗位，可以较好满足政府治理中所需法律服务专业化需求，但《意见》除了外聘法律顾问外，公职律师更多是盘活体制内的既有存量，即将从党政部门、政府法制办、党内法规工作机构内部拥有律师从业资格的人员中选拔和确认，他们转换的主要是身份，而非作为律师的经验、能力的大幅提升，更没有新鲜力量的及时补充,① 无法实现预期目标。为了解决公职律师专业能力的问题，应该设立从社会律师中选任高素质法律人才的机制，以提高公职律师的专业化。通过公正、公开的程序招聘体制外的具有律师资格的社会律师进入，以补充既有公职律师队伍，进而提升公职律师队伍的整体素质和质量。

第三，将公职律师参与嵌入行政程序中。政府社会治理是多元主体合作治理，需要以程序保障治理过程的理性化、规范化，需要在时间、顺序、环节等维度上通过程序制度得以承载治理过程的交互性，从而提升政府治理的合法性与有效性。② 应当基于正当程序理念，在行政程序法中设立各项

---

① 蒋志如，尹显丰. 历史与文本中的中国公职律师：以《关于推行法律顾问制度和公职律师公司律师制度的意见》为中心 [J]. 内蒙古师范大学学报（哲学社会科学版），2019（3）：11.

② 石佑启，杨治坤. 中国政府治理的法治路径 [J]. 中国社会科学，2018（1）：84.

具体程序制度，将公职律师参与程序纳入政府治理的规范程序中，为公职律师参与行政活动提供制度化的通道，如参与政府行政立法和制定规范性文件评估制、参与行政立法和重大行政决策合法性审查法定程序制度、参与重大执法决定法制审查制度等，使公职律师的作用从事后扩展到事前事中，涵盖政府治理全过程，保证相关政府行政决策或重大项目全程置于法律的规范之下。

（二）完善顾问律师制度

政府机关满足自身法律服务需求的方式无外乎两个：一个是寻求外部社会法律服务资源的供给，即外聘社会律师；另一个则是挖掘或重新分配政府机构内部法律资源，通过资源的激活和调配实现供给和需求的内部平衡。对于一个地区是否应该设立公职律师事务所，或一个行政机关和事业单位是否应该设置专门公职律师岗位，应该基于区域内的社会、经济、文化情况或一个机构权责范围、业务特点来决定。《意见》中提出各级政府机关建立以公职律师和顾问律师组成的法律顾问团队，由于两者之间各有所长、各有所短，因而公职律师和顾问律师要分工配合、互帮互学、共同行使职能促进政府治理的法治化。

一般来说，公职律师的身份属性及工作岗位使得其具有熟悉政府机关的法律法规、规范性文件、工作程序、工作制度等方面内容的优势，能满足政府法律事务的全面性、及时性和保密性的要求，但也可能存在开拓性不足的问题；顾问律师往往具有丰富的专业知识和开阔的社会视野，但也可能存在实际操作经验欠缺的弊端。公职律师和顾问律师之间的分工合作关系体现为：一方面政府机关内部的预防性、日常性、常规性、紧急性及保密性要求高的法律事务由公职律师处理，而社会律师在处理政府法律事务时更为独立、超脱，更为熟悉民商、经济法律业务，因此在处理与政府有关的民事、经济、行政案件时更能发挥作用。① 另一方面在制定重大规范、涉及重大行政诉讼案件和重大行政执法决定法制审核中的情况中，则

---

① 苏镜祥. 中国特色公职律师制度的法理分析 [J]. 兰州大学学报（社会科学版），2018 (1)：72.

应由公职律师和顾问律师共同参与，公职律师可以发挥熟悉政府机关的专业性的优势，顾问律师则可以发挥熟悉行政立法、执法一般原理、涉诉纠纷面上规律的优势，共同促进政府治理过程中政府依法"立法"、执法、纠纷解决的法治化。

（三）保障律师监督政府治理的行为

现代社会行政权享有无限扩大的欲望，需要设计有限的监督制约机制。实现对政府权力的监督，必须将善治理念中的透明性要素贯穿到政府治理过程中。善治的透明性，它指的是政治信息的公开性，即每一个公民都有权获得与自己的利益有关的政治政策信息，包括立法活动、政策制定、法律条款、政策实施等政治信息。让权力在阳光下运行，大力度推进政府信息公开，不断提高政府工作透明度。透明政府是现代法治政府的基本特征，政府信息公开的范围与程度也成为衡量法治政府建设的重要指标。[①] 政府治理中涉及的行政规范性文件、政府部门的规章制度和据以做出行政决定的相应材料以及数据等关系到政府治理、社会治理、市场治理的基础数据，对于保障人民参与政府治理、依法行使救济权利、防止政府治理过程中腐败都有重要的地位和作用。因此政府在治理过程中要严格实施信息公开制度，将治理的基本信息披露、将治理过程公开、将治理结果公开。依法获取政府治理的信息，是公民、法人和其他组织的一项重要权利，是公众参与政府治理、监督政府治理的一项重要手段。我国政府信息的公开方式上遵循以行政机关主动公开为主、行政相对人申请公开为补充的原则，但是实际中存在大量政府信息应主动公开而不公开的情况。[②] 为了防止政府治理过程中的滥用权力，避免行政权力陷入自我监督的怪圈，应大力加强社会监督、舆论监督等外部监督制度建设。当政府不主动、不及时、不全面公开应当公开的信息时，除了上级行政机关监督外，应加强公民监督、社会

---

① 马怀德. 法治政府建设的基本要求 [J]. 中国司法，2018（5）：20.
② 叶必丰研究员为首的团队对法治政府司法指数开展评估，共采集到涉及行政不作为诉讼的判决书 3626 件，共涉及 20 种不作为情形，政府信息公开不作为的案件约占全部行政不作为案件数的 33%，参见叶必丰，张亮，肖军，等. 以司法丈量法治中国之进度：法治政府司法指数报告 [J]. 中国法律评论，2019（1）：164.

监督等外部监督方式，但目前公民监督还存在公民理性不足、个人能力不足等情况。律师监督是一种有力的外在监督方式，加强律师的政府信息申请权、监督权的保障和落实，有利于加强公权力的监督，防止暗箱操作，促进政府在法治化轨道上进行，提高政府治理的有效性。如上海律师严义明率先以"政府信息公开申请"的形式，要求国家发改委公布中央新增的四万亿投资计划，并公开 2008 年 11 月 5 日以来向国家发改委递交审批申请的省市地区名单及项目名单。这一申请构成了律师对国家政务的一种监督权。

（四）完善政府法律事务外包的社会化机制

2013 年 11 月党的十八届三中全会通过的《中共中央关于全面深化改革若干重大问题的决定》中指出："推广政府购买服务，凡属事务性管理服务，原则上都要引入竞争机制，通过合同、委托等方式向社会购买。"所谓政府购买服务，是指政府把直接提供的公共服务事项和政府履职所需服务事项，交给具备条件的社会力量承担，政府根据合同约定向其支付费用的行为。政府购买服务属于政府公私合作模式之一，是行政治理中最为常见的类型。①

随着我国法制改革逐渐推进发展，公民法律意识的提高和政府管理职能社会化转变，政府向律师事务所和律师协会购买法律服务已成为我国政府部门应对日益复杂的法律事务工作的必然制度选择，并在实践中不断发展。由于我国政府购买法律服务实践活动处于起步阶段，同时我国向来重视实体法律，忽视程序法，政府购买法律服务的实践中呈现购买服务范围不清晰、购买程序不公平公正、选择承接者竞争性不足、主体责任不明确、效果不理想等问题。虽然政府购买法律服务的实体性规定和制度逐渐完备，② 但购买服务的一些程序设置具有很大的完善空间，所以当务之急是完善政府法律服务的社会化程序机制。由于程序可以排除恣意因素和保证决定的

---

① 周佑勇. 公私合作语境下政府购买公共服务现存问题与制度完善［J］. 政治与法律，2015（12）：91.

② 在国家立法的依据有《中华人民共和国政府采购法》、2019 年 11 月财政部颁布《政府购买服务管理办法》，对政府购买服务做出原则性、一般性规定，部分省、市地方政府也对政府购买法律服务颁布了地方性法律法规。

客观正确，现今世界许多国家均对政府购买法律服务做出了具体的程序规定，政府购买法律服务是前期参与、中期跟进、后期反馈的科学系统的过程，建立购买前采用政府和民众及组织资质内外评估的办法用以确定购买项目，购买中确定一套具体的竞争标准保证通过公开、公正、公平程序确定最适合人选，购买后采用政府部门抽查和消费者反馈意见以及第三者评估相结合的内外监督方式以保证组织自身按照协议规定进行运作的过程化机制。

▶ 三、推进社会依法自治中律师功能发挥的基本路径

路径是抵达目标的线路，抵达目标的线路可以有多条，而基本路径则是实现目标的必经之路。律师参与社会自治，需以宏观和微观向度作出具体的路径选择。从西方国家的情况看，社会自治运动是一个自然过程，但是，在一些后发现代化国家中，政府不仅不应当成为社会自治的阻碍因素，还需要积极地推动社会自治的运动，领导和推动社会走向自治，为社会自治提供制度安排。

（一）完善公司律师制度

公司律师在西方欧美等国家已经很普遍并且公司律师制度比较发达，但在我国发展缓慢。公开的资料显示，2011 年公司律师人数 1600 人，所占律师总人数比例不到 1%，首席法务官进入高管的比例在 5% 左右，股东代表大会经常邀请顾问律师参加的比例仅为 20%，虽然近几年来公司律师的人数逐步上升，但相对于发展迅速的律师行业所占的比例微乎其微。截至 2022 年底，全国共有执业律师 65.16 万多人，公司律师 2.99 多万人，公司律师约占律师总人数的 4.6%，① 许多大中型企业中还未建立专门的法律事务部门。我国公司律师制度的确定始于 20 世纪 90 年代，1994 年 8 月，司法部在北戴河召开的全国司法厅（局）长座谈会上首次提出了探索建立公司律师制度的设想。司法部于 2002 年 10 月发布了《关于开展公司律师试点工作的意见》，该意见中对公司律师的任职条件、主要职责、权利义务和管

---

① 司法部政府网. 2022 年度律师、基层法律服务工作统计分析 ［EB/OL］.（2023－06－14）［2024－03－25］. http：//www.legaldaily.com.cn/index/content/2023－06/14/content_8865294.html.

理作出规定。基于多方面的原因我国公司律师制度的建设速度迅速放缓并逐渐处于停滞状态。十八大以来党中央非常重视公司律师制度建设，在第十八届四中全会颁布的《中共中央关于全面推进依法治国若干问题的决定》中指出"我国要构建社会律师、公职律师、公司律师等优势互补、结构合理的律师队伍"。2016 年 6 月中共中央办公厅和国务院办公厅共同发布《关于推行法律顾问制度和公职律师公司律师制度的意见》，规定国有企业中可以设立公司律师，同时对公司律师资格的取得、公司律师的权利和义务做出原则性规定。但是由于这些文件不属于法律规定，所以并未对公司律师制度做出全面具体规定。

完善公司律师制度是适应现代化市场经济发展的客观要求，市场经济越发达，市场竞争越激烈，市场主体面对的法律风险越大，越需要律师为其保驾护航。美国法学家伯纳德·施瓦茨曾指出：在企业公司领域，法律制度的发展与适用成为一种特别适合发展中的美国经济所需要的工具，如果仅仅依靠企业家的积极性和财力，将难以实现这个社会性质的工业发展，正是公司法律制度使这一发展变成了现实。如果说市场经济是公司产生和存在的基础，那么法律就是公司发展和繁荣必不可少的条件。① 这也正是设立公司律师制度的初衷。既然我们已经进行了多年的公司律师制度的试点，同时企业法律顾问制度已经取消，那么就要做到名副其实，建立适合我国实际情况的公司律师制度，使公司律师真正发挥规范公司经营行为、降低法律风险的作用。当务之急是趁着律师法的第五次修改已提上日程，把党的十八大以来公司律师实践中的有益探索和改革成果在律师法中得以体现和落实，对律师的定义、法律地位、执业机构、执业类型、权利义务、流动机制等内容做出相应的调整，明确公司律师的法律地位、任职条件、设置合理的权利义务和管理体制，从制度上为公司律师提供保障机制。

（二）让更多律师介入社会组织、民间组织

2016 年 6 月中共中央办公厅、国务院办公厅印发了《关于推行法律顾问制度和公职律师公司律师制度的意见》（以下简称《意见》），要求所有的

---

① 段书军，顾振哲. 公司律师论纲 [J]. 中国律师，2003 (3)：23.

党政机关、人民团体、国有企事业单位分类推行法律顾问制度和公职律师、公司律师制度，同时社会团体可以建立法律顾问制度。自《意见》出台后，地方各级党政机关和村（居）开展聘请律师为法律顾问参与党政机关的社会治理和村（居）社会自治，但是社会自治的主体是广泛的，特别是社会组织，在社会自治中具有举足轻重的作用。而法治意识淡薄是不少社会组织普遍存在的问题，社会组织聘请法律顾问的寥寥无几。

社会组织管理人员对法律顾问的角色定位、职能作用缺乏必要的认识，认为律师介入后，事事依法会被框死，积极性不高；风险防范意识不强，有了问题才想到寻求律师帮助。部分社区领导在解决社区日常事务时，通常当社区发生纷争、出现意外而又无法有效处理时，才会想到请受聘法律顾问"灭火"，在日常工作中，没有积极采取行动让社区法律顾问融入社区团队中来。绝大多数的企业在逐渐发展的过程中，忽视对法律知识的积累和普及，法律意识不高，领导层对于企业法律顾问人才的吸收不够重视。

建立社会组织律师顾问制度，促进社会组织依法自我规制。社会组织作为社会治理多元主体中的一员，已经得到人们的广泛认可，它在现实中发挥着越来越重要的作用，而我国社会组织的发展还是属于一个新兴事物，内部自我规制存在许多亟待解决的难题，如自我管理能力不强、没有完善健全的内部治理结构、运作信息不阳光、财务管理混乱等。因此，可以在社会组织中探索建立法律顾问制度，或者由会计师、律师和专家组成的第三方服务中心。在社会组织年度检查中，增加了法律顾问的内容，并将社会组织聘请律师法律顾问纳入等级评估内容，引导社会组织做好法律顾问制度的建立工作。

（三）建设村（居）法律顾问配套制度

律师通过担任村（居）法律顾问，在一定程度上增强了居民的法治意识、社会意识和国家意识，在减少和及时化解纠纷以及维护基层和谐稳定，促进基层依法治理有一定成效，但是由于法律服务资源匮乏，服务经费补贴偏低和自身的时间、精力有限，有些地区人治思想严重、法治化程度低，律师动机不纯、工作积极性不高，缺失村（居）法律顾问配套制度等方面的原因，律师参与基层社会自治的效果大打折扣，在基层法治意识较高的地区，村（居）律师一定程度上具备了作为国家法制与基层生活之间媒介的功能，促进基层依法自治，但在一些地区则任重道远。

各地区村（居）法律顾问制度在不断探索实践中已初具雏形，但是配套制度不完善，影响村（居）法律顾问制度社会效果和法律效果的充分发挥，因此需要一系列的配套制度紧密跟进。首先要建立以需求为导向的村（居）法律顾问准入制度。虽然我们已经实现了村（居）法律顾问全覆盖，但是没有实现有形覆盖，现行律师资源配置未以供求为导向，政府选聘的法律顾问，难以完全回应不同区域的民众诉求导致了律师"送法下乡"时出现一系列"水土不服"问题。建立以需求为导向的选聘制度，根据各村（居）不同特点，以"度身订造"方式选配符合村（居）实际需求的律师。其次要建立健全村（居）法律顾问考评、奖惩制度。大部分地方对村（居）法律顾问的考核与奖惩有规定，但不具有可操作性，或者缺乏能动监管，有一些地方甚至没有关于考评奖惩制度的任何规定。没有对先进的奖励与对敷衍塞责者的惩罚，就会出现先进者积极性消减，工作责任心被磨灭殆尽，而不尽心工作者会出现侥幸、无所谓现象。采用第三方评估，实现了监管分离，对完成任务的优秀律师采取通报表扬和以案定补等形式给予适当奖励，对于不合格的法律顾问提出改进意见并视情况决定是否继续聘请。最后加大财政支持力度，确立村（居）律师工作经费补贴机制。当前，村（居）律师经费面临补助标准低，经费保障不足，影响律师的工作积极性，应该增加村（居）律师工作补贴，按照市场经济规律和法则由政府买单，将村（居）律师工作所需经费纳入地方财政预算。

（四）让律师有更多参与起草"软法"的机会

国家法律不是万能的，社会生活的方方面面不能完全依靠国家法律解决。此外当今社会处于由信息社会向智能社会的迅速转型阶段，智能社会充满生机和希望，也充斥着风险和挑战，[①] 而人的认识能力是有限的，国家立的法跟不上时代发展，往往会出现大面积的立法空白，更多的要依赖软法。党的十八届四中全会《中共中央关于全面推进依法治国若干重大问题

---

① 张文显．构建智能社会的法律秩序［J］．东方法学，2020（5）：1.

的决定》提出："支持各类社会主体自我约束、自我管理。发挥市民公约、乡规民约、行业规章、团体章程等社会规范在社会治理中的积极作用。"社会主体通过行使规范制定权，制定社会自治规则，建立自我约束、自我控制、自我管理、自我发展的规范体制实现自治。社会自治规则是社会自治组织行使社会公权力、规定自治事项、规范其组织成员行为的载体和集中体现，是社会自治的重要手段，是软法。

软法是一定人类共同体通过其成员参与、协商方式制定或认可的，不依赖国家强制力，却对人们的行为具有约束力的行为规则。软法广泛存在于社会主体自治形成的规则之中，如行业自治组织、职业自治组织、社区自治组织、企业公司等社会主体规范其自身的组织和活动及组织成员行为的章程、自律规约、纲领、原则。软法多在社会主体领域内有着重要的作用，在其内部事务的处理、纠纷的解决、成员的管理等方面发挥着重要功能。实践中社会各主体不太重视内部事务管理的规范化，不太愿意请律师为其内部的管理提供法律服务和帮助，认为律师的作用只是帮他们打官司。现实生活中，有不少软法规范存在着理性不足问题，特别是创制和实施背离程序正当原则、权力监督与权利救济原则、公开公平公正原则等基本法治原则，不符合"法律面前人人平等、制度面前没有特权"的要求。软法内容和程序上的不完善存在诸多弊端，会使社会主体的自治能力下降，而且会降低其公众信任度，甚至可能会使其社会权力滥用，滋生腐败，让社会主体偏离最初的成立目的。

软法制定和实施都需遵循法治原则，在程序上需要经过全体会员大会的通过，在内容上必须在宪法、法律、法规和规章的框架内进行，而不得与它们相冲突或抵触，在遵循法律优先和法律保留的前提下通过自治性规范约束成员的行为。律师作为法律之师，积极参与软法的制定，要切实发挥好律师在协助起草、审核、修订自治组织章程、自律规约、村规民约、企约、店约以及其他管理规定等方面的优势。在社会主体自治进程中，应当着力使国家法的价值和原则等的实质性内核融入社会自治规则之中，使自治规则获得与国家法相一致的内在品质，并与其共同构成具有整体性的规则体系。律师以法治维度审视自治规范的合法性，摒弃与法治精神相悖的自治规范，同时要以法治原则构建科学的自治规范体系，确保自治规范不抵触法治秩序，更好地发挥社会治理作用。

（五）完善律师参与公共法律服务机制

如果把法律领域视为一个生产和消费产品的市场，那么国家机构就是产品的生产者，社会公众就是法律产品的消费者。① 国家机构负有责任保证其生产的法律产品的质量，维护其生产的法律产品的社会信用。随着法律知识的普及，社会民众对法律知识的了解逐渐增多，但是法律活动毕竟是专业性和技术化的活动，公众对法律产品的消费依赖于律师的法律服务。然而，律师的法律服务是有偿对价的，一些经济上贫穷的民众会由于经济因素制约了对法律产品的消费。建立公共法律服务体系建设，是作为法律产品生产者的国家机构实施的消费激励工程，是引导干部和群众学习法律、遵循法律、信仰法律、运用法律、敬畏权力的重要途径。

律师是司法行政的一支重要队伍，是公共法律服务的主力军。实践中存在律师不适应公共法律服务的问题，主要表现为：第一，律师参与公共法律服务地区分布不均，在一些经济发达地区，由于律师人数多，能够满足公共法律服务的需求，而在经济不发达地区和农村，律师人数相对少，无法满足公共法律服务的需求。第二，律师的专业水平需要加强。公共法律服务中，法律咨询和要解决的纠纷多种多样，不仅有离婚、财产分割方面，还有宅基地、土地承包、邻里、征地拆迁、集体经济、股权等方面。第三，律师所提供的公共法律服务质量有待提升。完善律师参与公共法律服务机制，首先是改革和完善政府购买公共法律服务的体制机制，加大财政支出，积极通过服务合同向律师购买服务岗位和项目；其次律师协会发挥行业引领作用，制定律师参与公共法律服务指引和流程，建立服务标准体系，确保法律服务质量；最后司法行政部门要加强律师参与公共法律服务的跟踪督查和质量监管，保障服务工作的有效开展。

》》　四、完善多元纠纷化解中律师功能发挥机制

现代矛盾的解决方式是多元的，多种方式多管齐下。依据不同的分类依据有不同的分类，以是否由法院解决为准分为诉讼纠纷解决机制与非诉

---

① 黄文艺. 法治中国的内涵分析 [J]. 社会科学战线，2015（1）：236.

讼纠纷解决机制。非诉讼纠纷解决机制，简称 ADR，一般有仲裁、调解、谈判、和解等形式，在我国还有信访。改革开放以来，在社会关系复杂化、利益多元化的条件下，随着法律在解决社会矛盾中的作用越来越重要，律师能够化解诉讼与非诉讼业务中的社会矛盾，在促进社会和谐与稳定方面具有不可替代的作用。

（一）完善诉讼纠纷解决中的律师功能发挥机制

1. 逐步全面实行律师强制代理

现代诉讼制度表现为职权主义、当事人主义和混合式三种模式，我国的诉讼制度包括民事、行政和刑事三大诉讼制度，由于我国诉讼制度职权主义色彩比较浓，现吸纳当事人主义诉讼模式的对抗性因素逐步向混合式模式转变。作为建立在当事人之间具有相同诉讼能力平等对抗前提下的当事人主义诉讼模式，其优点在于为当事人提供平等的对抗条件，以程序公正促进实质正义的实现，当然，任何一项制度设计都不可能只有优点而没有缺陷，当事人主义诉讼模式同样有缺陷，其缺陷在于当事人之间因综合素质、利用诉讼资源上的不平等导致诉讼结果的不平等。表现为委任、聘请律师的一方当事人与未委托、聘请律师的一方当事人之间因律师的加入而引起双方在诉讼实施能力上的不平等。为了弥补律师角色缺位而导致当事人能力不足而影响诉讼程序的正常进行和审判职能的发挥，目前在一些国家如英国和德国均采取律师强制代理制度。它是指在法院审理某些案件时，当事人应以受诉法院所许可的律师为诉讼代理人方可进行诉讼。目前在我国刑事诉讼中已经确立了部分案件刑事律师强制代理制度，大幅提高了各地刑事案件的律师辩护率，广东适用普通程序审理的案件律师辩护率达92.8%，北京一审案件律师辩护率达95%,[①] 律师参与刑事诉讼既促进了司法公正又维护了被告人的合法权益，较好地实现了刑事诉讼的任务和目的。不可否认，律师强制代理制度施行不仅能够补强和平衡当事人诉讼能力而且能够减轻法官释明负担，促进诉讼顺利进行。但是律师强制制度的采用也要受到周边配套制度的左右，如律师的数量和质量、法律援助制

---

① 顾永忠. 刑事辩护制度改革实证研究 [J]. 中国刑事法杂志，2019（5）：142.

度、当事人的经济负担能力和国家财政承受能力等外部条件的约束。虽然近几年我国律师人数随着社会经济飞速发展已快速增长，目前我国律师总人数有 65.16 万人。从刑事案件律师辩护全覆盖试点工作情况看，还存在律师资源相对不足、经费保障还不到位的问题。民事诉讼、行政诉讼全面实行律师强制代理制度会面临重重困难。综合考虑我国社会经济发展水平、律师制度完善程度、当事人支付能力以及国家司法投入等因素，有学者提出可以在民事诉讼和行政诉讼中以分阶段、分程序、分案件的方式，渐进式采取律师强制代理制度，先在当事人申诉和申请再审案件、最高人民法院审理的案件、高级人民法院审理的案件以及一审程序中新型复杂案件中采用律师强制代理制度，待相关制约因素逐步被克服以后，再扩展律师强制代理制度的采用范围。

2. 完善律师执业权利救济机制

律师肩负着维护公民合法权益、促进法律制度完善和实现社会正义的使命，为此就必须拥有与其"产出"相当的资源，具有相应的交涉力或讨价还价的能力，具有相应的执业权利。曾任中央政治局委员、中央政法委书记的孟建柱同志很重视律师执业权利保障，提出律师执业权利是当事人权利的延伸，律师执业权利的保障程度，关系到当事人合法权益能否得到有效维护，关系到律师作用能否得到有效发挥，关系到司法制度能否得到完善和发展。①

党和政府高度重视律师执业权利保障，在《中华人民共和国律师法》《中华人民共和国民事诉讼法》《中华人民共和国行政诉讼法》《中华人民共和国刑事诉讼法》等法律中规定了律师参与诉讼时享有知情权、申请权、申诉权、会见权、阅卷权、调查取证权、参加庭审等执业权利。党的十八届三中全会和十八届四中全会都明确提出要"完善律师执业权利保障机制"。特别是 2015 年两高三部《关于依法保障律师执业权利的规定》的出台，对三大诉讼法和律师法等法律中关于律师知情权、会见权、通信权、阅卷权、申请收集、调取证据等权利的保障予以进一步明确和细化，针对

---

① 王芳. 孟建柱在全国律师工作会议上强调 依法保障执业权利 切实规范执业行为 充分发挥律师队伍在全面依法治国中的重要作用 [J]. 中国律师，2015 (9)：8.

实践中的律师"会见难"、"阅卷难"和"申请收集调取难"问题提出硬措施，规定了公检法机关保障律师权利的联动机制，为律师执业的开展提供了更为完善的法律保障。但司法实践中不当限制律师诉讼权利，特别是辩护律师执业权利受到侵犯诸如公检法等公职人员对其侮辱、诽谤、威胁、人身伤害的事件经常发生，笔者作为一名兼职律师也经常听同行们抱怨律师执业权利不能得到切实保障。我们应当清醒地认识到，我国律师执业权利保障的重点防线不在立法的规定，在于律师执业权利受到阻碍或侵害时，法律上要有明确的救济途径。目前我国辩护制度改革的根本出路不是增加辩护权利的外延和规模，而是确立基本的权利救济机制。在当前的制度基础上，最为重要的是解决已有权利的救济机制问题，使得当前的权利能够真正落实。虽然我国建立了律师执业权利救济机制，但由于该机制存在低效乏力的同体监督、息事宁人的行政协调以及缺乏制裁的处理结果等弊端，在破解律师权利保障方面的难题收效甚微。为彻底实现对律师执业权利的保障，可探索建立由政法委与司法行政机关合署办公领导下的专门处理律师执业权利受侵犯的第三者居中的解纷机制如仲裁制度。建立专门针对律师执业纠纷的仲裁制度，能够凸显律师在纠纷解决中的主体地位，有助于及时和充分地实现对执业权利的救济，惩戒和教育侵犯律师执业权利的行为人，从而彻底改善律师执业环境。①

3. 规范律师执业行为

随着法律在解决社会矛盾中的作用越来越重要，律师通过参与诉讼活动化解社会矛盾发挥不可替代的作用。实践证明律师通过代理诉讼业务，在维护当事人合法权益、维护法律的正确实施、实现社会公平和正义方面做出了突出贡献；与此同时，律师行业也存在着不少执业不规范的问题，比较典型的包括律师伪证问题、律师退庭问题、律师庭外言论问题和律师保密问题。有一些律师执业失范行为成为社会公众广泛关注的公共事件，影响律师在诉讼中功能的充分发挥和律师在社会中的形象。孟建柱同志在2015年全国律师工作会议上强调：律师以法为业、以律为师，其执业行为

① 封利强. 辩护律师执业纠纷仲裁制度的构建：完善执业权利救济机制的另一种思路［J］.浙江工商大学学报，2018（6）：72.

是否规范，不仅影响律师职业的整体形象而且影响公众对法治的信仰、对社会公平正义的信心。①

不容置疑，律师做到规范执业是多方面因素决定的，有赖于外部环境与内部条件。为了推进律师业健康发展，从律师职业本身而言，需要推进司法行政机关和律师协会两结合律师管理体制改革，增强律师协会的自治功能和行业自主权，进一步完善律师执业行为规范和实施机制。律师执业行为规范是由律师行业组织颁布的用于规范律师行业成员职业行为的规范体系，律师执业行为规范既是限制更是一种保障，遵循律师执业规范有利于防范执业风险。我国司法行政机关和律师协会非常重视律师执业规范建设，先后颁布了多部律师执业行为规范，但由于多方面的因素，导致在应对许多个案中体现效力乏力。首先，已颁布的律师行业规范对律师执业行为的规定比较抽象，无法回应律师执业的具体制度需求，从某种意义上注定沦为一种宣言和符号。② 其次，随着社会的发展，律师职业在社会中的地位、角色发生很大变化，基于当时的历史条件和认识水平限制下制定的执业行为规范已不适应当今律师行业的发展需要，需要进一步完善律师执业行为的规范，提高执业行为规范的可操作性和执行性。最后，随着律师身份的逐渐变化，我国辩护律师职业伦理模式由强调律师"公益义务"的法庭中心主义向突出律师"忠诚义务"的当事人中心主义转变，辩护律师在执业过程中对当事人的忠诚义务得到增强，但却忽略了公益义务，与法官处于针锋相对的紧张关系，"辩审冲突"频发。③ 可喜的是律师协会已经认识到上述诸多问题并付诸实践，2017 年全国律师协会修改后的《律师办理刑事案件规范》明确要求律师"在法律和事实的基础上尊重当事人意见，按照有利于当事人的原则开展工作"，删除了原有的律师"独立辩护"条款，意味着适用"忠诚义务"和"公益义务"并重的调和模式，并对律师办理案件做出了非常具体的规定，包含很多规定动作，通过更加具体精细

① 王芳. 孟建柱在全国律师工作会议上强调 依法保障执业权利 切实规范执业行为 充分发挥律师队伍在全面依法治国中的重要作用 [J]. 中国律师，2015 (9)：8–9.

② 吴洪淇. 法律职业的危机与改革 [M]. 北京：中国政法大学出版社，2017：229.

③ 蔡元培. 当事人中心主义与法庭中心主义的调和：论我国辩护律师职业伦理 [J]. 法制与社会发展，2020，26 (4)：194.

的规则与技术予以兼顾。律师执业行为规范的建设固然重要，但如若没有实施机制的保障则不足以自行，律师执业行为规范需要内化于律师的行为才有约束力。其中的关键在于完善律师执业行为惩戒机制。律师协会作为享有自治权的组织机构，需要完善投诉受理、调查、听证处理、复查申诉等工作程序，加大对律师违法违规行为查处力度，做到有投诉必受理、受理必调查、违规必惩戒、处理结果必回复，对那些违反律师执业行为规范的行为进行矫正，实现对律师日常执业的监控。

（二）完善非诉讼纠纷化解中的律师功能发挥机制

在我国，由于律师参与非诉讼解纷机制的时间短，积累不多，存在着诸多发展难题，如独立性不够、积极性不高、动力不足、技能欠缺，这些问题不解决，易引发社会民众对律师调解员、仲裁员的信任危机，从而打击要求律师参与纠纷解决的积极性，降低非诉讼纠纷程序的正义性，也将严重影响到律师参与非诉讼纠纷解决机制的未来发展。

1. 树立服务新理念

我国律师由于受到传统执业习惯的影响，缺乏对居中化解纠纷本质的了解以及担心经济上的损失，他们更喜欢商业性质强的代理业务，大多数律师习惯于作为代理人或者辩护人参加纠纷解决，认为主持调解、参与信访是低端业务，所以以居中人身份参与非诉讼纠纷解决动力不足。实践中参与调解的律师人数较少也可佐证律师对调解工作存在偏见，2022 年全国律师办理各类诉讼案件 824.4 万多件，而参与接待和处理信访案件 21.6 万多件，律师调解案件 20.9 多万件。

其实很多西方国家的律师最初也反对诉讼外解决纠纷，但后来发现参与诉讼外解纷机制不仅为其提供了施展才华的新战场，而且可以扩宽业务范围。我国律师将面临西方国家类似情形，律师职责范围正在不断扩大，律师不仅要在诉讼方面发挥作用，而且在 ADR 方面也要扮演重要角色。[①]律师们应该认识到，一方面近几年我国律师人数激增，2017～2022 年的年均增长率为 13%，截至 2022 年 6 月全国共有执业律师 65.16 万多人，出现

了案源分配不均，产能存在过剩。另一方面，社会民众存在形形色色的纠纷不能及时解决，对法律服务的迫切需求无法得到满足，供需关系出现了分布错位。为了缓解这种供需之间的矛盾，律师的服务范围不能局限于诉讼业务，而是要去掌握现代化的、适应性更强的诉讼外技能，满足社会民众对法律服务的迫切需求，获得更为广阔的法律市场。此外律师转变传统思维理念，重新定位其在纠纷解决中的角色，从"赢得诉讼"到"解决纠纷"转换，① 解纷路径从过去的激发矛盾在刚性的制度框架内爆发并最终湮灭，转变为纾解矛盾从而在各方的沟通与谅解的基础上促成消解，自觉调整职业成就的衡量标准。

2. 加强工作经费保障

经费保障是保障律师中立性、公益性的前提。首先需要通过政府购买服务将所需经费纳入财政预算的形式予以保障和确认。建立健全政府购买法律服务机制，将律师参与信访接待和处理、参与调解等事项统筹列入政府购买服务目录。其次，对经费结算标准和使用规则进行细化，从案件疑案程度和律师提供服务所投入的精力两方面明确经费开支标准，使得办案补助经费的管理更加精细化和具有可操作性，充分调动律师参与解决社会矛盾纠纷的能动性。广东某市某镇司法分局根据案件的难易程度、涉案人员数量、涉案金额标的及调解程序等因素，将调解案件分为特别重大案件、疑难复杂案件、普通案件、简易案件四类，进行"以案定补"，补贴标准分别为每件 5000 元、3000 元、1000 元、300 元、200 元等，这种做法可以调动律师调解的积极性。

3. 提高律师的矛盾纠纷化解的能力

目前我国高等院校法学类专业逐步开设了纠纷解决课程，培养学生胜任调解、仲裁、参与信访等非诉讼纠纷解决业务，但是从实践中看，教师教学此类课程时，更多是理论知识传授，较少技能的培训，应该加强学生专门训练，如通过模拟的"诊所课程"增强学生的实践能力。不是有很丰富的律师代理经验，就一定能做好调解、仲裁和化解信访纠纷工作，优秀的律师未

---

① 蔡从燕. 律师角色的转换与法治的可持续发展 [J]. 东南学术，2003（5）：121.

必是优秀的调解员、仲裁员和化解信访案件的能手。律师从委托代理人到中立第三方的角色转变，需要接受系统完备的培训。借鉴发达国家律师开展调解的经验，依托律师协会，围绕律师化解纠纷所需的知识和技能，组织富有经验的律师定期进行专题培训，不断提高律师化解纠纷的实务能力。

律师参与化解纠纷的培训可以分为岗前培训与岗位培训，岗前培训是在上岗前进行的业务培训，培训重点为化解纠纷的基本规范、实践技巧、职业伦理等。比如调解员上岗前律师协会可以通过制定"参与调解律师上岗注意事项"手册、日常培训等形式，向全体参与调解的律师强调，在调解的语言沟通、引导方式、环节把握上，必须始终保持中立客观，兼顾双方立场，防止偏听偏信，把预测诉讼结果和引导双方和解放在首位，原则上避免向当事人提出处置建议，减少不必要干扰。岗位培训是阶段性的在岗培训，培训重点为提升调解技能、交流调解经验等。如社会生活中频繁发生的婚姻家庭纠纷、人身损害赔偿、买卖合同纠纷的调解原则、调解程序、调解方法、注意事项，以及与之相关的社会心理知识、道德风俗习惯、语言沟通技巧等。

4. 确保律师的独立性

律师主持纠纷化解的正当性基础在于其在解纷过程中保持独立性，如果律师无法坚守自身的独立性——其特定的社会功能得以发挥所凭借的根本属性的话，那么这样的尝试无疑将变得毫无意义。①

（1）尽快完善回避制度。律师以居中者处理纠纷，由于其本职工作特点，存在种种身份冲突的可能性与现实性，律师主导非诉讼纠纷解决中非常关键的律师的相关行为规范几乎空白，需要制度方面的防范。首先为了避免身份重合引起的冲突而导致的不公正，在律师主持处理纠纷的法律、法规等规范性文件中，对回避的具体情形给予详细规定。如对《中华人民共和国仲裁法》《关于开展律师调解试点工作的意见》中规定的"有其他关系"回避情形做出细则具体化。其次为了防范身份接替引起的冲突，落实律师调解、仲裁案件的事后禁止规则，把律师事务所纳入调解和利益冲突

---

① 程滔，高金波．律师在社会矛盾的非诉讼解决机制中的功能研究［M］．北京：法律出版社，2014：119．

禁止规则。在律师参与信访的规定中要求律师在参与信访工作结束后不得接受信访人的委托，保证其参与信访工作的独立性。最后增加指令回避，为监督与保证律师站在中立公正的立场，律师调解组织、仲裁机构和政法机关等主体可以对律师是否具有回避情形进行审核，并进行指令回避。

（2）建立披露制度。在仲裁中建立披露制度，它是指仲裁员将自己与案件及当事人之间存在的联系或利害关系等相关情况进行公布、告知的制度。披露制度的建立有助于对身份冲突的遏制，保障纠纷的公正审理，我国可以在律师调解制度、律师参与信访制度中进一步建立披露制度。律师协会、律师调解组织和仲裁机构等主体可以建立信息查询系统，专门开辟律师专项信息，将机构掌握的律师信息予以专门披露，帮助当事人在选定或者决定是否申请仲裁员、调解员回避时作出合理判断。

（3）司法行政机关和律师协会加强监督管理。建立和完善律师居中处理纠纷的行为规范和道德准则，明确律师居中处理纠纷时的职业操守。司法局应当加强对律师居中处理纠纷工作的指导，对律师在居中处理纠纷过程中的违法行为予以行政处罚，并将受到行政处罚、行业处分以及违反职业道德的律师及时调整出律师居中处理纠纷名册。司法局和律师协会组成测评小组，每年对律师居中处理纠纷的情况进行综合测评，并根据测评结果增减律师居中处理纠纷名册人员。对在审判监督程序或信访接待中发现的经委托律师居中处理的纠纷案件存在违法情况并造成案件错误，情节严重的，除追究法律责任外，律师应当承担相应的经济赔偿责任。

（4）制定调解职业标准。调解在社会治理体系和治理能力现代化建设中居于重要位置，但当前调解在矛盾纠纷化解方面的功能趋于弱化，效能逐渐式微。从司法部的统计数据来看，自2010年至2020年期间，全国每名人民调解员每年调解成功的纠纷案件不到3件。我国调解发展正经历从传统到现代、从异化到回归、从衰落到复兴的过程，制订调解职业标准不仅是对调解转型的回应，更是调解自我革新的动力，对未来调解的发展起着举足轻重的作用。①

---

① 廖永安，江和平. 关于我国制订调解职业标准的几点思考［J］. 人民调解，2023（2）：33.

结　语

　　党的十八届三中全会将"推进国家治理体系和治理能力现代化"作为
全面深化改革的总目标，在国家治理体系与治理能力的建设中，制度只是
其中的一个维度，与制度同等重要的是人的因素。正如习近平总书记所说：
"治国之要，首在用人。"国家治理现代化的最高目标是实现"人的现代
化"。国家治理现代化是一个多元共治过程，律师是这项工程中重要的主体
力量。在西方国家现代化过程中，律师因其教育背景与职业特征具现代性
而发挥了重要的政治价值，在整个现代国家治理中都具有重要地位。中国
共产党也非常重视律师职业建设，提出"律师队伍是依法治国的一支重要
力量"。自十八大以来党在很多重要文件中提出完善律师制度，习近平总书
记多次对律师工作作出重要指示：注意发挥律师在法治中国建设和国家治
理中的作用。但在国家治理实践中，我国的律师没有受到足够重视，其所
发挥的功能没有被政府和老百姓充分认可，如何提高律师的地位，使律师
在国家治理中的作用更充分发挥，是实现国家治理现代化目标急需解决的
问题。本文正是在这一背景下，运用了结构功能理论论证了国家治理现代
化进程中我国律师的重要性和功能发挥的范围，展示了律师这一法律角色
在国家治理现代化中的活动过程，进一步理顺了律师与国家、社会的关系。
通过本书的研究，回答了开篇所提出的问题。

　　首先，本书回答了为什么说律师在国家治理现代化进程中居于重要地
位。从社会经验来看，西方的律师由早期的代言人，发展到法律秩序的创
造者，甚至成为社会文明的塑造者，律师在社会生活中的地位也越来越高，
这源于政治的民主、经济的发达、社会的发展和律师的努力，是一定历史

环境条件下各种变量综合形成的结果。从理论视角来看，"结构功能论"把律师视为社会整体结构中的一个组成部分，认为律师职业具有社会间质功能、国家理性化的推动功能和社会整合功能，律师职业已经不仅只是发挥提供专业性法律知识的咨询和服务功能的角色，而且被视为能够促进社会团结、减少冲突和消除隔阂的缓冲器、安全阀，发挥着维系政治和法律秩序的重要社会整合功能。

其次，本书对律师应当发挥什么功能和实际发挥了什么功能进行解答。从国家治理立法、政府依法治理、社会依法自治和多元纠纷化解四个方面对国家治理现代化中律师功能的应然状态和实然进行观察，发现律师通过各种直接或间接的方式参与国家治理立法，他们对提升国家治理规则的民主性、增强国家治理规则的执行性和塑造国家治理规则的权威性都具有重要的助推作用；律师通过被选聘为政府法律顾问和担任公职律师参与到政府治理过程中，帮助政府能够科学、民主、依法决策，推进政府依法治理和建设法治政府；律师以法律顾问身份参与到社会依法自治中，有利于促进行业依法自治、基层依法自治和各单位依法治理，推动社会自治法治化的进程；我国律师通过参与诉讼活动、信访工作、调解和仲裁等多元化纠纷化解渠道，可以促使当事人的合法权益更有效实现，制约司法公权力依法行使、推动诉讼活动顺利展开，增强当事人的法治观念，从而减轻政府和司法机关的解纷压力，促进社会和谐稳定。

再次，本书对国家治理现代化进程中我国律师功能发挥存在什么缺陷进行解答。应该说本书的主要目的在于对律师职业角色和功能做出恰如其分的界定，以期为律师职业的基础理论建构稍尽微薄之力，但通过对国家治理立法、政府依法治理、社会依法自治和纠纷化解中我国律师功能发挥的现实状态进行分析，发现这四个方面均存在一些缺陷，如律师参与力度和作用有限、实质影响力没有凸显、独立性不强、专业能力不足、律师执业权利保障不充分等。

最后，本书回答了国家治理现代化进程中我国律师角色和地位如何重塑这一问题。由于律师职业角色与功能发挥程度不仅与其自身制度的完善性有关，而且还取决于其与其他部分的协调关系，受到国家、社会和市场的结构性影响，所以本文在律师与国家、社会、市场互动的框架中分析我国律师职业的角色界定，提出采用公共性职业主义话语系统下的律师职业定位模式，即律师是为公众服务的法律职业者。这一角色的界定，要求律师既能将公共性和技术性有机结合，又能将个人利益、社会利益和国家利益巧妙融合；要求律师不仅在执业过程中运用法律手段维护委托人的合法权益和解决社会矛盾，还要广泛参与国家公共事务和社会治理。由于我国律师业的发展已经摆脱了国家"全能主义"，步入受国家、市场和社会多重影响的"国家主义""职业主义""商业主义"的混合模式时代，意味着在广泛的社会结构范围内，而非原先的国家权力范围内探寻使律师的功能更充分发挥的奥秘，更需要一种系统的构想，从制度的完善、观念的转变和工作经费的保障等多方面着手，健全国家治理立法、政府依法治理、社会依法自治和多元纠纷化解中律师功能发挥的体制、机制和制度。

参考文献

一、著作类

[1] 安索尼·T. 克罗曼. 迷失的律师：法律职业理想的衰落 [M]. 田凤常，译. 北京：法律出版社，2010.

[2] 威尔弗雷德·波雷斯特. 欧美早期的律师界 [M]. 傅再明，张文彪，译. 北京：中国人民大学出版社，1992.

[3] 哈罗德·J. 伯尔曼. 法律与宗教 [M]. 梁治平，译. 北京：生活·读书·新知三联书店，1991.

[4] 伯尔曼. 法律与革命 [M]. 贺卫方，夏勇，高鸿钧，等译. 北京：中国大百科全书出版社，1993.

[5] 程滔，高金波. 律师在社会矛盾的非诉讼解决机制中的功能研究 [M]. 北京：法律出版社，2014.

[6] 陈刚. 比较民事诉讼法（2000 年卷）[M]. 北京：中国人民大学出版社，2001.

[7] 大木雅夫. 比较法 [M]. 范愉，译. 北京：法律出版社，1999.

[8] 戴维·鲁本. 律师与正义：一个伦理学研究 [M]. 戴锐，译. 北京：中国政法大学出版，2010.

[9] 德博拉·L. 罗德. 为了司法/正义：法律职业改革 [M]. 张群，温珍奎，丁见民，译. 北京：中国政法大学出版社，2009.

[10] E. 博登海默. 法理学：法律哲学与法律方法 [M]. 邓正来. 译. 北京：中国政法大学出版社，1999.

[11] 德博拉·L. 罗德，小杰弗瑞·C. 海泽德. 律师的职业责任与规制

（第二版）[M]．王进喜，等译．北京：中国人民大学出版社，2013.

[12] 党江舟．中国讼师文化 [M]．北京：北京大学出版社，2005.

[13] 黄文艺．中国法律发展的法哲学反思 [M]．北京：法律出版社，2010.

[14] 何勤华．西方法学史 [M]．北京：中国政法大学出版社，1996.

[15] 韩立收．你戴着荆棘的王冠而来：律师职业解读 [M]．北京：法律出版社，2007.

[16] 贺卫方．司法的理念与制度 [M]．北京：中国政法大学出版社，1998.

[17] 黑格尔．哲学史讲演录（第一卷）[M]．贺麟，王太庆，等译．上海：上海人民出版社，2013.

[18] 江国华．立法：理想与变革 [M]．济南：山东人民出版社，2007.

[19] 江必新．法治社会的制度逻辑与理性构建 [M]．北京：中国法制出版社，2014.

[20] 季卫东．法治秩序的构建（增补版）[M]．北京：商务印书馆，2014.

[21] K. 茨威格特，H. 克茨．比较法总论 [M]．潘汉典，米健，高鸿钧，等译．北京：法律出版社，2003.

[22] 刘昕．宋代讼师讼学和州县司法审判研究 [M]．长沙：湖南人民出版社，2016.

[23] 刘思达．失落的城邦：当代中国法律职业变迁 [M]．北京：北京大学出版社，2008.

[24] 罗伯特·戈登．律师独立论：律师独立于当事人 [M]．周潞嘉，李卫北，周小明，译．北京：中国政法大学出版社，1992.

[25] 罗豪才．软法与公共治理 [M]．北京：北京大学出版社，2006.

[26] 列宁．列宁选集（第3卷）[M]．北京：人民出版社，1955.

[27] 罗伯特·N. 威尔金．法律职业的精神 [M]．王俊峰，译．北京：北京大学出版社，2013.

[28] 理查德·A. 波斯纳．道德和法律理论的疑问 [M]．苏力，译．北京：

中国政法大学出版社，2001.

[29] 李学尧. 法律职业主义 [M]. 北京：中国政法大学出版社，2007.

[30] 洛克. 政府论（下）[M]. 叶启芳，瞿菊农，译. 北京：商务印书馆，1964.

[31] 马克斯·韦伯. 经济与社会（下卷）[M]. 林荣远，译. 北京：商务印书馆，1997.

[32] 马克斯·韦伯. 学术与政治 [M]. 冯克利，译. 北京：商务印书馆，2018.

[33] 马长山. "法治中国"建设的理论检视 [M]. 北京：法律出版社，2017.

[34] 马克斯，莱斯温，弗金斯基奥. 律师、公众和职业责任 [M]. 舒国滢，胡建农，盛纬，等译. 北京：中国政法大学出版社，1992.

[35] 棚濑孝雄. 纠纷的解决与审判制度 [M]. 王亚新，译. 北京：中国政法大学出版社，2004.

[36] 让·雅克·卢梭. 社会契约论 [M]. 罗玉平，李丽，译. 北京：人民日报出版社，2007.

[37] 宋远升. 律师论 [M]. 北京：中国政法大学出版社，2014.

[38] 苏力. 制度是如何形成的（增订版）[M]. 北京：北京大学出版社，2007.

[39] 伯纳德. 施瓦茨. 美国法律史 [M]. 王军，等译. 北京：中国政法大学出版社，1990.

[40] 涂尔干. 职业伦理与公民道德 [M]. 渠敬东，译. 北京：商务印书馆，2015.

[41] 谭世贵. 律师法学 [M]. 2 版. 北京：法律出版社，2005.

[42] 王中华. 当代中国律师政治参与研究 [M]. 南京：南京大学出版社，2012.

[43] 吴洪淇. 法律职业的危机与改革 [M]. 北京：中国政法大学出版社，2017.

[44] 吴经熊. 法律哲学研究 [M]. 北京：清华大学出版社，2005.

[45] 王人博，程燎原．法治论［M］．济南：山东人民出版社，1998.

[46] 徐珂．清稗类钞：第三册［M］．北京：中华书局，1984.

[47] 尤陈俊．聚讼纷纭：清代的"健讼之风"话语及其表达性现实［M］．北京：北京大学出版社，2022.

[48] 严存生．西方法律思想史［M］．北京：中国法制出版社，2012.

[49] 亚里士多德．亚里士多德伦理学［M］．向达，译．北京：商务印书馆，1933.

[50] 亚里士多德．政治学［M］．吴寿彭，译．北京：商务印书馆，1965.

[51] 张志铭，于浩．转型中国的法治化治理［M］．北京：法律出版社，2018.

[52] 张文显．法哲学范畴研究［M］．北京：中国政法大学出版社，2001.

[53] 朱景文．现代西方法社会学［M］．北京：法律出版社，1994.

[54] 张耕．中国律师制度研究［M］．北京：法律出版社，1998.

[55] 本书编写组．《中共中央关于全面推进依法治国若干重大问题的决定》辅导读本［M］．北京：人民出版社，2014.

[56] 赵震江．法律社会学［M］．北京：北京大学出版社，1998.

[57] 夏勇．走向权利的时代［M］．北京：中国政法大学出版社，2000.

[58] 滋贺秀三，寺田浩明，岸本美绪，等．明清时期的民事审判与民间契约［M］．王亚新，范愉，陈少峰，译．北京：法律出版社，1998.

[59] 范愉．纠纷解决的理论与实践［M］．北京：清华大学出版社，2007.

[60] 列宁．列宁选集（第3卷）［M］．北京：人民出版社，1955.

[61] 国浩律师事务所．民主立法与律师参与：以全面推进依法治国为背景［M］．北京：法律出版社，2015.

[62] 许身健．法律职业伦理论丛（第2卷）［M］．北京：知识产权出版社，2015.

二、论文类

[1] 陈景良．讼学、讼师与士大夫：宋代司法传统的转型及其意义［J］．河南省政法管理干部学院学报，2002（1）.

［2］陈瑞华．合规顾问在有效合规整改中的作用［J］．浙江商大学学报，2022（6）．

［3］陈瑞华．论企业合规的性质［J］．浙江工商大学学报，2021（1）．

［4］陈瑞华．企业合规制度的三个维度：比较法视野下的分析［J］．比较法研究，2019（3）．

［5］陈瑞华．企业合规的基本问题［J］．中国法律评论，2020（1）．

［6］陈瑞华．辩护律师职业伦理的模式转型［J］．华东政法大学学报，2020（3）．

［7］程金华．法律人从政：合理性分析及其验证［J］．中外法学，2013，25（1）．

［8］程金华，李学尧．法律变迁的结构性制约：国家、市场与社会互动中的中国律师职业［J］．中国社会科学，2012（7）．

［9］程燎原．"法律人"之治："法治政府"的主体性诠释［J］．西南民族学院学报（哲学社会科学版），2001（12）．

［10］陈承帼．律师参与立法的途径与方式［J］．广西政法管理干部学院学报，2018，33（5）．

［11］陈柏峰．中国法治社会的结构及其运行机制［J］．中国社会科学，2019（1）．

［12］蔡从燕．律师角色的转换与法治的可持续发展［J］．东南学术，2003（5）．

［13］蔡元培．当事人中心主义与法庭中心主义的调和：论我国辩护律师职业伦理［J］．法制与社会发展，2020，26（4）．

［14］陈景辉．法律的"职业"伦理：一个补强论证［J］．浙江社会科学，2021（1）．

［15］陈凌剑．涂尔干视角下的法人团体与社会重建［J］．社会科学论坛，2020（5）．

［16］代水平．我国公众参与立法的现状、问题与对策［J］．辽宁师范大学学报（社会科学版），2018，41（6）．

［17］段书军，顾振哲．公司律师论纲［J］．中国律师，2003（3）．

[18] 杜承秀，张聪锐. 村居法律顾问制度及其配套制度构建研究 [J]. 郑州航空工业管理学院学报（社会科学版），2019（6）.

[19] 顾永忠. 刑事辩护制度改革实证研究 [J]. 中国刑事法杂志，2019（5）.

[20] 刘玉裕，文珍兵. 对一村（社区）一法律顾问工作的实践与思考 [J]. 中国司法，2019（11）.

[21] 黄文艺. 法治中国的内涵分析 [J]. 社会科学战线，2015（1）

[22] 黄文艺，李奕. 论习近平法治思想中的法治社会建设理论 [J]. 马克思主义与现实，2021（2）.

[23] 黄文艺，宋湘琦. 法律商业主义解析 [J]. 法商研究，2014（1）.

[24] 黄文艺，卢学英. 法律职业的特征解析 [J]. 法制与社会发展，2003（3）.

[25] 黄文艺. 论习近平法治思想中的法治工作队伍建设理论 [J]. 法学，2021（3）.

[26] 贺卫方. 中国法律职业：迟到的兴起和早来的危机 [J]. 社会科学，2005（9）.

[27] 贺卫方. 律师的政治参与 [J]. 中国律师，2001（3）.

[28] 贺卫方，魏甫华. 改造权力：法律职业阶层在中国的兴起 [J]. 法制与社会发展，2002（6）.

[29] 侯欣一. 政权更迭时谢觉哉的所思所为：以日记为中心考察 [J]. 清华法学，2019（2）.

[30] 江必新，王红霞. 法治社会建设论纲 [J]. 中国社会科学，2014（1）.

[31] 季卫东. 日本的律师与涉外企业法务 [J]. 国外法学，1988（6）.

[32] 蒋超. 我国律师性质的流变与重塑：从"本位主义"到"自由职业" [J]. 安徽大学学报（哲学社会科学版），2018，42（2）.

[33] 江国华，梅扬. 论重大行政决策专家论证制度 [J]. 当代法学，2017（5）.

[34] 蒋志如，尹显丰. 历史与文本中的中国公职律师：以《关于推行法律顾

问制度和公职律师公司律师制度的意见》为中心［J］. 内蒙古师范大学
学报（哲学社会科学版），2019（3）.

［35］江净，陆俐莎. 从社会治理角度探索律师信访 ADR 的五全机制［J］.
信访与社会矛盾问题研究，2019（2）.

［36］罗豪才. 社会治理离不开软法之治［J］. 楚天主人，2011（10）.

［37］罗豪才，宋功德. 和谐社会的公法建构［J］. 中国法学，2004（6）.

［38］刘思达. 法律帝国主义的末日之歌［J］. 读书，2023（3）.

［39］马长山. 从国家构建到共建共享的法治转向：基于社会组织与法治建设
之间关系的考察［J］. 法学研究，2017（3）.

［40］马怀德. 法治政府建设的基本要求［J］. 中国司法，2018（5）.

［41］孙笑侠. 职业素质与司法考试［J］. 法律科学（西北政法学院学报），
2001（5）.

［42］苏镜祥. 中国特色公职律师制度的法理分析［J］. 兰州大学学报（社
会科学版），2018（1）.

［43］苏曦凌. 论现代行政的理性本质：基于历时态视角与共时态视角相结
合的诠释［J］. 广东行政学院学报，2014（6）.

［44］王怡. 认真对待公众舆论：从公众参与走向立法商谈［J］. 政法论
坛，2019，37（6）.

［45］王怡. 智能互联网能为民主立法贡献什么［J］. 北方法学，2019
（6）.

［46］王禄生. 论刑事诉讼的象征性立法及其后果：基于 303 万判决书大数
据的自然语义挖掘［J］. 清华法学，2018（6）.

［47］夏雨. 行政立法中公众参与的难题及其克服［J］. 法治研究，2019
（2）.

［48］夏立安，聂原. 法国律师与政治自由主义的产生［J］. 浙江社会科
学，2003（5）.

［49］张文显. 和谐精神的导入与中国法治的转型：从以法而治到良法善治
［J］. 吉林大学社会科学报，2010（3）.

［50］张文显. 法治与国家治理现代化［J］. 中国法学，2014（4）.

［51］张文显．构建智能社会的法律秩序［J］．东方法学，2020（5）．

［52］张文显．"三治融合"的桐乡经验具有独立价值［J］．治理研究，2018（6）．

［53］张康之．论主体多元化条件下的社会治理［J］．中国人民大学学报，2014（2）．

［54］周佑勇．公私合作语境下政府购买公共服务现存问题与制度完善［J］．政治与法律，2015（12）．

［55］周圣，张玙．律师参与行政案件实证研究［J］．法治社会，2017（5）．

［56］朱景文．中国法律职业：成就、问题和反思——数据分析的视角［J］．中国高校社会科学，2013（7）．

［57］赵毅宇，廖永安．我国律师调解制度中的角色冲突及其化解路径［J］．湘潭大学学报（哲学社会科学版），2019（4）．

［58］习近平．坚定不移走中国特色社会主义法治道路 为全面建设社会主义现代化国家提供有力法治保障［J］．求是，2021（5）．

［59］何增科．理解国家治理及其现代化［J］．马克思主义与现实，2014（1）．

［60］林乾．讼师对法秩序的冲击与清朝严治讼师立法［J］．清史研究，2005（3）．

［61］黄文艺．习近平法治思想中的未来法治建设［J］．东方法学，2021（1）．

［62］黄文艺．迈向法学的中国时代：中国法学70年回顾与前瞻［J］．法制与社会发展，2019（6）．

［63］石佑启，杨治坤．中国政府治理的法治路径［J］．中国社会科学，2018（1）．

［64］马怀德．法治政府建设：挑战与任务［J］．国家行政学院学报，2014（5）．

［65］黄文艺．中国的多元化纠纷解决机制：成就与不足［J］．学习与探索，2012（11）．

［66］吕立秋．政府法律顾问制度建设分析和展望［J］．中国法律评论，2015（2）．

［67］江平．公司律师兴则公司兴，公司兴则国家兴［J］．法人，2017（3）．

［68］黄文艺．法律职业话语的解析［J］．法律科学．西北政法学院学报，2005（4）．

［69］陈承帼．律师参与立法的途径与方式［J］．广西政法管理干部学院学报，2018（5）．

［70］叶必丰，张亮，肖军，等．以司法丈量法治中国之进度：法治政府司法指数报告［J］．中国法律评论，2019（1）．

［71］王芳．孟建柱在全国律师工作会议上强调 依法保障执业权利 切实规范执业行为 充分发挥律师队伍在全面依法治国中的重要作用［J］．中国律师，2015（9）．

［72］封利强．辩护律师执业纠纷仲裁制度的构建：完善执业权利救济机制的另一种思路［J］．浙江工商大学学报，2018（6）．

［73］廖永安，江和平．关于我国制订调解职业标准的几点思考［J］．人民调解，2023（2）．

［74］龙云辉．律师权利研究［D］．重庆：重庆大学，2008.

［75］雷婉露．人民法院司法责任制改革的功能分析［D］．长春：吉林大学，2019.

［76］刘刚．行业法治研究［D］．长春：吉林大学，2019.

［77］刘文华．中国律师参与立法研究［D］．上海：华东政法大学，2021.

三、报纸、网络文献

［1］李玉楼．从律师中选法官：仍处于小规模试点阶段，跨过"凯旋门"者不多［N］．南方周末，2022－04－07（1）．

［2］中共中央关于坚持和完善中国特色社会主义制度推进国家治理体系和治理能力现代化若干重大问题的决定［N］．人民日报，2019－11－06（1）．

[3] 王旭. 法律顾问：现代政府的好助手 [N]. 检察日报，2019 - 07 - 31 (7).

[4] 章志远. 政府兼职法律顾问的角色定位 [N]. 学习时报，2018 - 03 - 21 (5).

[5] 我国初步形成覆盖城乡的公共法律服务体系三大平台服务群众触手可及 [N]. 法制日报，2019 - 02 - 20 (2).

[6] 赵颖. 司法部律公司司长权威发布：律师公证行业改革成绩单 [EB/OL]. (2017 - 12 - 13) [2022 - 08 - 20]. http：//www. moj. gov. cn/pub/sfbgwapp/zxft/202105/t20210517_ 395309. html.

[7] 杨璇铄. 全国律协发布律师担任第十三届全国人大代表和政协委员的情况 [EB/OL]. (2018 - 02 - 28) [2022 - 06 - 05]. http：//china. cnr. cn/gdgg/20180228/t20180228_ 524147664. shtml.

[8] 司法部政府网. 2022 年度律师、基层法律服务工作统计分析 [EB/OL]. (2022 - 08 - 15) [2024 - 03 - 25]. http：//www. legaldaily. com. cn/index/content/2023 - 06/14/content_ 8865294. html.

附录　律师参与社会治理状况调查问卷

尊敬的律师朋友：

您好！

感谢您百忙之中抽出宝贵时间填写这份调查问卷。

国家治理是多元主体的集思共创、协同推进的系统工程，我国律师是国家治理的重要力量之一。本问卷用于东莞城市学院法学院教师李奕博士主持的广东省哲学社会科学"十四五"规划项目"国家治理现代化视角下我国律师的角色和功能研究"的调查研究，旨在了解律师参与国家治理的现状，为充分发挥律师的积极性，完善相关制度研究做基础调研工作。恳请各位予以协助，谢谢！

请点击您认可的选项，或按照要求在空白处填写文字。

本问卷为匿名问卷，调查结论仅用于学术研究，绝不泄露您的个人信息！感谢您的支持，祝您工作愉快！

1. 您所在省、市（如广东东莞）：［填空题］*

_____

2. 您的性别（选 1 项）：［单选题］*

○男

○女

3. 您的年龄（选 1 项）：［单选题］*

○20～30 岁

○31～40 岁

○41～50 岁

○50~60岁

○61岁以上

4. 您的文化程度（选1项）：［单选题］*

○大专及以下

○本科

○硕士

○博士

5. 您的政治面貌是（选1项）：［单选题］*

○中共党员（含预备党员）

○民主党派人士

○群众

6. 您属于（选1项）：［单选题］*

○社会律师

○公司律师

○公职律师

○军队律师

○法援律师

○其他

7. 您作为律师，执业的时间在（选1项）：［单选题］*

○3年以下

○3~6年

○7~10年

○10年以上

8. 您是否参与过国家或者地方立法（选1项）：［单选题］*

○是

○否

9. 您是不是人大代表（选1项）：［单选题］*

○是

○否

10. 您是不是政协委员（选 1 项）：［单选题］*

○是

○否

11. 您曾经以何种方式间接参与立法（选 1 ~ 3 项）：［多选题］

□担任立法助理或者立法咨询委员参与

□接受立法机关的委托参与

□通过立法座谈会、立法听证会、立法论证会等参与

□通过大众传媒和上书等形式参与

□其他途径，请写明：_____

12. 您认为律师参与立法的最主要不足是（选 1 ~ 3 项）：［多选题］*

□参与立法方式有限

□参与立法不够规范

□参与立法的作用发挥不够

□参与立法热情不高

□参与立法范围狭窄

□其他不足，请注明：_____

13. 您以何种方式参与法治政府建设（选 1 项）：［单选题］

○担任公职律师

○社会律师被选聘为政府法律顾问

14. 您认为律师参与法治政府建设的最主要不足是（选 1 ~ 3 项）：［多选题］*

□独立性不够

□参与力度和作用有限

□律师的专业能力不足

□政府不够重视律师的作用

□选聘机制不够规范

□工作考核机制缺乏

□其他不足，请注明：_____

15. 您是否担任过村（居）法律顾问（选 1 项）：［单选题］*

○是

○否

16. 您是否担任过企业法律顾问（选 1 项）：［单选题］*

○是

○否

17. 您是否担任过事业单位法律顾问（选 1 项）：［单选题］*

○是

○否

18. 您认为律师在担任村（居）、企事业单位法律顾问作用发挥不足主要表现为（选 1~3 项）：［多选题］*

□服务范围有限

□服务事项以事后补救为主

□实质影响力有限

□社会效果未能凸显

□制定内部管理规范时没有律师参与

□其他不足，请注明：＿＿＿＿＿＿＿＿＿＿＿＿＿＿＿＿＿＿

19. 在代理当事人处理矛盾中，您最有可能选择的纠纷处理方式是（选 1 项）：［单选题］*

○诉讼方式

○调解、仲裁等非诉讼方式

20. 您认为律师在代理当事人参加诉讼中存在的最突出问题是（选 1~3 项）：［多选题］*

□参与率不高

□律师对裁判结果产生的影响有限

□执业权利保障不够

□其他问题，请写明：＿＿＿＿＿＿＿＿＿＿＿＿＿＿＿＿＿＿

21. 您是否以调解员、仲裁员身份主持过纠纷（选 1 项）：［单选题］*

○是

○否

22. 您是否参与过政府有关部门处理的涉法信访事件（选1项）：［单选题］*

　　○是

　　○否

23. 您认为律师以主持者身份解决纠纷过程中最突出的实践问题是（选1～3项）：［多选题］*

　　□地位不够中立

　　□难以适应服务工作

　　□由于收益低，积极性不高

　　□其他问题，请写明：_____

24. 您是否提供过公益法律讲座、免费法律服务（选1项）：［单选题］*

　　○从来没有过

　　○提供过一次

　　○提供过两至三次

　　○提供过三次以上

25. 您认为现在律师在广大老百姓中的口碑（选1项）：［单选题］*

　　○很好

　　○较好

　　○一般

　　○较差

　　○很差

26. 您认为现在公权力机关工作人员对律师的态度（选1项）：［单选题］*

　　○很好

　　○较好

　　○一般

　　○较差

　　○很差

27. 您认为当前律师获得参与国家治理的机会最主要的原因是（选1～3项）：［多选题］*

□参与意识和能力较强

□社会声望较高

□律师协会的推荐及支持

□与有关部门领导私人关系好

□其他原因，请写明：＿＿＿＿＿＿＿＿＿＿＿＿＿＿＿＿

28. 您认为律师参与国家治理最主要是为了（选1～3项）：［多选题］*

□实现自己的理想

□提高自己的社会地位

□获得人脉以便扩大案源

□其他目的，请写明：＿＿＿＿＿＿＿＿＿＿＿＿＿＿＿＿

29. 您认为律师在中国参与国家治理的前景将会是（选1项）：［单选题］*

○很好

○较好

○一般

○较差

○很差

后 记

该书是我在博士论文基础上修订完成的。博士求学本来就是一条崎岖不平的道路，而作为一位已有两个小孩的我，异常艰辛，正如我国律师行业的发展过程，命运多舛、一路坎坷。读博期间，除了要完成日常工作外，我一直受到两个方面的挑战：一是腰椎间盘突出和颈椎病的困扰，二是对两个孩子的照顾。

历经多年专心致志的阅读、积累、撰写和修改，有劳心，有劳力，有寂寞，有困顿，但最终收获的是喜悦。终于把这一篇博士论文完成，总算把第三个孩子生下，圆了一个梦，卸了一副担，松了一口气。

首先感谢恩师黄文艺教授。黄老师给予我博士论文的关心和指导，终生难忘，能成为老师的学生倍感荣幸。还清楚地记得黄老师由学界调到政界任职时，虽然公务繁忙，仍在百忙之中指导我确定律师这一选题。当自己由于身体原因想放弃博士论文写作，黄老师和刘刚师兄于 2019 年 12 月 4 日与我通电话，黄老师说："每一个人都会面临着各种各样的困难，希望你克服当前的困境，完成博士论文。"正是这句简短而精炼的话，激励着我重新振作起来，让我重拾信心，开始论文的写作。当我怀着忐忑不安、等待黄老师发怒的心情，把结构凌乱、表达无序的第一稿交给黄老师时，黄老师却面带笑容地安慰我："第一稿能写成这样，还不错。"这一幕令我记忆犹新。从论文选题、确定论文的题目，到论文谋篇布局和观点提炼甚至语言表达，黄老师都细心地指导。从某种意义上说，没有黄老师耐心细致的指教，就没有这篇博士论文的形成。

感谢师兄刘刚博士的鼓励和支持。2019 年和 2020 年我旧病复发卧床不起，想放弃写博士论文，是刘刚师兄的"再坚持一下"，让我充满信心，继续奋斗。在写作过程中遇到瓶颈，不知所措，向刘刚师兄求救时，即使是半夜三更，刘刚师兄都是秒回，及时解答我的疑惑，耐心地指点，并毫无保留地将自己的写作经验与我分享。

感谢吉林大学法学院理论法学导师组。在这里，老师们的教诲和指导让我成长和进步。感谢李拥军教授，李老师对我最初的选题直截了当地提出否定意见，并耐心指导我如何选题，如何阅读，如何写作，这让我受益终身。感谢杜宴林教授，杜老师总是开玩笑叫我大博士，博士没毕业之前每一天都装着博士论文这块大石头，不敢怠慢，盼望着早日成为真正的博士。感谢张文显教授、姚建宗教授、侯学宾教授、杨帆教授、刘小平教授、朱振教授、钱大军教授、刘红臻教授，各位老师都给我提供了许多有益的指导和修改意见。

感谢我的博士同窗和师兄师姐，王硕博士、许胜峰博士、刘奇英博士、韩烜尧博士等等，他们在我的学术之路上给予了莫大帮助；感谢同门师弟韩烜尧博士和张旭博士，在论文答辩前后帮忙代办各种手续和提交相关材料；感谢我的研究生导师湖南师范大学法学院二级教授、博士生导师李爱年教授，多年以来给予的诸多关照和帮助；感谢我的研究生同学肖爱博士、彭本力博士后、褚凤博士、李新凤博士、彭丽娟博士、冯霞博士等，他们是好兄弟姐妹，一路同行，守望相助；感谢东莞城市学院法学院法律系的老师们鼎力相助，解我燃眉之急；感谢我的朋友们，在我失意无助时给予我安慰和关心。

本书是广东省哲学社会科学规划项目"国家治理现代化视角下我国律师的角色和功能研究"（GD22XFX03）的阶段性研究成果，本书的写作得到东莞城市学院大学与城市融合发展研究中心和东莞城市学院超大城市法治研究中心的支持，在此表示衷心感谢。

感谢责任编辑胡老师的悉心编辑、仔细校对，提出了许多中肯的修改意见，使该书以较为完美的面目呈现给读者。